НОВЫЙ ВЗГЛЯД
А СТАРЫЕ ПРОБЛЕМЫ

Международный иллюстрированный журнал
"НОВОЕ КНИЖНОЕ ОБОЗРЕНИЕ"

КНИГА, КОТОРАЯ ПОТРЯСЛА МИР!

INTELLECTUAL CAPITAL

The New Wealth of Organizations

by Thomas A. STEWART

New York, Doubleday, 1997

Поле Чудес

Томас СТЮАРТ

БОГАТСТВО ОТ УМА

Бизнес

PARADOX®
МИНСК
1998

УДК 316.6
ББК 88.5
С 88

Серия «Поле чудес: бизнес»
основана в 1994 году

Перевод с английского осуществлен по изданию:
Thomas A. Stewart. INTELLECTUAL CAPITAL
The New Wealth of Organizations.
New York, Doubleday, 1997

Научный редактор – *Дмитрий МИХАЙЛОВ,*
президент Балтийского компьютерного центра ComputerLand,
кандидат экономических наук

Редактор-консультант – *Владимир ТРЕТЬЯКОВ,*
вице-президент движения «Белорусский интеллектуальный ресурс»,
кандидат физико-математических наук

С 88 **Богатство от ума:** Деловой бестселлер. / Пер. с англ. В.А. Ноздриной. – Мн.: Парадокс, 1998. – 352 с. – Сер. «Поле чудес: бизнес».

ISBN 985-6092-77-9.

Новинка американского книжного рынка, впервые переведенная на русский язык, наверняка вызовет сенсацию в деловом мире.

«Не природные ресурсы, не запасы выпущенной продукции, не банковский счет сегодня определяют благосостояние компании, – утверждает автор этого делового бестселлера Томас Стюарт. – Главным источником богатства отныне и особенно в грядущем Веке Информации становится сумма знаний, которыми владеет компания, – короче говоря, интеллектуальный капитал.»

УДК 316.6
ББК 85.5

ISBN 985-6092-77-9

Новый источник богатства

Предисловие к русскому изданию

Книга, которую вы держите в руках, необычна прежде всего тем, что она вышла на русском языке почти одновременно с оригинальным, американским изданием. Тот, кто полагает, что это обычное дело, глубоко заблуждается. Порой проходит несколько лет, а то и десятилетий (как в случае с широко известными ныне бестселлерами Дейла Карнеги), прежде чем популярная у себя на родине книга обретет такую же славу за рубежом.

Хорошо, если при этом ее содержание не пострадает от времени и перемены «места жительства». Чаще всего такая девальвация, к сожалению, происходит. И лишь единицы из тысяч удостаиваются чести занять место на символической «золотой полке», рядом с произведениями, которые потрясли мир.

Книга Томаса Стюарта вполне может претендовать на это особое место, хотя ее трудно причислить к мировой классике. Но следует иметь в виду, что деловая Америка особо ценит деловую литературу, о чем свидетельствует преобладание этого жанра в списках бестселлеров. В том, что сюда попадет и новинка издательства *Doubleday,* можно не сомневаться.

Автор книги, член редколлегии влиятельного американского журнала *Fortune,* одним из первых исследовал сферу интеллектуального капитала в серии программных статей, снискавших ему репутацию самого авторитетного специалиста в этой области. В чем же заключается открытие Томаса Стюарта? И что это за «интеллектуальный капитал», давший название американскому изданию книги?

Прежде всего вспомним, какие ассоциации в недавние времена вызывало у нас слово, знакомое по толстенному фолианту постоянно цитируемого классика. Автор фундаментального труда о механизме накопления богатства, проживший жизнь в постоянной нужде, естественно, не мог испытывать теплых чувств к предмету своего исследования. Это отношение к упомянутому предмету впитал едва ли не каждый, кому довелось держать в руках увесистый том марксовского «Капитала». Слово, вынесенное на обложку этого катехизиса классовой политэкономии, на многие годы утвердило в нашем сознании образ некоего мирового зла, которое мешает человечеству обрести заслуженное счастье.

Томас Стюарт возвращает понятию, некогда перевернутому с ног на голову, его истинный, первоначальный смысл. На примере процветающих компаний США – таких как *Hewlett-Packard, General Electric, Merck&Co,* – автор книги прослеживает процесс накопления капитала, обращая особое внимание на «активы» вне материальной сферы. По его мнению, такие привычные показатели могущества фирмы, как счет в банке, средства производства или складские запасы готовой продукции, теряют прежнее значение. В наступающем Веке Информации достоинства корпорации будут оцениваться ее интеллектуальным потенциалом. Иными словами, главе фирмы XXI века придется переключить свое внимание с проблем повышения «совокупного дохода» на проблемы эффективности «совокупных мозгов».

В конечном счете речь идет о том, как подобрать персонал, способный решить любую производственную задачу на высоком профессиональном уровне. Казалось бы, что нового: еще во времена сталинских пятилеток всем набил оскомину лозунг «Кадры решают всё!» Но много лет спустя группа наших соотечественников с изумлением увидела его в переводе на язык японских иероглифов над конвейером всемирно известной автомобильной фирмы...

Трудно сказать, кто у кого позаимствовал эту истину, ставшую банальностью от чрезмерного употребления. Томасу Стюарту удалось почти невозможное: возбудить интерес к проблеме, казалось бы, давно утратившей свою новизну, и придать ей современное звучание.

Новаторски звучит утверждение о том, что не деньги, а знания стали важнейшим фактором экономической жизни. Автор образно называет знания сырьевыми ресурсами, питающими современное высокоразвитое производство. Кому-то может показаться парадоксальной мысль о том, что со временем они могут заменить природные ресурсы. Но опыт *Microsoft* – компьютерной империи Билла Гейтса, которого называют богатейшим в мире человеком – свидетельствует о реальности такого прогноза. Ведь миллиарды *Microsoft* сделаны на компьютерных программах – «чистой» продукции человеческого ума...

Как и эта продукция, книга Томаса Стюарта рассчитана на умных, мыслящих людей, готовых взяться за новое дело и найти к нему нестандартный подход. Книга из тех, которые американцы предпочитают самой увлекательной беллетристике. Думается, что эту новинку по достоинству оценит и русскоязычный читатель.

ОТ АВТОРА

Король Людовик XVI: «Это что, бунт?»
Герцог Ларошфуко-Лианкур: «Нет, сир, это революция».

Информация и знания — термоядерное оружие в конкурентной борьбе нашего времени. Знания представляют большую ценность и обладают большим могуществом, чем природные ресурсы, гигантские предприятия или солидный счет в банке. Сегодня в одной отрасли за другой успеха добиваются организации, владеющие наиболее полной информацией или умеющие пользоваться ею эффективнее других, а не те, что мощнее. *Wal-Mart, Microsoft* и *Toyota* стали лидерами не потому, что были богаче, чем *Sears, IBM* или *General Motors,* — как раз наоборот. Но они владеют кое-чем поценнее материальных или финансовых ресурсов. Они владеют интеллектуальным капиталом.

Под «интеллектуальным капиталом» я подразумеваю не горстку докторов наук, добывающих истину за запертыми дверями какой-нибудь лаборатории. И не интеллектуальную собственность, такую как патенты и авторские права, хотя она и является его составной частью. Интеллектуальный капитал — это сумма знаний всех работников компании, обеспечивающая ее конкурентоспособность. В отличие от других, хорошо знакомых предпринимателям и бухгалтерам источников продукта — земли, заводов, техники, денег, — интеллектуальный капитал не потрогаешь руками. Это сумма знаний всех работников предприятия: профессиональная подготовка и интуиция группы химиков, открывших новое лекарство на миллиард долларов, или ноу-хау рабочих, вносящих рационализаторские предложения, направленные на повышение производительности труда. Это компьютерная сеть, со скоростью мысли передающая информацию всем работникам организации, благодаря чему ей удается реагировать на изменения рынка быстрее соперников. Это деловое сотрудничество и обмен опытом между компанией и потребителями ее продукции, установление между ними прочной связи, что и побуждает потребителей вновь и вновь прибегать к услугам компании.

Если попытаться выразить суть одной фразой, она будет звучать так: «Интеллектуальный капитал — это интеллектуальная материя, включающая в себя знания, опыт, информацию, интеллектуальную собственность, — все, что позволяет создавать ценности». Это коллективная умственная энергия. Ее трудно выявить, еще труднее ею эффективно пользоваться. Но уж если вы ее открыли и заставили себе служить — вы победили.

Вы победили — потому что сегодняшняя экономика в корне отличается от вчерашней. Все мы родом из Индустриального века. Но он кончился, наступил Век информации. Система хозяйствования, с которой мы расстаемся, имела дело почти исключительно с материальными ресурсами. Вещи, которые мы покупали и продавали, были в буквальном смысле слова *вещами*. Их можно было потрогать, понюхать, пнуть ногой покрышку, хлопнуть дверцами и услышать приятный стук. Земля, природные ресурсы — нефть, полезные ископаемые, энергия, — а также труд людей и машин были ингредиентами, из которых произрастало богатство. Перед производственными объединениями той эпохи стояла задача привлечения финансового капитала, чтобы эксплуатировать все эти источники благ, — и они с нею превосходно справлялись.

В наше время богатство — прежде всего продукт знаний. Знания и информация (не только научная, сюда относятся и новости, рекомендации, общение, развлечения, обслуживание) стали первичным сырьем экономики и ее важнейшей продукцией. Мы покупаем и продаем знания. Их нельзя понюхать или потрогать рукой; даже приятный стук, когда мы хлопаем дверцей автомобиля, может оказаться акустическим трюком, плодом удачной инженерной мысли. Отныне основное средство производства — не земля, не физический труд, не заводы, не техника, а знания.

Говоря о новой экономике, ученые и консультанты называют происходящие перемены «сменой парадигмы» — лично я только что употребил этот термин в первый и последний раз. Слово «парадигма» вроде бы дает возможность о чем-то договориться, с умным видом покивать головами: «Да-да, это именно парадигмальный сдвиг и ничто другое!» — не удосуживаясь разобраться, о чем же мы все-таки договорились. Прогрессивные компании называют себя «обучающимися организациями», обозначая этим модным, туманным словом корпоративную культуру, которая поощряет постоянное совершенствование, — но даже в 1996 году, через шесть лет после выхода превосходной книги Питера Сэйнджа «Пятая дисциплина», где он популярно изложил концепцию «обучающейся организации», участники специального форума по сети *Internet* долго и горячо спорили о том, что же это все-таки такое — «обучающаяся организация». Годами я слышу, как люди произносят слова «информационная экономика» или «эра знаний», не имея ни малейшего понятия о том, что они означают. Я подозреваю, что и никто вообще на самом деле этого не понимает.

В чем все-таки смысл нынешней великой трансформации? Как изменяются при этом характер коммерции и задачи менеджмента? Как компании и другие организации управляют знаниями? Как добывают их, хранят, продают, распространяют, обновляют, добиваются, чтобы они оставались современными и своевременными? И наконец, как Век информации может отразиться лично на мне, на моей работе и карьере?

Не на каждый из этих вопросов сегодня можно дать однозначный ответ. Одно, тем не менее, ясно: мы живем в эпоху коренных, необычайно драматичных перемен в экономике. Признаки этих перемен бросаются в глаза, как неоновые огни на Таймс-сквер*. Все преимущества долгой работы в крупной компании канули в Лету. Регулярное, как минимум раз в два года, продвижение по службе — от помощника до компаньона — кануло в Лету. Гигантские корпорации, возникшие в начале двадцатого века и долгое время определявшие его экономическую жизнь, если и не ушли в небытие, то во многом утратили свое влияние. Две трети компаний, вошедших в список пятисот крупнейших, опубликованный в журнале *Fortune* в 1954 году, либо прекратили свое существование, либо сделались не настолько крупными, чтобы удержаться в таком списке сорок лет спустя. В период между 1979 и 1994 годами число рабочих, занятых в крупнейших промышленных корпорациях Америки, сократилось почти на треть — с 16,2 до 11,6 миллиона человек. Место этих спотыкающихся бегемотов заняли такие организации, как дочерняя фирма финской электронной компании *Nokia* с ежегодным объемом продаж около 160 миллионов долларов и штатом

* Оживленная площадь в центре Нью-Йорка. (*Здесь и далее — прим. ред.*)

из пяти человек. Или *Nike* — производитель обуви, который не производит обувь: его продукция — исследования, развитие производства, дизайн, маркетинг, сбыт — то есть обслуживание на основе знаний. На каждого работника *Nike* приходится 334 миллиона долларов ежегодных продаж — против 248 миллионов долларов на одного работника средней компании из списка *Fortune*. Или такие корпорации, как *Netscape Communications**, чей председатель правления Джим Кларк владеет пакетом акций стоимостью три четверти миллиарда долларов, тогда как три года назад этой компании не было и в помине.

Не удивительно, что на причудливом ландшафте бизнеса различные, подчас фантастические течения и системы организации труда появляются и исчезают с такой же скоростью, как добрые и злые колдуньи в детской сказке. Сначала «реконструкция», потом «реконструкции не подлежит». Сначала «третья волна», затем «вторая кривая». То «производство двадцать первого века», то «постиндустриальное общество». То «слава первопроходцам», то «хвала последователям». Виртуальные корпорации, гибкие корпорации, паутинные, матричные ползучие организации, интеллектуальные предприятия, обучающиеся компании... Существует даже такой подход, как финт, сводящий на нет финты управления.

Вместо финтов эта книга предлагает понять причины, вызывающие перемены, и подсказывает, что следует предпринять — в ваших собственных интересах и в интересах вашей компании, — чтобы преуспеть в Век информации.

Мысль о том, что наступает эпоха новой экономики, основанной на знаниях, похожа на новый

---

* Эта компания — признанный пионер и лидер в разработке програмных продуктов для всемирной сети *Internet*.

теннисный мяч: она размытая, «пушистая», но упругая. И мы увидим, что с каждым днем она становится все менее размытой и все более четкой. В этой книге пойдет речь о том, как заставить вроде бы абстрактные идеи «управления знаниями» и «увеличения интеллектуального капитала» приносить реальную пользу; как сделать их таким пунктом повестки дня, относительно которого персонал компании, менеджеры и лидеры могли бы не просто рассуждать, но и делать что-то реальное. Мы возьмем интеллектуальный капитал и, образно говоря, поднимем капот, чтобы посмотреть, как работает двигатель, и подумать, как заставить его работать лучше. Старые предприятия не умеют управлять интеллектуальным капиталом — они на это попросту не рассчитаны. Однако пришло время учиться этому. Всем, кто умеет ходить и бегать по земле, рано или поздно приходится учиться нырять и плавать в воде; точно так же умения и навыки, необходимые для успешного функционирования людей и организаций в новых условиях «умной» экономики, резко отличаются от привычных.

Прочитав эту книгу, мы:

узнаем, почему далеко не все компании умеют управлять своим важнейшим источником богатства — корпоративной умственной энергией, — и убедимся: тех, кто научится это делать, ждет колоссальная отдача в виде миллиардных оборотов и прибылей;

познакомимся с тем, как интеллектуальный капитал позволяет экономить технику, деньги, товарно-материальные запасы; высвобождает финансы; повышает жизнестойкость корпорации; фантастически увеличивает ее прибыльность;

усвоим важные новые принципы управления людьми в информационной экономике, так что лозунг «Люди — наше главное богатство!» станет для компаний реальным, а не декларативным;

убедимся в том, что знания — действительно сила, которая передается потребителям, давая им возможность в большей степени влиять на компании, продающие им товары или услуги; в результате перестроившаяся организация может получить свою долю этого нового богатства;

откроем для себя поразительные, подчас противоречащие «здравому смыслу» истины: например, что сознательное невежество бывает ценнее знания, — и поймем, почему руководители, ломающие голову над созданием новых систем управления, больше выиграли бы, сумев уничтожить эти системы;

узнаем, почему и как новые модели управления вытесняют привычные бюрократические и иерархические схемы;

поймем, как приход новой экономики влияет на карьеру каждого из нас и какие новые стратегии помогут нам добиться успеха.

Интеллектуальные фонды всегда играли определенную роль, но неизмеримо меньшую, чем в наши дни. Средневековая гильдия ремесленников — одна из первых форм корпорации — представляет из себя способ управления использованием знаний. Если знаний мало, вы окружаете их магическим ореолом и тайно копите, допуская в сокровищницу лишь немногих избранных. Такое обращение со знаниями до сих пор сохранилось в среде духовенства и в современных гильдиях: медицине, юриспруденции, Кардинальском колледже и, само собой, в компьютерных отделах корпораций. В 1768 году швед по имени Й. Вестерман задался вопросом: почему производительность труда на шведских судостроительных и керамических заводах вдвое ниже, чем у их английских и голландских коллег? В отчете о проведенном исследовании, озаглавленном «Об отставании шведских производств от зарубежных из-за худшей организации труда», говорится: шведы и их конкуренты пользуются почти одинаковым оборудованием. Вестерман делает вывод: не материальные фонды дали преимущество англичанам и голландцам, а то, что они научились ими пользоваться более эффективно. В нашем веке для осуществления информационного менеджмента — получения и систематизации информации финансового характера, внедрения новых технологий, — появились пирамидальные корпорации и — более позднее изобретение — коммерчески автономные отделения.

Что же здесь нового? А вот что. Если знания — решающий фактор экономики, тогда умение пользоваться интеллектуальными фондами становится первостепенной задачей бизнеса. Так было не всегда. В 1940 году Бакминстер Фуллер написал большую статью для журнала *Fortune* по случаю его десятилетнего юбилея. Материал изложен живо, образно, с игрой слов, читать его — одно удовольствие. Фуллер сопоставил производство шелковых чулок с числом имеющихся у населения радиоприемников, объемом добываемого угля, количеством станков на предприятиях и так далее. Подытожив все это, он обозначил коренные перемены в том, что движет экономикой.

В конце девятнадцатого века главным критерием деловой активности были операции с сырьем: сколько добыто угля, сколько выплавлено стали. К 1940 году положение изменилось. Основным показателем жизнеспособности экономики стали операции с энергией: произведено столько-то киловатт-часов электроэнергии, сожжено столько-то бензина, столько-то километров пути преодолено поездами и самолетами. Вспоминая о том времени, бывший председатель правления банка

Citicorp Уолтер Ристон рассказывает: «Когда я мальчишкой пришел в банк, решающим экономическим показателем был объем грузоперевозок. А теперь — кому это нужно? Сегодня нам нужны надежные способы измерения тех знаний, которые мы привнесли в нашу деятельность».

Сила мускулов, мощность машин, даже электроэнергия неуклонно вытесняются силой интеллекта. Затраты труда, необходимого для производства единицы промышленной продукции, начиная с 1900 года, снижались примерно на один процент в год: машины постепенно брали на себя работу, которая прежде выполнялась вручную.

После второй мировой войны количество сырья, необходимого для производства единицы продукции, начало сокращаться примерно такими же темпами. Несколько лет спустя — году этак в пятидесятом — точно так же, на один процент, стали уменьшаться затраты энергии на единицу продукции. На смену сырью и энергии пришел интеллект.

С начала XX века доля образованных рабочих увеличивалась все на тот же один процент в год. Говоря о Соединенных Штатах, Японии, Западной Европе, мы до сих пор пользуемся выражением «индустриальный мир», но это не совсем точно. В сельском хозяйстве, строительстве, промышленности и добывающих отраслях занят лишь каждый четвертый американец, да и то, как будет показано ниже, он чаще работает головой, а не хребтом и руками. Все мы теперь — интеллектуальные работники, занятые в интеллектуальных компаниях.

Впервые я услышал термин «интеллектуальный капитал» от колбасника. Это был Ральф Стейер, глава компании *Johnsonville Foods* из Висконсина. Однажды, осенью 1990 года, мы завели обстоятельный разговор о том, что такое богатство. Было время, сказал Стейер, когда природные ресурсы — земля, минералы, рыба — были главными источниками национального богатства и основными фондами корпораций. Потом первостепенное значение приобрел капитал в виде денег, заводов и машин.

Теперь же и он уступает место силе мысли, «интеллектуальному капиталу». Нам обоим показалось любопытным то, что в отличие от, скажем, земли и финансов эти важнейшие ресурсы не контролируются бухгалтерами.

Я был заинтригован — можно даже сказать, попался на крючок. В свое время, начиная работать в *Fortune*, я почти ничего не смыслил в финансовых отчетах, хотя уже имел кое-какой деловой опыт. Коллеги часто цитировали основателя журнала Генри Люса: «Легче научить поэта читать балансовые отчеты, чем бухгалтера — сочинять стихи».

Я сам стал как бы наглядным подтверждением этой истины. Возможно, именно благодаря моему невежеству мне было легче поверить: то, чего нет в финансовом отчете организации, важнее того, что в нем есть.

Мое первое исследование интеллектуального капитала началось с небольшой заметки из цикла «Новое в бизнесе», напечатанной в январе 1991 года. Редактировавший этот материал Чарли Берк предложил мне написать солидную статью. Весной она вышла под названием «Сила интеллекта». Спустя несколько месяцев мне позвонил один швед из страховой компании *Skandia*. Он только что приехал в Нью-Йорк и хотел со мной встретиться.

Очутившись в моем кабинете, он протянул мне визитку с надписью: «Леф Эдвинсон. Директор. Интеллектуальный капитал». Я, что называется, выпал в осадок. Тогда Леф объяснил, в чем дело. Во время собеседования с главой одного из филиалов *Skandia* Йеном Каренде по поводу приема на работу он показал Йену мою статью «Сила интеллекта» со словами: «Вот чем должна заниматься ваша компания — организацией интеллектуального капитала». Каренде согласился: «Вот вы этим и займитесь».

В то время нас, интересующихся этим вопросом, было не густо — это сейчас яблоку негде упасть. Моя вторая, обзорная статья под названием «Интеллектуальный капитал», опубликованная в октябре 1994 года, вызвала лавину откликов — больше, чем все написанное мною до тех пор. Каждый день — письма, звонки, вопросы от руководителей высшего и среднего звена, консультантов и т.д.: «Что вы можете сказать об управлении знаниями? Где бы прочитать об этом поподробнее?»; «Кто проводит интересные исследования в области интеллектуального капитала?»; «Нет ли у вас достоверных цифровых данных о вкладах в интеллектуальные средства производства и отдаче от них?»

Если бы мне нужны были еще доказательства того, что век интеллектуального капитала наступил, то я мог бы их получить в разгар работы над этой книгой, когда мне позвонил агент по найму управляющих и похвастался, что изобрел новую перспективную специальность: «охотник за головами». Он имел в виду подбор «интеллектуалов» на ведущие посты в компаниях.

За пять лет мы прошли долгий путь, но еще более долгий предстоит пройти. Эта история только начинается.

Тем не менее представляется возможным — и своевременным — разобраться в том, что такое информационная экономика, как и почему знания стали важнейшим средством производства, показать, как оценивать знания, подключать их к повышению продуктивности и, наконец, раскрыть, как менеджеры и работники — вы и я — могут преуспеть в Век информации. Пора стряхнуть мягкий ворс с «теннисного мяча».

КАК ЧИТАТЬ ЭТУ КНИГУ

Я поставил перед собой две задачи. Одна носит прикладной характер. Хочу надеяться — главное в том, что эта книга показывает, как добывать, использовать и увеличивать интеллектуальный капитал — и таким образом она дает каркас, на котором каждый предприниматель может построить свою стратегию конкурентной борьбы в Век информации. Сегодня недостаточно просто вдохновенно разглагольствовать об экономике знаний: инвесторы, менеджеры и индивидуумы хотят знать, «с чем это едят».

Я предпринял попытку помочь им тремя способами. Прежде всего, поскольку ведро без ручки поднимать неудобно, эта книга содержит лексику и методику работы с корпоративным знанием и его источниками. В ней дается терминология, правила и принципы интеллектуального капитализма, которые позволят менеджерам применить его в практике бизнеса. В частности, во второй части мы возьмем наше рабочее определение интеллектуального капитала как интеллектуального материала, участвующего в создании ценностей, и раскроем, как менеджерам применить его при решении деловых задач. В дополнение к теории книга содержит множество примеров из жизни — коротких рассказов о компаниях, которые обнаружили у себя интеллектуальный капитал и научились им эффективно пользоваться. (Это и есть «вкус пудинга», который, по английской пословице, «не попробовав, не узнаешь». Надеюсь, примеры окажутся заразительными). И в-третьих, я представил методы, с помощью которых читатели смогут выработать собственные подходы и стратегии, ведущие к прибыльности.

Я не поддался искушению привести простые формулы и проверочные таблицы. Слишком многие бизнесмены — плохие бизнесмены — хотят, чтобы кто-то преподнес им готовые рецепты. Это не поваренная книга. Написать такую книгу сегодня не под силу ни мне, ни кому-либо другому. Сфера интеллектуального капитала слишком нова; к тому же, как нам предстоит убедиться, умственная работа и интеллектуальные «средства производства» скорее уникальны и индивидуализированы. Я сочту, что книга достигла цели, если благодаря ей у многих руководителей появятся плодотворные идеи, каких я не могу себе даже представить. Среди вас наверняка найдутся нетерпеливые люди, которые откроют ее только потому, что в их портативных компьютерах сели батарейки, а самолету далеко до посадки. Если вас прежде всего интересуют практические советы по менеджменту и карьере, вы найдете подходящий материал в части II, в главах 1 и 2 части III и в приложении.

Но мне хочется верить, что эта книга — не просто пособие, а попытка осмыслить драматически изменяющийся мир, в котором мы живем. Наступление Века информации и неожиданно распространившиеся со скоростью света информационные технологии являют собой одно из наиболее значительных... да нет, самое значительное событие нашего времени, способное изменить все стороны нашей жизни. Они есть везде и влияют на все. Турбореактивные двигатели неузнаваемо преобразили транспорт, нейлон — одежду, телевидение — сферу развлечений и новостей. Все эти технологии оказывают косвенное влияние на нашу жизнь. В отличие от них компьютеры затронули все отрасли и радикальным образом влияют на работу каждого из нас — сталевара, секретарши, финансиста или фермера. С тех пор как в наши дома вошло электричество, ни одно открытие не приводило к таким поистине революционным переменам. ЭВМ способна выписать счет-фактуру, включить станок, прошить строчку. Информационная технология, революционная сама по себе, является всего лишь составной частью революции в более широком смысле — наступления Века Информации.

Даже если вы очень заняты, есть смысл взглянуть на картину в целом. Революции — а это настоящая революция, без дураков! — имеют далеко идущие, часто непредсказуемые последствия. Чтобы выжить и преуспеть в такое время, нужна не только фокусировка, но и периферийное зрение, не только сила, но и гибкость, умение приспосабливаться. Чем лучше вы будете представлять себе главные силы, видоизменяющие наш мир, тем легче вам будет справиться с их сюрпризами. В наши дни не видеть дальше своего носа — грубейшая ошибка.

Точно так же я надеюсь, что те из вас, кто хочет побольше узнать о главных движущих силах, не пропустят глав, в которых приводится практический материал. Когда-то я и сам как типичный представитель поколения «шестидесятников» считал бизнес и менеджмент во всех его формах скучной материей. И до прихода в *Fortune* даже не подозревал, как сильно ошибался.

Работа — вот что по-настоящему интересно! Многое из того, что служит пищей для разговоров «на злобу дня», высосано из пальца столичными агентствами новостей. Обращать на них внимание — все равно что пытаться понять прилив, наблюдая за пеной на гребне волны. Это просто удивительно — и несправедливо, — сколь ничтожная доля повседневной борьбы, из которой состоит реальная жизнь мужчин и женщин, находит свое отражение в литературе и искусстве или хотя бы привлекает общественное внимание. В тридцатые годы, объясняя свое решение открыть школу бизнеса, президент Гарвардского университета Эббот Лоуренс Лоуэлл писал: «Огромное число американцев занимается предпринимательской деятельностью, и это нужно уважать. Тот, кто видит в труде лишь источник средств к существованию, наносит ему оскорбление. Зато тот, кто относится к нему как к служению человечеству, облагораживает свой труд и самого себя».

Под этими словами, пожалуй, готов подписаться каждый из нас.

Томас СТЮАРТ

«ПАРАДОКС» выпустил:

Джек СТЭК

АЛХИМИЯ ПРИБЫЛИ

Серия
«Поле Чудес:* БИЗНЕС*»

Даже способности не гарантируют процветания тому, кто не знает, где их применить.

Как добиться успеха? Этот вопрос на протяжении всей жизни стоит перед каждым человеком, независимо от его профессии, пола и возраста. Эта книга подскажет вам, как вопреки неблагоприятным обстоятельствам подняться по лестнице успеха.

Один из тех, кто оказался на Олимпе мирового бизнеса, научит вас большой игре для взрослых – искусству делать деньги.

ЧАСТЬ I

ВЕК ИНФОРМАЦИИ

То был триумф «искусственного богатства»,— утверждали некоторые. Но разве «искусственное богатство» — не гениальное человеческое достижение?

Фернанд БРОУДЕЛ

Глава 1

ИНТЕЛЛЕКТУАЛЬНАЯ ЭКОНОМИКА

Ничто не бывает твердым само по себе.

Уоллес СТИВЕНС

Возьмите банку с пивом. Откройте ее, если хочется, но главное тут — сама банка. Если ее и можно считать символом чего бы то ни было, так это символом рабочего класса. Она — неотъемлемая принадлежность Джо Шесть-Банок — именно столько входит в стандартную упаковку — члена профсоюза, простого работяги. Но не только. Она также является продуктом новой, «интеллектуальной» экономики, признаком того, что знания стали наиважнейшим компонентом производственной деятельности. Понять это — значит начать понимать смысл грандиозного переворота, наступления Века информации.

Тридцать лет назад такая банка, скорее всего, была бы сделана из стали. Компании по производству алюминия всегда стремились заменить им сталь, где бы она ни применялась. С фанатизмом миссионеров они рвались — и продолжают рваться — внедрять свой «чудо-металл», как его окрестили на первом представлении широкой публике на международной выставке в Париже в 1855 году. Хотя алюминий — наиболее распространенный из металлов, содержащихся в земной коре, его выделение из руд обходилось чрезвычайно дорого, так как требовало дорогостоящих химикалий и еще более дорогой электроэнергии от батарей. В XIX веке алюминий был настолько дорогим, что датский король Кристиан X заказал себе алюминиевую корону, а император Франции Наполеон III велел изготовить из него обеденный сервиз — для гостей, заслуживающих чего-нибудь пооригинальнее золота. И лишь когда электричество стало относительно дешевым и общедоступным, алюминий вышел на широкий потребительский рынок. (Заметим кстати: электричество до сих пор остается самым дорогим компонентом в его производстве).

К началу 50-х годов перед производителями этого металла встала задача перехватить у сталелитейных компаний выгодный бизнес по производству банок, но это оказалось не так-то просто. Даже при наличии дешевой электроэнергии алюминий оставался дороже стали; пивовары и производители безалкогольных напитков были не готовы переплачивать за материал, идущий на обыкновенную тару. В то же время алюминий легче обрабатывать. Тут-то промышленность и усмотрела свой шанс. Если бы удалось воспользоваться податливостью алюминия и сократить расход металла, это компенсировало бы его дороговизну относительно стали. В 1958 году компания Адольфа Курса наладила выпуск алюминиевых банок на семь унций пива. Их впервые опробовали на маленькой пивоварне на Гавайях, но до массового производства дело все-таки не дошло. Пятью годами позже компания *Reynolds Metals* открыла способ в огромных количествах производить банки вместимостью двенадцать унций. Первым потребителем стал пивоваренный завод

Хаммса на Среднем Западе. Потом алюминиевые банки стали широко употребляться на предприятиях фирм *Coca-Cola* и *Pepsi-Cola*. В настоящее время сталь в Соединенных Штатах при изготовлении тары для напитков почти не используется (точнее, используется всего на один процент) и быстро теряет свои позиции на международных рынках.

Первая алюминиевая банка продемонстрировала победу ноу-хау над природой. Алюминиевый контейнер весил почти вдвое меньше стального; он как бы заменил сырье знаниями — годами научного поиска. Постепенно усовершенствование производственного процесса, изменения в сплавах и другие новшества привели к уменьшению количества металла, идущего на одну банку. Сегодня пустая банка для пива весит всего 0,48 унции, или три четверти веса первой банки Рейнольдса. В банке стало меньше металла — и больше «серого вещества».

Один из крупнейших в мире заводов по производству листового алюминия для изготовления банок находится в Элко, штат Теннесси. Город был заложен в тридцатые годы и назван так в честь основателя гигантской алюминиевой компании. Компания выбрала это место на реке Теннесси из-за доступности дешевой гидроэлектроэнергии. Первоначально завод выпускал самую разную продукцию, вплоть до алюминиевых грампластинок. Сейчас он производит только алюминиевые болванки, чтобы делать из них листовой алюминий, идущий на изготовление банок. Огромные блестящие болванки — шириной 74 дюйма, толщиной 21 дюйм, длиной 20 футов и весом 35 тысяч фунтов, — пройдя через ряд прокатных станов, превращаются в листы толщиной в одну сотую дюйма (что приблизительно равняется толщине двух листов бумаги) и длиной более чем в три тысячи футов, причем на протяжении всей длины толщина варьируется в пределах не более одной десятитысячной дюйма.

Добившись максимальной экономии сырья, производители алюминия принялись за другой важный физический компонент — электроэнергию. На изготовление листового алюминия из непереработанного металла требуется всего пять процентов электроэнергии, необходимой для его производства из первичного сырья. Вот почему каждые две алюминиевые банки из трех делаются из металлолома. Они точно так же вмещают двенадцать унций пива, но о самих банках можно сказать, что они содержат гораздо меньше металла и электроэнергии — и больше мозгов.

Допейте пиво. Возьмите банку. Вы легко сомнете ее в руке. Однако, будучи полной, такая банка достаточно прочна, чтобы выдержать давление при вертикальном складировании высотой в шесть футов на полу супермаркета и тряску на ухабах в грузовике. Ее можно бросать и ронять при погрузке, хранить в холодильнике при температуре 35 градусов (по Фаренгейту) и жарить на солнце при температуре 95 градусов. Что придает ей прочность? Не металл — это доказывает та легкость, с какой вы смяли пустую банку в руке. Нет, если банка остается жесткой и достаточно крепкой, чтобы выдержать нагрузку до девяноста фунтов на квадратный дюйм, то лишь благодаря наличию внутри газа — пузырьков углекислого газа в кока-коле или азота в томатном соке. Банка держится за счет чего-то невидимого. Символ Джо Шесть-Банок Индустриального века — стал знаком Века информации, экономики неосязаемого.

Знания всегда играли в жизни человека большую роль: недаром мы называем себя *Homo Sapiens* — «человек мыслящий». На протяжении всей истории победа доставалась тем, кто был вооружен знаниями: первобытным воинам, научившимся делать оружие из железа, тогда как их враги застряли на уровне бронзы; американскому бизнесу, который вот уже сто лет пользуется плодами лучшей в мире системы бесплатных школ, снабжающей его наиболее образованной рабочей силой. Но сегодня интеллектуальный капитал значит гораздо больше, чем когда-либо в прошлом, ибо нам выпало жить в разгар экономической революции, рождающей Век информации.

Чтобы разобраться в том, что такое интеллектуальный капитал, как увеличивать его и как им распоряжаться, нужно уяснить, что значит «Век информации». Это не рекламное клише, имеющее целью продать домашние факсы и дополнительные телефонные линии. Эта и две следующих главы покажут, как случилось, что знания стали играть доминирующую роль в нашей экономике, в наших компаниях и в наших профессиях. Они сделались главным экономическим ресурсом — гораздо более важным, чем сырье и зачастую даже деньги.

Как продукт экономики информация важнее автомобилей, нефти, стали и всякой другой продукции Индустриального века. Для начала рассмотрим, как действуют и проявляют себя знания и их фонды, и мы поймем, почему управление интеллектуальным капиталом должно стать приоритетной составляющей любого бизнеса.

ДОБРО ПОЖАЛОВАТЬ В РЕВОЛЮЦИЮ

Не будем употреблять это слово в вульгарно-социологическом смысле. В толковом словаре Вебстера «революция» определяется как «внезапное радикальное или полное изменение, фундаментальная смена ориентиров». Это толкование вполне подходит и к миру бизнеса. Происходящие вокруг перемены — не просто новые течения, а результат действия нескольких колоссальных, неуправляемых сил — они носят глобальный характер, открывают новые необъятные рынки (и неизбежно плодят множество новых конкурентов), влекут за собой распространение информационных технологий и стремительное развитие компьютерных сетей, ликвидацию многоуровневой корпоративной иерархии (типичной организации Индустриального века, основанной на подчиненности) и, наконец, чреватого тяжелыми политическими последствиями сокращения размеров организаций и связанного с этим уменьшения числа рабочих мест. Ни дать ни взять незваный гость с ненужным подарком, как Карабас на крестинах девочки — будущей Спящей Красавицы.

Вот на какой почве взошла экономика новой Информационной эры, в которой основными источниками богатства стали не природные ресурсы и физический труд, а знания и коммуникации. Их прибирают к рукам современные бароны-разбойники — новое поколение денежных тузов, разбогатевших не за счет добычи нефти или производства стали, а за счет продукции или услуг, не всегда имеющих материальную сущность. К таким «баронам» относятся, например, владельцы компании *Netscape*, чье программное обеспечение *Navigator* попадает к вам в компьютер через модем прямиком из интернетовских серверов компании, почти нигде не принимая материальную форму, или миллиардеры из корпорации *Microsoft*, у которой нет заводов, однако ее служащие возвели себе в Пьюджет-Саунде особняки, своей вульгарной роскошью ничем не отличающиеся от тех, что строили в Ньюпорте и Род-Айленде магнаты прошлого века.

Все эти свойства — глобализация, компьютеризация, антииерархичность и нематериальность — тесно связаны между собой. Подобно поленьям в печке, каждое из этих явлений помогает другим ярче гореть. В идущем от них свете и отбрасываемой ими тени становится ясно, что бизнес и общество в целом переживают пик перемен, по масштабу и последствиям сравнимых с теми, что выпали на долю наших прадедов и прапрадедов.

Стало уже общим местом сравнивать события конца двадцатого века — наступление Века информации — со сдвигами и преобразованиями, которыми была отмечена Промышленная революция полтора столетия назад. Банально, но тем не менее это так, и, пожалуй, стоит вкратце напомнить тут историю по двум причинам: во-первых, она поможет нам осознать все значение того, что нас ожидает, а во-вторых, потому что между перипетиями Промышленной революции и некоторыми экономическими трудностями нашего времени существуют поучительные параллели.

Родиной Промышленной революции стали Великобритания и Франция, а в Соединенных Штатах она набрала силу после Гражданской войны, приведшей к индустриализации американского Севера — после того как северяне разорили аграрный Юг. О масштабах перемен можно судить по поразительному росту грузоперевозок по железной дороге. В 1860 году, за год до войны, товарные поезда перевезли 55 миллионов тонн различных грузов; в 1870-м, через пять лет после войны, 72,5 миллиона тонн, а в 1887-м — 437 миллионов тонн.

Первые «промышленники» — рабочие, служащие, мастера, фабриканты — стали вести образ жизни, какого их предшественники не могли себе даже представить. Сама мысль о том, что люди будут толпами собираться на фабриках и в конторах, в определенном месте и в определенное время, была абсолютно новой. Их отцы начинали работу с того, что после завтрака шли в поле или амбар; само понятие о строго фиксированном времени и месте работы было странным, неестественным, противным Богу. До Промышленной революции время для многих измерялось по солнцу, если вообще измерялось; в городе и близлежащих поселках показания часов могли и не совпадать. В Соединенных Штатах время подверглось стандартизации лишь в XIX веке — по требованию железных дорог, в связи с необходимостью составлять расписание поездов. Гудок ровно в восемь утра, хозяин, мастер, работа с девяти до пяти, дети в школе, жена дома, ведет хозяйство — все это порождения Индустриального века.

Иногда он бывал безобразен и жесток, что нашло отражение в «Тяжелых временах» Диккенса (1854 г.) и грозном «Манифесте» Карла Маркса и Фридриха Энгельса (1848 г.). Утопающие в роскоши особняки нового класса промышленников заслонили кривые улочки и ветхие лачуги неимущих, а заводские трубы закоптили их. Прежние поколения богачей, те, что нажили свои состояния за счет земли и ее даров — полезных ископаемых, меха и древесины, — ненавидели «баронов-разбойников» точно так же, как те, кто на них работал. Разумеется, научные знания и теории способствовали прогрессу: школьная версия Промышленной революции пестрит названиями крупных изобретений и именами их авторов: Джеймса Уатта, Эли Уитни, Томаса Эдисона. И все же основополагающей идеей того времени стало накопление капитала. Первые заводы процветали не потому, что превосходили мастерские ремесленников ассортиментом продукции или производительностью труда, а потому, что их алчные, безжалостные хозяева платили рабочим меньше, чем ремесленники сами себе, и прикарманивали разницу. Так они накопили капитал, необходимый для будущих инвестиций, а прогресс в области транспорта — появление мощеных дорог, поездов и пароходов — позволил производить продукцию для продажи в отдаленных частях страны. Со временем Промышленная революция привела к значительному росту среднего класса и более высокому уровню жизни населения в целом, но ее начальный этап характеризовался поляризацией общества и углублением противоречий между богатыми и бедными — точно так же, как это происходит в наш век Информационной революции.

Войны, несущие гибель огромным массам народа,— начиная с Гражданской и кончая самой разрушительной из всех — Второй мировой, — неизменно совпадали с периодами роста массового производства. Можно предположить, не рискуя ошибиться, что победа ковалась на производстве, а на полях сражений лишь подтверждались результаты. Вряд ли можно считать случайностью, что поражение Америки во Вьетнаме совпало по времени с кризисом американской промышленности. В 1971 году доллар перестал служить эквивалентом золота; за этим последовали первое арабское нефтяное эмбарго 1973 года, девальвация доллара по отношению к японской иене и резкий подъем японской промышленности, в первую очередь электронной и автомобилестроительной (чему в значительной мере способствовали заимствования из американских технологий и научных исследований). Индустриальный век агонизировал, и, хотя это мало кто замечал, в муках и борьбе рождалось нечто принципиально новое.

Но это было потом. А на заре Промышленной революции богатство стало создаваться новыми способами. Сразу же после Гражданской войны, в 1869 году, сельскохозяйственная продукция составляла около сорока процентов от общего объема, а после окончания Первой мировой — всего лишь четырнадцать процентов (сегодня она составляет 1,4 процента). Смещение центра тяжести от сельского хозяйства к промышленности и от фермы к городу вызвало к жизни новые отрасли — например, мясоконсервную. Появились посредники — фирмы, занятые комиссионной торговлей. Эта отрасль не могла возникнуть, когда люди сами разводили скот, и была совершенно немыслима до появления сети железных дорог и рефрижераторов. В середине нашего века две из каждых десяти крупнейших компаний в Америке были мясоконсервными.

Где-то между 1910 и 1920 годами стало ясно: большинство американцев живет в городах, а не в сельской местности. Когда солдаты-пехотинцы возвращались домой с европейских полей сражений, где они бились с немцами, один популярный автор песен удивленно спросил: «Как ты удержишь их на ферме после того, как они увидели Париж?»

Никак. В настоящий момент в сельском хозяйстве трудятся только три или четыре миллиона американцев. Это 2,8 процента от общей рабочей силы, и эта ничтожная цифра сохраняет тенденцию к снижению.

ЧТО ЗНАЧИТ «ИНФОРМАЦИОННАЯ ЭКОНОМИКА»?

Итак, мы снова там же, откуда начали.

Джордж Беннетт, председатель правления консультационной фирмы *Symmetrix* в Лексингтоне, штат Массачусетс, спрашивает: «Если два процента населения производят все необходимые нам продукты питания, почему бы еще двум процентам не производить все холодильники и прочие нужные вещи?» Хороший вопрос. Автостоянка завода приборов *General Electric* в Луисвилле, штат Кентукки, была оборудована в 1953 году в расчете на 25 тысяч личных автомобилей. Сегодня на заводе работает десять тысяч человек. В 1985 году в *IBM* трудилось 406 тысяч человек; ежегодная прибыль составляла 6,6 миллиарда долларов. В 1987 году *Fortune* назвал многолетнего лидера *IBM*, Томаса Дж. Уотсона-младшего, ушедшего в отставку в 1971 году, одним из самых удачливых капиталистов Америки. К началу 1993 года компания потеряла треть работающих и практически всю прибыль. Глава автомобильной компании *Volkswagen* как-то сказал, что не нуждается в доброй трети сегодняшнего числа рабочих. В 1996 году крупнейшая телекоммуникационная фирма *AT&T* объявила о сокращении сорока тысяч рабочих мест, из которых три пятых принадлежали ее новейшей производственной ветви — *Lucent Technologies.* Доля занятых в промышленности Соединенных Штатов упала с 34% от общего количества рабочей силы в 1950 году до 16% в наши дни; примерно треть этих людей — не производственные рабочие, а бухгалтеры, менеджеры, дизайнеры и прочие специалисты, имеющие дело в первую очередь с информацией.

«Америка мельчает!» — под таким заголовком *New York Times* опубликовала в начале 1996 года цикл статей излишне нервозного характера. Это стало главным вопросом политической жизни, за которым кроется подлинная тревога. Но «измельчание» — всего лишь эпизод сюжета, но не вся история. Вся история — это обусловленная Информационной революцией радикальная перестройка бизнеса, экономической жизни и общества. Как Промышленная революция в свое время ураганом пронеслась по сельской местности и стремительно растущим городам, точно так же этому новому процессу предстоит преобразить или сровнять с землей все, чего он коснется, — а он коснется всех сторон нашей жизни.

Трудно, почти невозможно проследить, как именно знание преображает экономику: ведь оно существует в разных, иногда причудливых формах. В экономике это называется «гетерогенными ресурсами». Производственные рапорты, библиотечные книги, взрывы электронов в киберпространстве и фонтанирующие сплетни — все это разные виды информации. Что общего между отчетом о лабораторных исследованиях в области биохимии вируса СПИДа и монографией о творчестве Караваджо или сведениями о количестве «тойот», проданных в Таиланде? Как мы увидим, руководителям, пытающимся использовать корпоративное знание в управлении, бывает непросто отличить важное знание от неважного.

Слава Богу, экономисты могут обойтись и без ответов на эти жгучие вопросы. Если что-то можно выразить в долларах — уже хорошо. И таких попыток — измерить информационный сектор в экономике в долларах — было сделано немало. В 1994 году еженедельник *Business Week* предложил «новую статистическую модель, разработанную для Века информации», согласно которой экономика делится на три сектора:

1) производство товаров (главным образом промышленных), а также добыча полезных ископаемых и коммунальные услуги;

2) сервис, или «обслуживание народа»: ремонт автомашин, банковское дело, начальное и среднее образование, здравоохранение, гостиничное дело и т.д.;

3) информация — реклама, связь, компьютеры и программное обеспечение к ним, высшее образование, индустрия развлечений, издательское дело, выпуск ценных бумаг и т.п.

Согласно такому делению, около 15,3% рабочей силы в Америке занято в информационном секторе. Грубая классификация *Business Week* представляется неплохой, но спорной.

Почему, например, среднее образование и банки отнесены к сектору обслуживания, тогда как колледжи и биржи — к информационному? Эта классификация имеет еще и тот недостаток, что не дает ответа на вопрос, который прежде всего волнует отрасли и тех, кто в них трудится, а именно: какую роль знания играют в экономике в целом — и в моей компании, на моем рабочем месте?»

Ответ на этот законный вопрос явился прежде, чем большинству пришло в голову его задать. В 1962 году Фриц Мэчлап, экономист из Принстонского университета, опубликовал работу «Производство и распространение знаний в Соединенных Штатах», которая затем выросла до восьмитомного труда под общим названием «Знания. Их производство, распространение и влияние на экономику». Мэчлап предпринял попытку измерить экономическую ценность знаний и на основании данных 1958 года сделал вывод, что 34,5% валового национального продукта в Соединенных Штатах могут быть отнесены к информационному сектору. В 1977 году Министерство торговли Соединенных Штатов опубликовало докторскую диссертацию «Информационная экономика» Марка Пората, ставшего впоследствии главой фирмы *General Magic,* занятой разработкой коммуникационных программ в Силиконовой долине. Исходя из доступных ему данных 1967 года, Порат сначала определил «первичный информационный сектор», в который целиком поместил такие отрасли, как связь, банковское дело и финансы вообще, профессиональную подготовку и образование, — присовокупив примерные расчеты, какая доля продукции других отраслей имеет отношение к информации (например, он отнес к информационному сектору три пятых добавленной стоимости продукции электромашиностроения, так как в ее состав входили пишущие машинки, ЭВМ, печатные станки, телефоны, копировальные машины и так далее. Общий итог оказался ошеломляющим. Информационный сектор производил 25,1% валового национального продукта и обеспечивал 43% прибыли всех корпораций.

Но Порат пошел еще дальше: в качестве следующего шага выделил «вторичный информационный сектор», который, по его теории, «включает в себя все информационные услуги, производимые для внутреннего потребления правительством и неинформационными фирмами... К примеру, одним из слагаемых рыночной цены автомобилей являются расходы на содержание аппарата управления, затраты на проведение научных исследований и развитие производства, а также на рекламу и маркетинг». Это составило еще 21% валового национального продукта; общий итог подскочил до 46%.

Порат, конечно, переборщил — хорошо хоть не включил сюда стоимость кухонных раковин. Вместе с тем эти показатели, полученные еще до того, как впереди стал отчетливо виден закат Промышленной революции, отражают масштабы новой революции в экономике. Увы, никто не повторил расчеты Мэчлапа и Пората до 1980 года, когда ученики Мэчлапа подсчитали, что «индустрия знаний» охватывала 36,5% валового национального продукта и было очевидно, что «информационная экономика» продолжает стремительно распространяться с одной отрасли на другую. Стоит только посмотреть на бурный рост применения компьютеров, коммуникации и индустрии развлечений. Каждая страна, компания и каждый человек все в большей степени зависят от знаний: патентов, процессов, навыков, технологий, информации о поставщиках и заказчиках и доброго старого опыта. Даже папа Иоанн Павел II в своем ежегодном обращении к верующим в 1991 году отметил возрастающее значение ноу-хау — технологий и производственных навыков: «В свое время решающим фактором производства благ была земля, затем капитал... Сегодня им все в большей степени становится человек, его знания».

Знания стали важнейшим ингредиентом всего, что мы делаем, производим, покупаем и продаем. В итоге умение управлять интеллектуальным капиталом — добывать, увеличивать, хранить, торговать им или распределять его — стало важнейшей экономической задачей отдельных людей, отраслей и народов.

Все это трудно для понимания — зато мы больше не имеем дела с тайной, покрытой мраком. Первостепенная роль умственной энергии проявляется всюду и во всем — стоит только присмотреться.

ЗНАНИЯ – ОСНОВА ОСНОВ

Посмотрим, каково содержание знаний в товарах повседневного обихода и бытовых услугах. Портативный компьютер, на котором я набираю эти строки, — *Macintosh PowerBook 5300c*, купленный в 1995 году, я им страшно доволен и не понимаю, как другие могут покупать не *Mac*.., но я отвлекся. Так вот, мой портативный компьютер весит 6,2 фунта, имеет 8 мегабайт оперативной памяти, 500-мегабайтный винчестер, цветной экран, частоту процессора 100 мегагерц (в момент покупки это считалось чуть ли не пределом быстродействия). Первый персональный компьютер фирмы *IBM*, выпущенный в 1981 году, состоял из трех частей: клавиатуры, черно-белого монитора и блок-процессора; все это весило 44,3 фунта. Одна только клавиатура тянула на 6,1 фунта, то есть весила примерно столько же, сколько мой «ноутбук» целиком. Вместо оперативной памяти и винчестера у первых «персоналок» была так называемая память пользователя на 16 килобайт. Даже если считать только оперативную память, без винчестера, «мозги» моего компьютера в пятьсот раз мощнее, чем у старой «персоналки», в семь раз превышающей его размерами. То есть отношение в нем уровня интеллекта к количеству кремния, металла, пластмассы, проводов и других материалов в 3500 раз выше.

То же произошло с металлообрабатывающими инструментами, резцами, сверлами и промышленными красителями. Более половины затраченных на их производство денег вложено в оборудование цифрового компьютерного контроля. Каждый такой прибор снабжен встроенными микропроцессорами, направляющими сверла и другие его инструменты; он соотносится со старыми машинами примерно так же, как персональный компьютер с ручной пишущей машинкой. Вот что говорит Джоди Глор, вице-президент объединения автоматизации промышленного контроля на электростанции Аллен-Брэдли: «Электромеханические бандуры, которые мы продавали раньше, производили впечатление чего-то могучего. Мы могли сказать, что они должны дорого стоить. А теперь мы говорим: «Видите вот этот диск..?»

Новый авиалайнер «Боинг-777», чей дизайн разрабатывался исключительно на компьютере, без чертежей и макетов в натуральную величину, имеет на борту три компьютера — и только два двигателя. Топливом для авиации служит керосин; так вот, половина стоимости добычи нефти и ее переработки в керосин — это стоимость информации. В типичном современном автомобиле больше микросхем, чем свечей зажигания, а электроника обходится дороже стали.

В начале двадцатого века сталь была продуктом номер один. Ее высокая стоимость была обусловлена тяжелым физическим трудом по добыче железной руды в штате Миннесота, перевозкой миллионов тонн руды в Питтсбург или Бирмингем, а дальше — адской работой сталеваров. Мы и сейчас, конечно, выплавляем много стали, но материальная сторона процесса уже не столь значительна. Раньше на крупном предприятии на выплавку тонны стали требовалось три-четыре человеко-часа. А теперь компания *Nucor Steel* производит тонну листовой стали при помощи сложных компьютеров всего за 45 человеко-минут. Интеллектуальный компонент вырос, а материальный съежился.

А теперь возьмем главный продукт конца двадцатого века — микросхемы. Стоимость всех продаваемых ныне микросхем превышает стоимость выплавленной за такой же период стали. Что придает им ценность? Уж конечно не материальные компоненты. Микросхемы изготавливаются главным образом из кремния, то есть обыкновенного песка, причем в малых количествах. Дороже всего обходится сложное проектирование микросхемы и проектирование производящих ее машин. То есть в микросхеме ценится ее интеллектуальное, а не физическое содержание.

Каждые четыре доллара из пяти, расходуемых Леви Страуссом на производство пары джинсов, тратятся на информацию, а не на то, чтобы произвести, покрасить, скроить и сшить столько-то метров ткани.

И вообще, по подсчетам Джеймса Брайана Куинна из школы бизнеса при Дартмутском колледже, затраты на информацию составляют три четверти добавленной стоимости почти всякой продукции. В прежние времена компаниям имело смысл держать на складах как можно больше всего, что могло потребоваться для производственного процесса. В свое время организованные по принципу вертикальной интеграции заводы Форда в Детройте, на которых выплавлялась собственная сталь и изготавливались все части автомобилей — и, конечно же, сами автомобили, — казались чудом техники. А в Информационном веке прогресс в области материального снабжения, компьютеры и современные коммуникации позволяют компаниям быстро доставлять все необходимое со стороны. Каждые три из десяти крупнейших промышленных производств закупают извне больше половины того, что им нужно.

В 1995 году средняя компания израсходовала на приобретение «чужих» материалов, деталей, услуг почти в пять раз больше денег, чем четыре года назад. Американские автомобилестроители больше не варят сталь и самостоятельно изготавливают меньше половины деталей своих машин. *Chrysler* закупает даже 70% деталей. Будет преувеличением, но отнюдь не нелепостью сказать, что «большая тройка» фактически представляет из себя студии дизайна и центры маркетинга, а не промышленное производство.

Словом, производство дематериализуется. «Мы наблюдаем,— говорят профессора Лихайского университета Стивен Голдмен, Роджер Нейджел и Кеннет Прайс,— слияние товаров с услугами. Это заставляет нас пересмотреть суть понятий «производство» и «продукт».

И, конечно же, мы во все большем объеме покупаем чистое знание в секторе обслуживания. Знаменитый нью-йоркский адвокат берет с клиента четыреста долларов в час не потому, что так уж дорого стоят материальные принадлежности его профессии: письменный стол, бюст Оливера Венделла Холмса и т.д. Нет — вы покупаете его ум и профессионализм. Отрасли, передающие информацию, развиваются более быстрыми темпами, чем отрасли, перевозящие товары. Объем информации, передаваемой по телефону, ежегодно увеличивается на шестнадцать процентов, по компьютерной сети — на тридцать процентов, по сети *Internet* — и того больше.

Если взять авиаперевозки, то здесь *вся* прибыль кроется в информации. Издание *Official Airline Guide* рентабельно, но в начале девяностых общие убытки авиалиний составили несколько миллиардов долларов. Потери были бы неизмеримо больше, если бы их частично не компенсировали за счет информационных систем бронирования. Только десять процентов годового дохода *AMR* (родительской компании *American Airlines)* поступает от системы бронирования билетов *Sabre;* но в 1995 году, когда авиаперевозки вновь стали рентабельными, *Sabre* принесла 44% прибыли. В сущности, современный авиатранспорт представляет из себя две разных индустрии: собственно полеты, которые в лучшем случае приносят минимальную прибыль, и индустрию информации о полетах, которая дает основную прибыль и в кратчайшие сроки.

Деньги — и те перестали быть чем-то материальным. Было время, когда государства торговали валютой, а сотрудники Федерального резервного банка в Нью-Йорке грузили золотые слитки на тележки и переправляли из одного подвала в другой — принадлежащий другому государству. Сегодня ежедневно продается валюты примерно на 1,3 триллиона долларов, и она ни на одном этапе не принимает осязаемую форму.

Из стандартной единицы стоимости — строго фиксированного и ограниченного имущества, материальной и в то же время абсолютной «истины» — деньги превратились в нечто эфемерное, неуловимое, электронное. На протяжении последних двадцати пяти лет они все больше отходили от устанавливаемого государством золотого эквивалента, каковая практика установилась пять тысяч лет назад (сейчас унция золота стоит 35 долларов), — чтобы принять новую, электронную форму. Отныне деньги — не что иное, как комбинация единиц и нулей — базовых элементов программирования. Это они — единицы и нули, символизирующие деньги, — несутся по проводам длиной в тысячи миль, мчатся по кабелю из стекловолокна, спрыгивают со спутников и расходятся лучами от одной ретрансляционной станции к другой. Эти новые деньги похожи на тени. Их холодновато-серые очертания можно увидеть, но не потрогать. Они не имеют ни веса, ни массы. Деньги стали бесплотным образом, не более.

Так же как Промышленная, Информационная революция затрагивает все стороны жизни. Американцам требуется столь ничтожное количество мускульной энергии, что Министерство сельского хозяйства призывает нас потреблять 2 000 калорий в день. Это гораздо меньше тех 3 700 калорий, которые мы все-таки потребляем (вот почему скамейки на стадионах кажутся нам узкими) и меньше 3 752 калорий, считавшихся ежедневной нормой для рабов на плантации Джорджа Вашингтона в 1790 году (причем среди них почти не было толстых). Благодаря научным исследованиям, позволившим вывести высокоурожайные гибридные сорта пшеницы, ныне фермеры производят в пять раз больше пшеницы на один акр, чем в двадцатые годы. Иначе говоря, сегодняшний колос на 80% состоит из знаний.

В обороне информация играет ту же роль, какую раньше играли заводы. Сегодняшние вооруженные силы вкладывают все больше средств в обучение и образование. Во время вьетнамской войны, когда образованные люди лезли из кожи вон, чтобы избежать призыва в армию, пятнадцать процентов американских солдат не имели законченного среднего образования. Сегодня выпускники средней школы в армии составляют 99,3%. Процент выпускников высших учебных заведений в армии более чем удвоился. Война в Персидском заливе продемонстрировала непобедимую мощь «умных бомб» — ракет, запускаемых с авианосцев и тому подобных новинок, которым колоссальный объем информации и интеллекта позволяет точно попадать в цель и производить чрезвычайно эффективные разрушения за счет гораздо меньшего количества тринитротолуола, чем во время Второй мировой войны или «ковровых» бомбежек во Вьетнаме. В наши дни стратеги из Пентагона прокручивают в воображении войны, исход которых будет решаться не на полях сражений и не на заводах, а в незримом поле информации. Вероятно, главными целями будущих войн станут информационные (включая финансовые и телефонные) системы, а также установки для выдачи военных команд. В окнах Пентагона допоздна не гасят свет: военные ломают голову над тем, как атаковать самим или обороняться от нового Пёрл-Харбора — нападения на нашу информационную инфраструктуру. В форте Мак-Нейр в Вашингтоне Национальный университет обороны, включающий сухопутный, морской и авиационный колледжи, пополнился колледжем управления информационными ресурсами. Как в военных, так и в гражданских делах материальный компонент сильно уменьшился в размерах, а интеллектуальный возрос.

Экономист Брайан Артур подытожил происходящие в системе хозяйствования сдвиги следующим образом: при старой экономике люди покупали и продавали «концентрированные ресурсы» — большое количество материала, связанного между собой ничтожным количеством информации (вспомните алюминий, на протяжении ста лет изготавливаемый из бокситов при огромных затратах электрической энергии). В новой экономике мы покупаем и продаем «концентрированное знание» — колоссальный объем интеллектуального содержания в крохотной материальной оболочке (примерами могут служить компьютерные программы или последняя модель самолета, цена которого в первую очередь обусловлена расходами по статье «исследования и развитие» (сокращенно ИР).

Новой экономике предстоит неузнаваемо преобразить старую, но не покончить с ней. Крупнейший капиталист эры знаний, председатель правления *Microsoft* Билл Гейтс тратит огромные средства на содержание роскошного особняка и модных автомобилей — т.е. на вполне материальные вещи. В свое время Промышленная революция не отменила сельское хозяйство, потому что людям по-прежнему нужно было питаться; точно так же Информационная революция не отменит легкую промышленность, так как нам по-прежнему нужны пресловутые банки с пивом. Никто не может сказать наверняка, какие новые методы работы и достижения успеха создаст эта революция. Единственное, чего можно с большой долей уверенности ожидать от любой революции, так это неожиданностей. Но уже сейчас очевидно: успех в интеллектуальной экономике зависит от новых умений и новых видов организации и управления.

Новая эра уже здесь, с нами, но пик общественных и экономических преобразований еще впереди. Переход может стать весьма болезненным. Как говорит главный экономист Первого бостонского банка Нил Сосс, «внедрение — гнуснейшая часть гнусной науки». И как мог бы сказать Робеспьер по пути на гильотину: «На сей раз это касается меня лично», — ибо переворот неизбежно отразится на каждой компании и карьере каждого из нас.

Глава 2

ИНТЕЛЛЕКТУАЛЬНАЯ КОМПАНИЯ

«Кто не встает из-за стола и не выходит в море,
Тот королевский флот возглавит вскоре!»

У.С. ГИЛБЕРТ

Попробуйте найти хотя бы одну отрасль, одну-единственную организацию, которая бы в наше время не стала более информационно-насыщенной, то есть зависящей от знаний как ресурса привлечения покупателей или клиентов и от информационной технологии — как от способа организации дела. В этой главе для уяснения того, что значит «интеллектуальная компания», мы попытаемся взглянуть на Информационную революцию изнутри, не выходя из стен корпорации. Прежде всего обратим внимание на стремительный рост *объема* информации, которой оперируют компании. Потом посмотрим, что компании *делают* с этим объемом: как пользуются информацией, заменяя ею материалы, товарную продукцию, склады и прочие материальные ресурсы, экономя заодно деньги и время. И наконец мы рассмотрим, чем организация труда в «умной» компании отличается от традиционной.

Возьмем, к примеру, маленькую компанию *Inter Design* из Солона, штат Огайо, расположенную в нескольких милях к востоку от Кливленда. Как большинство предпринимателей, не обязанных отчитываться перед акционерами, ее основатель и глава Роберт Иммерман весьма неохотно делится сведениями финансового характера, но все-таки скажет, что годовой объем продаж компании приближается к двадцати миллионам и что дело приносит прибыль. В 1974 году компания *Inter Design* занялась импортом и розничной торговлей деревянными изделиями, такими как сундуки, лампы и другие товары скандинавского дизайна. Теперь она торгует исключительно пластиком — пластиковыми часами и магнитами для холодильников, мыльницами, мусорными ведрами и тому подобной продукцией, которую проектируют сотрудники компании и по их чертежам производят фабрики, с которыми *Inter Design* заключила контракты. Заказчики — *Wal-Mart, Kmart, Target* и сотни других хозяйственных магазинов.

Судя по каталогу, у компании *Inter Design* нет особо сложных в техническом отношении изделий (если не считать электронных часов), но компьютеры совершенно преобразили ее работу. За последние четырнадцать лет штаты выросли в три раза, производственные площади — в пять, объем ежегодных продаж — в восемь раз, а объем компьютерной памяти возрос в тридцать раз. В 1985 году Иммерман хорошенько порылся и отыскал десять тысяч долларов, чтобы купить бывший в употреблении винчестер на 288 мегабайт (в 1996 году такие винчестеры стоили пару сотен долларов). Вот что говорит Иммерман: «В семидесятые мы ходили за заказами на почту. В начале восьмидесятых мы укладывались в бесплатный для клиентов телефонный диапазон номеров (1—800). В конце восьмидесятых приобрели факс. В 1991-м под нажимом сети магазинов *Target* добавили электронную систему обмена данными». В настоящее время более половины заказов компании *Inter Design* поступают через модем прямо в компьютеры. Ошибки при вводе заказов и при их доставке практически исчезли.

Иммерман говорит: «Пятьдесят недель подряд мы прекрасно работали с одной крупной сетью магазинов, а затем пропустили какую-то мелочь, относящуюся к одному изделию из длинного списка, — и они уже обрывают телефон: что случилось?»

Сотрудники, привыкшие принимать заказы по телефону, ныне просиживают перед экранами компьютеров, отслеживая продажи по всем параметрам: продукция, цвет, потребитель, регион — ценная информация, собрать которую в прошлом Иммерман не мог себе позволить. Высвободились время и деньги, которые раньше тратились на отслеживание ежедневного бизнеса, появилась возможность направить их на исследования и нововведения: новый дизайн, новую продукцию — основу завтрашнего бизнеса.

Это типичная история. Практически каждый разносчик посылок, кассир в банке, продавец розницы, телефонистка и контролер счетов работает с компьютером.

Как песок в доме у пляжа, информация проникает во все щели. В наше время успех или фиаско компании больше, чем когда-либо, зависит от управления этим потоком знаний — не просто накладными, сообщениями и цифрами, но также патентами, процессами, мастерством работников, технологиями, сведениями о поставщиках и заказчиках и, в довершение всего, старым добрым опытом.

КАК СТАТЬ ИНТЕЛЛЕКТУАЛЬНОЙ КОМПАНИЕЙ

Хотите узнать, чем занимается организация, — следуйте за деньгами. Они обязательно выведут вас на нужную информацию.

Затраты любой компании делятся на две категории. Первая — капиталовложения, т.е. инвестиции в недвижимость, оборудование и другие фонды, рассчитанные на более или менее длительный срок эксплуатации и на то, что через какое-то время они окупятся. Кроме того, организация делает долгосрочные вклады в исследования, развитие и обучение — это еще одна форма долгосрочных инвестиций, хотя по всем канонам бухгалтерской науки такие затраты относятся к корпоративным расходам, так же как зарплата, расходы на сырье, поставки, рекламу, грузоперевозки, арендная плата и т.д. Разница между *капиталовложениями* и *расходами* не всегда очевидна (вот вам одна из причин, почему бухгалтеры загребают кучу баксов), но ясно одно: Век информации кардинально изменил оба вида затрат.

Возьмем капиталовложения, для чего воспользуемся данными Бюро экономического анализа Министерства торговли Соединенных Штатов. Точные цифры отражают затраты частного сектора на традиционные основные фонды Индустриального века: турбины и двигатели, электроэнергию и измерительные приборы, металлообрабатывающие станки, материалы, оборудование для добычи нефти и полезных ископаемых, обслуживающую, сельскохозяйственную, строительную технику и так далее. С 1982 года эти затраты держатся примерно на одном уровне, составляя около 110 миллиардов долларов в год. В периоды спада они немного меньше, во время бума — больше, но, в общем, колеблются вокруг этой цифры — 110 миллиардов.

В то же время резко возросли капиталовложения в информационные машины. В 1982 году американские компании израсходовали на компьютеры и телекоммуникационные приборы около 49 миллиардов долларов. К началу 1987 года эта сумма возросла до 86,2 миллиарда и продолжает расти. Если построить график, то две линии — капиталовложения в Индустриальном и Информационном веке — пересекутся в 1991 году, когда на производственные технологии было израсходовано 107, а на информационные технологии — 112 миллиардов долларов. Назовем его Первым годом Информационного века. С тех пор компании тратят больше средств на оборудование для сбора, обработки, анализа и распределения информации, чем на машины, которые штампуют, режут, собирают, поднимают и разными другими способами воздействуют на материальные объекты.

Впечатляющие цифры — но они отражают лишь вклады в оборудование для непосредственной передачи информации, а не новооткрытый «интеллект» машин старой экономики, например станки с програмным управлением, равно как и не полностью учитывают тот факт, что доллар, вложенный в компьютеры, сегодня обеспечивает большую, чем когда-либо, производительность труда. (В первой половине девяностых годов, когда вложения компаний в компьютерную технику почти удвоились, мощность средств обработки данных выросла в три раза). Они, эти цифры, не отражают также инвестиций в знания, то есть в исследования и развитие. Некоторые компании, особенно японские, вкладывают в ИР больше средств, чем во все виды основных фондов. Вот вывод, к которому пришел Фумио Кодама, профессор кафедры обновления производства университета Сайтама близ Токио: «Если инвестиции в исследования и развитие превысили инвестиции в основные фонды, можно сказать, что корпорация превратилась из места, где что-то производят, в место, где думают».

Что же компании получили за свои деньги? Последствия трудно прогнозировать даже на ближайшее время. С точки зрения производства главная цель и главный итог перемен — улучшение того, что уже существует: делать что-либо быстрее, лучше, дешевле или больше. Такой результат, отмечают социологи Ли Спраул и Сара Кислер в своей книге «Связи» (о том, как электронные сети влияют на деятельность организаций), является «механически ожидаемым». Это прежде всего «запланированное увеличение мощности и (или) рост производительности, позволяющие окупить вклады в новые технологии»; даже их трудно заранее подсчитать. Но перемены влекут за собой и эффекты второго порядка — неожиданные и принципиально непредсказуемые результаты и возможности. Создатели автомобиля Готлиб Даймлер и Рэнсом Олдс, их друзья и соперники думали, что «усовершенствовали лошадь». Они не представляли себе, что их изобретение превратит значительную часть сельской местности в пригороды, а это, в свою очередь, приведет к появлению тысяч новых рабочих мест — строителей дорог и домов, производителей газонокосилок, продавцов луковиц тюльпанов и разносчиков пиццы.

Мы еще только-только начинаем понимать, до какой степени Информационная революция переделывает организации. Сложность понимания отчасти обусловлена особым характером ее ключевой технологии — компьютерной обработки информации. Вот что пишет профессор Гарвардской школы бизнеса Шошана Зубофф:

«Информационная технология носит двойственный характер. С одной стороны, ее можно использовать для автоматизации производственного процесса — по логике, почти не отличающейся от логики системы машин XIX века, которая видела смысл внедрения машин в производство в замене человеческого труда технологией, обеспечивающей выполнение тех же процессов с большей непрерывностью и управляемостью. А с другой стороны, эта технология одновременно выдает информацию о производственных и административных процессах, лежащих в основе деятельности организации. Это делает «прозрачными» процессы, которые до сих пор оставались частично или полностью непроницаемыми. Таким образом информационная технология меняет традиционную логику автоматизации».

Да, информационная технология повышает производственные показатели, но по-настоящему интеллектуальной компания становится, только осознав и освоив эту новую глубину проникновения, с которой информация добывается из-за ее внутренней ценности, а не просто для автоматизации или контроля других видов деятельности. Тогда она обнаруживает себя вовлеченной в совсем новые сферы деятельности. Вот некоторые из них.

ДОБЫЧА ПОЛЕЗНЫХ ПОДРОБНОСТЕЙ

Некоторые сети отелей стремятся фиксировать привычки и вкусы постояльцев, например: какие газеты они любят читать по утрам и отдают ли предпочтение номерам для курящих или некурящих. Программа «Друзья и члены семьи» компании *MCI* имела огромный успех, который ее соперница *AT&T* была не в состоянии повторить, поскольку там не велись аналогичные записи о своих клиентах.

МОДЕЛИРОВАНИЕ

В наши дни моделирование стало для геологов основным методом поиска нефти. Данные, полученные благодаря аэрофотосъемке, показания сейсмографов и результаты подземных проб, сведенные вместе, образуют некий аналог подземной среды, который затем подвергается компьютерному анализу. Точно так же, по принципу «что, если» можно вести любую другую деловую деятельность. Что будет, если мы поднимем цены? увеличим мощность двигателей? купим такую-то универсальную фиговину? Именно методом моделирования *Boeing* спроектировал свой реактивный лайнер «777», а компания *Merck* приняла решение присоединить к себе *Medco.*

БИЗНЕС НА САМИХ ЗНАНИЯХ

Довольно часто информационноемкие компании становятся поставщиками информации. К примеру, доход *IBM* от оказания компьютерных услуг выше дохода от продажи самих компьютеров. *Ryder* не только сдает в аренду грузовой автотранспорт, но и продает систему управления перевозками.

Всепроникающий, не знающий преград характер знаний (совсем как песок в домике на берегу, невидимый, даже если вы чувствуете его под ногами) ставит в тупик всех, кто пытается понять, как работает информационноемкая организация. Автоматизация и повышение эффективности идут рука об руку с суетливыми, иногда глупыми, не слишком продуктивными начинаниями и новыми видами деятельности. В этом контексте начинаешь понимать, почему так противоречивы представления о том, что организации должны получить в обмен на свой вклад в компьютеры. Менеджеры давно интуитивно поняли, что информационные технологии поднимают производительность. Тем не менее экономистам никак не удавалось обнаружить конкретную выгоду, и они бились над «парадоксом продуктивности». Если от чего-то нет отдачи, почему компании продолжают это покупать?

Многие из этих исследований чреваты серьезными изъянами. Например, анализ данных по отраслям показал, что каждый доллар, затраченный на высокие технологии, приносил возврат лишь 80 центов — то есть это были выброшенные деньги. Если вдуматься, такой результат закономерен. Сеть магазинов *Wal-Mart* израсходовала на внедрение информационной технологии более миллиарда долларов, и это привело к снижению издержек, совершенствованию обслуживания и появлению «перебежчиков» из числа постоянных клиентов ее соперников — *Kmart* и других. Объем продаж во всех торговых точках увеличился. Но лишь немногие из этих выгод получили отражение в статистике отрасли. Некоторые из этих выгод вообще «покинули» торговлю, чтобы осесть в карманах покупателей, которые выиграли от снижения цен. Другие выгоды перешли от одной компании к другой: лишний доллар *Wal-Mart* — из кармана *Kmart*. А так как и *Kmart*, и другие компании, торгующие товарами в розницу по сниженным ценам, тоже вложили в информационную технологию немалые средства, создается впечатление, будто отрасль в целом понесла убытки. Но можно ли сказать, что *Wal-Mart* выбросила деньги на ветер? Конечно же, нет.

Данные на уровне компании — вот что нужно. Но их трудно получить. Некоторым экономистам пришлось отталкиваться от показателей 1978—1982 годов; для компьютеров это уже древняя история. В 1993 году двое экономистов из Массачусетского технологического института, Эрик Бринджолфсон и Лорин Хитт, провели повторное исследование, опираясь на взятые из годовых отчетов Международной информационной корпорации (*IDS*) данные о затратах компаний на компьютеры. Обнаружилась колоссальная — в восемь раз — разница в возврате от вложений в компьютеры и в другие основные фонды. Годом позже это отношение стало десять к одному. При этом «компьютерный капитал» включал в себя только затраты на сами компьютеры: «персоналки», терминалы, миникомпьютеры, большие ЭВМ и суперкомпьютеры; сюда не вошли сетевые кабели, узлы сети передач и телекоммуникационное оборудование. Кроме того, из-за быстрого совершенствования информационных технологий компьютеры заменяются гораздо чаще, чем, скажем, машины для штамповки пластмассовых изделий, так что вложения в них амортизируются быстрее.

Одно, тем не менее, ясно: вкладывать деньги в оборудование, которое создает, кодирует, обрабатывает и распространяет информацию, стало более прибыльным делом, чем вкладывать их в технику, которая производит и перемещает материальную продукцию. Отдача от инвестиций в интеллектуальный капитал сродни отдаче от вложений в исследования и развитие. Профессор Колумбийского университета Фрэнк Лихтенберг подсчитал выгоду от капиталовложений в новый завод вместе с оборудованием (то есть на материальный капитал) и сравнил ее с выгодой от затрат на исследования и развитие. Оказалось, что доллар, затраченный на ИР, приносит прибыль в восемь раз большую, чем доллар, вложенный в технику. Новые машины дают всего лишь возможность лучше выполнять старую работу — происходит чисто количественное изменение. Затраты же на ИР ведут к выпуску качественно новых товаров и услуг, имеющих большую ценность, чем их предшественники.

ИНФОРМАЦИЯ БРОСАЕТ ВЫЗОВ

Одно из главных достоинств информации — то, что она помогает избавиться от затоваривания. Война между информацией и товарно-материальными запасами — это история векового соперничества, все равно как нескончаемый словесный поединок шекспировских Беатриче и Бенедикта. Гигантский универмаг с тысячами наименований в ассортименте — против галантерейного магазина с тщательно подобранными товарами, индивидуальным обслуживанием и высококвалифицированным персоналом. Фирменное предприятие — против магазина, торгующего по сниженным ценам. Энциклопедия, составленная по принципу «обо всем понемногу», — против монографии, в которой вы найдете именно то, что вам нужно. (Для компаний, занимающихся обслуживанием, в роли соперника информации выступают колонны грузовиков или банковские депозиты). Борьба идет за цену и доступность. Есть ли у вас то, что мне нужно, по устраивающей меня цене? На протяжении почти всей истории бизнеса запасы одерживали верх, потому что информация была недостаточно точной. Недостаток сведений о том, что именно им может понадобиться, компании компенсировали за счет излишних запасов.

Насколько же выгоднее пользоваться информацией, а не запасами? Достаточно для того, чтобы поставить на колени крупнейшие в мире компании: ведь именно такая замена позволила японским автомобилестроителям разгромить Детройт. За нехваткой денег и пространства японцы отказались от капиталоемкого, по американскому образцу, автомобилестроения. В перенаселенной Японии не было места для заводов-гигантов; из-за недостатка средств компании не могли позволить себе роскошь «связывать» триллионы иен, помещая их в запасы. Выход: вместо того чтобы «на всякий случай» держать на складах детали, следует организовать их доставку в нужный момент. Технология, воплотившая в себе технический гений компании *Toyota*, получила название «канбан». Вся знаменитая система «канбан» умещается на небольшом листке бумаги вроде каталожной карточки, прикрепленной к ящику с деталями. Когда детали подходят к концу, рабочий на сборочном конвейере вешает карточку на специальную движущуюся бечевку, и она едет назад, сигнализируя: «Дайте, пожалуйста, еще деталей». Вот и весь «канбан» — если не считать, что линии передачи информации пронизывают всю систему снабжения компании. В итоге никто не держит деталей больше, чем абсолютно необходимо. Место запасов заняла точная оперативная информация.

В сегодняшнем, насквозь пронизанном проводами мире коммерции информация все чаще побеждает товарно-материальные запасы. Быстро снижающаяся стоимость информации неузнаваемо преобразила экономику современных организаций. Компании могут пользоваться огромными количествами информации, сортировать ее и обращаться к ней бесконечное число раз, передавать со скоростью света и заменять лишние товары знаниями. По словам Дэвида Хейла, главного экономиста системы финансового обслуживания *Kemper Financial Services* в Цюрихе, «новые компьютеризованные системы контроля произвели структурную корректировку в сторону уменьшения уровней запасов». Отношение запасов товарной продукции к проданным товарам варьируется в зависимости от цикла деловой активности: оно становится выше на начальной стадии спада в бизнесе и, наоборот, падает ниже, когда начинается оздоровление отрасли, — но в целом существует ярко выраженная тенденция к снижению этого отношения.

Торжество информации над материалами преображает одну отрасль за другой. В такой древней сфере человеческих занятий, как сельское хозяйство, знания выполняют функции элеваторов и площадей под посевами. Вот что говорит Сет

Ллойд, профессор кафедры механизмов Массачусетского технологического института: «В девятнадцатом веке фермер, стремясь обезопасить себя на случай неурожая, засевал сразу несколько полей. Сегодняшний фермер продает опцион — блок информации, фиксирующей сделку на товарной бирже, — и таким образом обеспечивает себе гарантированный доход в случае падения урожая». В центре *Pioneer Hi-Bred International* ученые выводят сорта кукурузы, устойчивые к болезням, высокоурожайные или отвечающие специфическим требованиям, например с большим содержанием масла. Десять лет назад для такой работы требовались сотни акров земли и труд множества людей. В наши дни химики создают новые гибридные сорта, воздействуя на ДНК растений в лабораторных условиях. Помимо экономической выгоды, *Pioneer Hi-Bred* рассчитывает сэкономить два года из каждых семи или десяти, необходимых для выведения нового сорта. Благодаря всем этим преимуществам компания может уделить внимание выведению множества специфических сортов: от промышленных с высоким содержанием крахмала до маслосодержащих для приготовления пищи. Вице-президент по науке Рик МакКоннелл с гордостью говорит: «Кукуруза больше не продукт для массового употребления».

С увеличением полезности информации, информационной технологии и информационных работ у компании возникает больше возможностей заменять ими дорогостоящие материальные ресурсы: не только запасы, но даже заводы или товарные склады. Используя скоростные коммуникационные сети данных для «отслеживания» производственных процессов, запасов и заказов, компания *GE Lighting* с 1987 года закрыла двадцать шесть из принадлежавших ей тридцати четырех складов в Соединенных Штатах и заменила двадцать пять центров обслуживания клиентов одним новым высокотехнологичным центром. В результате все эти материальные фонды — сооружения и товарные запасы — были заменены сетями и базами данных, то есть интеллектуальными фондами. В восточной Бельгии, на расстоянии «броськамешек» от границы с Голландией, находится фабрика компании *Owens-Corning* по производству изоляционных материалов из стекловолокна. Работа на ней носит цикличный характер, так как зависит от размаха жилого и торгового строительства. Однако наивысшей производительности фабрика достигает в периоды постоянной загрузки. Все это вынуждает *Owens-Corning* хранить колоссальные объемы готовой продукции — досок и мешков из стекловолокна — на гигантском складе, а то и под открытым небом. «Нам нужен еще один склад, больших размеров»,— посетовал в разговоре со мной управляющий. Но вряд ли он его получит. Рик Кархер, главный экономист компании, поклялся: «Мы заменим излишки информацией!» Он подсчитал, что если запасы сырья будут в точности соответствовать производственным планам, а заказы — моментально отражаться в закупках всего необходимого и производственных графиках, фабрика сможет значительно сократить запасы сырья и готовой продукции, так что нужда в новых складских помещениях отпадет навсегда.

Замена товарно-материальных запасов информацией привела к изменениям в розничной торговле. В магазинах сети *Hallmark Cards* прямо на месте, в киоске с электронным оборудованием, могут изготовить открытку специально по вашему заказу. Вы зайдете в магазин звукозаписей, и вам тут же запишут кассету по вашему вкусу. У компаний *IBM* и *Blockbuster Video* есть технология моментальной записи компакт-дисков с серверов, расположенных в каком-то другом месте. Пока что музыкальные компании не горят желанием внедрять новую технологию, но это неизбежно. Подросток заглянет в *Tower Records*, спросит новый диск любимой группы, и продавец при нем его изготовит. Высокоскоростная линия передачи данных заменит складирование.

То же можно сказать и о книгах: их изготовление прямо на месте — вопрос времени. Кэти Уолт, консультант, по совместительству преподает в школе бизнеса Ратчерского университета курс антропологии организаций. Вместо того чтобы пользоваться учебником, она подбирает статьи из специальных журналов и газет, главы из книг и другой материал. Все это она относит в ближайшее литагентство *Kinko*. Там утрясают вопросы с авторскими правами. Затем сканируют все материалы для введения в компьютер, распечатывают и переплетают, пользуясь принтерами с высокой разрешающей способностью, и из них выходят страницы, на которые так же приятно смотреть, как и на ту, что лежит сейчас перед вами. Правда, книга получается без обложки, а переплет носит чисто утилитарный характер, но Уолт и ее студенты вполне довольны. И никаких запасов, ни одной недостающей или лишней копии. Думается, не за горами то время, когда вы зайдете в *Barnes&Noble** и увидите агрегат — помесь копировальной машины и музыкального автомата. Выберете книгу. Вставите в щель кредитную карточку. И отправитесь в кафетерий. Всего лишь через несколько минут после того, как вы со своим «капуччино» найдете свободный столик, подойдет служащий и вручит вам вполне приличный на вид — может быть, даже красивый — экземпляр нового триллера Джона Гришема, еще тепленький после принтера. Наконец-то издатели и продавцы книг смогут уменьшить бремя ужасающих завалов: ведь около трети отгружаемых издательствами книг возвращаются непроданными.

---

* Популярная сеть книжных магазинов в США.

Некоторые предприятия розничной торговли уже окончательно дематериализовались. Теперь, особенно в сезон перед Рождеством, почта ежедневно доставляет товары из несуществующих универмагов. К примеру, торгующая электроникой фирма *CUC International* вообще не держит запасов товарной продукции. Имеется каталог — перечень, скажем, нескольких десятков недорогих радиоприемников с часами. Покупатель звонит в компанию по телефону либо входит из своего компьютера в сети *Compuserve* или *America Online* и делает заказ. *CUC* передает его изготовителю, забирая себе комиссионные. Глава фирмы Уолтер Форбс утверждает: «Это запасы из виртуальной реальности. Мы ничего не складируем — и продаем все».

Торжество информации становится все более заметным даже в банковском деле.

В банке мраморные стены,
Серебром набит подвал,
За которое рабочий
Пот нещадно проливал.

Это — фольклор пятидесятых годов. А сегодня отделения банка — с мраморными стенами, стальными решетками, внушительными сейфами, горами счетов и купюр — превратились в банкоматы, стоящие у входа в супермаркет, рядом с автоматами для продажи кока-колы, с небольшим запасом банкнот. Но и они, эти автоматы, постепенно уменьшаются до размеров обычной книги. Они снабжены сканерами для считывания кредитной или дебетной карточки, — и никаких долларов вообще, только бешеный вихрь электронов, забирающий деньги со счета покупателя в банке и передающий их на счета *A&P**. Здесь опять-таки информация (*идея* денег) заменяет собой материальные ресурсы (банкноты).

«Если бы вам пришлось заново строить банки,

---

* *A&P* — сеть супермаркетов.

вы не стали бы прибегать к кирпичам и известковому раствору»,— говорит Нил П. Миллер, управляющий Фондом нового тысячелетия в *Fidelity Investments.* И он прав: стройматериалов понадобилось бы гораздо меньше. *Wells Fargo&Company,* девятый по величине национальный банк, первоначально служивший хранилищем для золотых самородков, сократил число своих отделений, по традиции имеющих площадь 7 500 квадратных футов, с 624 до 537 и, возможно, доведет их число до четырехсот. Для любой традиционной отрасли это означает закрытие, однако в то же самое время *Wells Fargo* создает в супермаркетах Калифорнии «мини-филиалы» с полным обслуживанием площадью в 400 квадратных футов и устанавливает 500 дополнительных киосков площадью 36 квадратных футов.

Ознакомившись со всеми этими способами избавления от запасов, можно сделать простой, но исключительно важный вывод: каждый ящик с деталями, каждый поддон с сырьем, каждый неоплаченный счет, каждое письменное сообщение, идущее от одного должностного лица к другому, — все это бессмысленная трата времени и денег. Только бухгалтер может считать это «работающим капиталом». Избавиться от него — значит сделать один из первых шагов по пути, на котором инвестиции в информацию и знания способны поднять эффективность корпорации.

ИНФОРМАЦИЯ НАЧИНАЕТ ЖИТЬ СВОЕЙ ЭКОНОМИЧЕСКОЙ ЖИЗНЬЮ

Директор лаборатории средств информации в Массачусетском технологическом институте и известный новатор Николас Негропонте сделал вывод: мир атомов — осязаемая, физическая реальность — уступает место миру битов, бесплотных электронных импульсов. В этом мире персональные компьютеры становятся торговыми автоматами, к которым люди обращаются буквально за всем: от секса до покупки акций на открытых торгах. Действительно, все это имеет место, но существует и многое другое, что вступает в противоречие со зловещим образом нации угрюмых субъектов, целыми днями просиживающих в темных комнатах перед светящимися экранами компьютеров. И сегодня торговцы по каталогам, такие как *Lands' End*, открывают новые, вполне реальные универмаги. Таймс-сквер в Нью-Йорке и Третья улица в Санта-Монике, Калифорния, кишат вполне реальными гуляющими. Интеллектуальная экономика и интеллектуальные компании — вещи тонкие и чрезвычайно интересные и, уж конечно, не сводятся к одной дематериализации. В интеллектуальной компании информация начинает жить своей собственной жизнью, отдельной от материальных ресурсов; она парадоксальным образом становится такой же осязаемой, как материальная среда, к которой мы привыкли. Чтобы понять материализацию нематериального, требуются кое-какие усилия, а также пояснения, но без этого не сделать знание своим союзником в жизненной борьбе.

В корпорации старого образца информация, как правило, имела материальное воплощение: была напечатана на бумаге и прикреплена к соответствующему объекту. Если вам требовалась рубашка, вы шли в магазин, выбирали подходящий предмет одежды и расплачивались за него — наличными, или выписывали чек, или пользовались своим кредитом в магазине, о чем здесь же, в бухгалтерии на втором этаже, делалась соответствующая запись. Рубашка и информация о ней, включая переход денег от одного владельца к другому, находились в одном месте. Моя трудовая жизнь (не считая стрижки газонов, уборки снега и доставки газет за товарища, когда он был в отпуске) началась на складе магазина мужской одежды в центре Чикаго. Я открывал картонные коробки с брюками, свитерами и костюмами — каждое изделие было снабжено ярлыком с указанием основных параметров, — сверялся с прейскурантом, прикреплял к каждому изделию ценник и вешал на кронштейн, где оно ждало доставки в торговый зал. Тем временем на фабриках — я этого не видел, но доподлинно знал — работали машины, воплощавшие в себе все необходимые знания. Каждая машина была специалистом: умела кроить, или метать петли, или штамповать кусочки металла нужной формы, или сверлить отверстия нужной ширины и глубины. Машины и информация о том, как выполнить задание, тоже были в одном месте.

В новой экономике поток информации и поток материальных объектов зачастую расходятся. Если вам понадобилась рубашка, вы листаете каталог, потом снимаете телефонную трубку и посылаете ваш голос по электронной сети — диктуете номер вашей кредитной карточки клерку, который, скорее всего, сидит в Омахе — центре торговли по телефону. Он (или она) по другой электронной сети проверяет вашу платежеспособность, а затем по третьей сети передает указания на склад компании — не обязательно расположенный в Омахе,— чтобы вам доставили товар. Рубашка и счет за нее путешествуют разными дорогами. Вы платите не торговцу, а кредитной компании, и не наличными, а путем электронного перевода абсолютно бесплотных сумм из одного банка в другой, а затем продавцу. Даже если вы купите рубашку в магазине, воспользовавшись услугами *Visa* или *MasterCard,* вы и товар попадете домой совершенно иным путем, нежели пойдет оформление сделки. А на фабрике, где прежде стояло множество машин-«специалистов», теперь красуются «умные» агрегаты, которые по сути являются полными невеждами. Управляемые компьютером гибкие производственные системы направляют сотни сверл и других инструментов и обладают почти неограниченными возможностями варьировать свою работу, но кто-то или что-то со стороны должны сказать им, что делать. Машина и знание разделились. Без указаний программиста или другого компьютера машина не работает.

Когда-то информация была тенью, не более: ярлык, прикрепленный к костюму, запись в бухгалтерской книге. Беря происхождение в материальном мире, она иногда опережала действительность, иногда следовала за ней, но всегда была неотделима от нее, полезная не сама по себе, а потому что раскрывала содержание той или иной вещи; само ее существование — если тень может существовать — зависело от отбрасывающего ее предмета.

Тень отделилась, как в сказке: окно захлопнулось, и она очутилась в западне — вот что отличает производственные и иные организации в Информационном веке. Знание и информация ныне существуют в своей собственной реальности, которая может быть отделена от физического перемещения товаров и услуг. Этот раскол имел по меньшей мере два важных последствия. Во-первых, информацией и средствами ее получения и обработки можно управлять точно так же, как материальными и финансовыми фондами. Во-вторых, если знание — важнейший источник богатства, тогда людям, компаниям и народам должно быть выгодно вкладывать деньги в средства производства и распределения знаний. Эти средства не обязательно являются архисложными штуковинами, а капиталовложения в них — вложениями в суперновые технологии. В предыдущей главе я нарочно выбрал традиционные отрасли, такие как сельское хозяйство, розничная торговля и банковское дело, чтобы показать, насколько большую пользу эти компании могут принести своим акционерам и клиентам благодаря знаниям.

Старые представления живучи. Поскольку в прошлом материальные объекты и информация о них соединялись в единый поток, их было легко перепутать. Неумение понять разницу может обойтись дорого. Несколько лет назад одно из крупнейших в Соединенных Штатах издательств, выпускавшее главным образом учебники, приобрело маленькую компанию, издававшую художественную и документальную — так называемую коммерческую — литературу. Вскоре после слияния было решено объединить оба склада. С книгами проблем не возникло: на складе крупной компании оказалось достаточно свободных полок и грузовых платформ; оставалось нанять дополнительных рабочих. Но понадобились еще и дополнительные компьютеры для обработки информации о поступлении и отправке книжной продукции; встал вопрос — сколько? Чтобы ответить на него, компания взяла журналы «коммерческого» издательства, чтобы посмотреть, сколько книг оно выпускало в прошлые годы. А потом добавила необходимые мощности, руководствуясь собственным опытом: сколько компьютеров нужно, чтобы обработать информацию о таком-то количестве книг.

Но вопрос: «Сколько книг?» был некорректен. Компания перепутала управление материальными ресурсами с управлением информацией. Правильный вопрос звучал бы так: «Сколько ордеров и накладных вам приходилось обрабатывать?» Издательство, выпускавшее учебники, как правило, отгружало крупные партии, выписывая одну накладную на несколько сот книг. А коммерческое издательство отгружало в книжные магазины и киоски мелкие партии: тридцать-пятьдесят книг одного наименования, — поэтому ей приходилось выписывать гораздо больше накладных. Пока разобрались, новое подразделение понесло значительные убытки.

Четкое понимание того, что можно управлять тенью — информационными потоками, — способно стать колоссальным источником повышения производительности и прибыли. Располагая современными компьютерными сетями, больше нет нужды печатать и прикреплять к продукции или услугам информацию в виде ярлыков и инструкций. И то и другое может существовать самостоятельно. С этого и началось перепроектирование организаций, ставшее в короткий срок настолько популярным, что в 1995 году американские компании истратили на консультации по радикальной перестройке бизнеса больше денег, чем на импорт другого средства повышения производительности — кофе. Главное открытие, благодаря которому началась реконструкция, состояло в том, что управление потоками информации, отделенными от потоков товаров и услуг, дает гораздо более высокие результаты, чем когда они слиты воедино.

КОНЕЦ ОСНОВНЫХ ФОНДОВ

Интеллектуальная компания путешествует налегке. После того как информация заменила собой груды материальных объектов и, освободившись от своей материальной оболочки, зажила собственной деловой жизнью, компания стала совершенно иным организмом. Традиционная компания — это совокупность материальных средств производства, приобретаемых капиталистами в собственость и берущими на себя ответственность за их сохранность и использование в производственных целях с помощью наемных работников. Интеллектуальная организация отличается от этого образца целым рядом параметров. Как будет показано в следующей главе и во второй части книги, ключевые фонды интеллектуальной компании не только неосязаемы, но и непонятно, кто ими владеет и несет за них ответственность.

Действительно, интеллектуальная компания вполне может обходиться без многих традиционных средств производства. Точно так же, как информация заменяет собой рабочий капитал, интеллектуальные фонды заменяют материальные. В результате финансовая структура интеллектуальной компании настолько отличается от структуры компании индустриального века, что ее невозможно постичь, пользуясь прежними понятиями. Полезный пример — сравнение двух крупнейших компьютерных компаний — *Microsoft* и *IBM.* Их судьбы давно и тесно переплелись между собой. Легендарная компания пятидесятых, шестидесятых и семидесятых годов, *IBM* в 1983 году выбрала для управления своими персональными компьютерами дисковую операционную систему *Microsoft* (т.е. *MS-DOS*), что позволило компании Гейтса стать лидером прошлого и настоящего десятилетия. Этому не мешает даже то, что годовой объем продаж *IBM* более чем в 50 раз выше, чем у ее крошечного узурпатора. И, уж конечно, *IBM* с ее знаменитым девизом: *«ДУМАЙТЕ!»*, ее созвездием ученых — нобелевских лауреатов — и без малого четырьмя тысячами изобретений, запатентованных ее служащими только в 1993—1995 годах, также не теряет даром времени, если говорить о корпоративном интеллекте.

Но старая компания Тома Уотсона создавалась по совершенно иному принципу, нежели детище Гейтса и Пола Аллена. Заглянув в деловые журналы обеих компаний, замечаешь колоссальную разницу. Несмотря на отставание от *IBM* в части объема продаж, *Microsoft* обладает большей ценностью. В ноябре 1996 года основной капитал *IBM* оценивался на рынке примерно в 70,7 миллиарда долларов, а основной капитал Microsoft — в 85,5 миллиарда. Но источники капитала были совершенно разными. В начале 1996 года *IBM* владела собственностью с учетом амортизации на 16,6 миллиарда долларов, вложенных в землю, заводы и оборудование; для *Microsoft* этот показатель равнялся всего 930 миллионам. Иначе говоря, на каждые сто долларов, вложенных в акции *IBM*, приходится 23 доллара основного капитала, тогда как за сто долларов акций *Microsoft* покупаешь лишь один доллар основных фондов!

Понятно, инвестор, приобретающий акции *Microsoft*, не покупает часть основных фондов в традиционном смысле; кстати, то же самое происходит, когда он покупает акции *IBM*, или *Merck*, или *General Electric*. Сегодня на каждый доллар, вложенный в корпорацию, приобретается нечто иное, нежели несколько лет назад. Маргарет Блэр из института Брукингса, воспользовавшись базами данных *Compustat*, подсчитала соотношение между основными фондами (собственность, предприятия, оборудование) и общей рыночной стоимостью всех добывающих и промышленных компаний Соединенных Штатов. Оказалось, что в 1982 году эти фонды составляли 62,3% рыночной стоимости компаний; десятью годами позже их доля сократилась до 37,9%. И это еще были промышленные компании!

Некоторые высокоприбыльные организации вообще не имеют каких-либо материальных средств производства. К примеру, можно доказать, что *Visa International*, хотя она ежегодно заключает сделки на треть триллиона, фактически не существует. *Visa* — объединение, членами которого состоят банки и другие финансовые учреждения. Каждая компания-член владеет только той долей *Visa* — то есть долей портфеля держателей кредитных карточек, — которую она создала. Основатель компании Ди Хок называет это «холдинговой компанией наоборот, в том смысле, что не она владеет составляющими ее функциональными подразделениями, а они ею». Акционеры *Electronic Data Systems* (*EDS*) на протяжении многих лет не были владельцами своих фондов, хотя акции продавались на Нью-Йоркской бирже. Все, чем «владела» *EDS* (по крайней мере до 1996 года), принадлежало *General Motors*. Все, чем «владели» вкладчики,— лишь легко подлежащими отмене заверениями в том, что некоторая доля будущей прибыли *EDS* будет выплачена им в виде дивидендов.

Для интеллектуальных компаний характерно стремление максимально освободить свои балансы от основного капитала. Штаб-квартиры компаний переезжают в арендованные помещения; банки переводят закладные в ценные бумаги; производители поручают перевозку своей продукции компании *Ryder*, вместо того чтобы иметь собственный парк грузовых машин; вертикальный способ интеграции сменяется виртуальной организацией. Интеллектуальная компания не стремится владеть имуществом. Наоборот, чем его меньше, тем лучше: пока компания владеет интеллектуальным капиталом, она будет получать доход, не обременяя себя приобретением имущества и не неся лишних расходов на его содержание. Компания вроде *Union Pacific* на первый взгляд управляет железными дорогами; на самом же деле она владеет информационными системами, направляя товарные поезда (возможно, арендованные кем-то еще) к месту назначения. Банки и другие организации, оказывающие финансовые услуги, уже не так озабочены объемом финансового капитала, находящегося в их распоряжении. Вот что говорит председатель правления *Financial Standards Accounting* Деннис Берсфорд: «В 1970 году, когда я начал работать аудитором, все стремились увеличить размеры своих балансов. Сейчас они делают прямо противоположное». Сегодня компании гоняются за прибылями: либо от займов (с начислением процентов), либо — все чаще — от платежей за банковские услуги. Треть доходов крупнейших банков поступает от беспроцентных источников — таких как обработка данных, продажа ценных бумаг (например, закладных), плата за обслуживание. Для сравнения: в 1982 году их доля составляла меньше одной четверти. Не исключено, что закладная на ваш дом больше не принадлежит оформившему ее банку — она вместе с другими переведена в ценные бумаги, которые банк продал инвесторам и которые перепродаются точно так же, как любые другие ценные бумаги.

Консультант фирмы *McKinsey&Co* Ленни Мендонка объясняет это так: выиграть «игру в финансовое посредничество» — берем деньги у Питера, вкладываем в Пола, — «больше не выиграешь, имея посреднические фонды на своем балансе». Прежде страховые компании владели огромными портфелями источников средств — недвижимость, акции, ценные бумаги и так далее — и пользовались доходом от всех этих источников для выплаты по страховым полисам. В наши дни источники, создаваемые за счет самых популярных видов страхования — смешанного страхования жизни и пожизненной ренты, — принадлежат страхователям, то есть держателям полисов, обычно в виде взаимных фондов; вместо того чтобы владеть ими, страховая компания управляет ими за плату, а критерием результативности ее работы стали размеры выплат по полисам.

Делая скидку на тысячи исключений, можно сказать, что компании сегодня движутся в одну или другую сторону от разделительной черты между собственниками или арендаторами имущества. Хотя логика интеллектуального капитализма вроде бы не очень подходит для «поглотителей углеводов» — руководителей Высшей спортивной лиги, — но надо признать, что они оказались достаточно шустрыми и, проникшись духом Века Информации, принялись усиленно освобождаться от всего «лишнего». В своем стремлении привлечь спортивные команды на стадионы, построенные на деньги налогоплательщиков, местные власти и власти штата обеспечивают их бесплатными проездными билетами на загородный автотранспорт. Интеллектуальные компании путешествуют налегке!

Как доверенные лица, распоряжающиеся собственностью владельцев, менеджеры должны хорошенько понять этот феномен. Он имеет жизненно важное значение для конкуренции, особенно в отраслях, которые не могут не владеть средствами производства. Автор книги «Миграция цены» Адриан Сливотски предсказывает: «Многим фондоинтенсивным видам предпринимательства, таким как торговля недвижимостью, производство стали или химических веществ, будет все труднее зарабатывать деньги», поскольку значительная часть их средств «заморожена» в виде основного капитала.

Трудно — но не невозможно. Как мы уже видели, почти все организации являются информационноемкими. Даже фондоемкая компания коммунальных услуг, такая как *Electricite de France*, продает свои знания по части управления сетями, помогая строить заводы и руководя электрическими компаниями в Аргентине, Китае, Береге Слоновой Кости, Португалии, Швеции, Украине и многих других странах. Благодаря тому, что знание и его источники существуют в своей собственной реальности, управление интеллектуальным капиталом доступно и выгодно любой организации. Вот мнение главы французской компании по разработке компьютерных программ Ришара Колена: «Сегодня мы думаем о том, как с помощью знаний производить то же самое с меньшими затратами. Завтра мы примем вызов Информационного века — станем думать о том, как сделать больше в новых видах деятельности». Очертания завтрашнего дня уже сегодня просматриваются в передовых организациях, которые всерьез занялись менеджментом в области своего наиценнейшего достояния — интеллектуального капитала.

Глава 3

РАБОТНИК УМСТВЕННОГО ТРУДА

Думаю — смогу.

Уотти ПАЙПЕР

За столом в конференц-зале сидит примерно дюжина мужчин и женщин, одетых аккуратно, однако небрежно: в голубые джинсы, брюки цвета хаки, тенниски и спортивные майки. Они развернули кресла таким образом, чтобы хорошо видеть один угол комнаты, где стоит пара планшетов с листами ватмана. Идет обычное еженедельное совещание.

Час спустя несколько листов ватмана оказываются заполненными цифрами и замечаниями. Собравшиеся решают проблему повышения качества выпускаемых компанией изделий. Эти защитные устройства размером с телефонную будку предохраняют электростанции и линии электропередач от попадания молнии. Один из участников совещания отодвинул свое кресло на два-три фута от стола и время от времени самодовольно и несколько нервно ухмыляется; это выдает его истинные чувства. Он не уверен в своих способностях председательствующего, вот и изображает превосходство.

Цифры на диаграммах ползут вверх. У компании образовался дефицит дисков, из которых они собирают готовые приборы. Диски изготавливаются где-то на заводе, и заводчане уже несколько раз нарушили сроки поставки. Компания хочет знать, почему. После обсуждения возможных причин — каждая версия отражена на отдельном листе ватмана — становится ясно: главная проблема в том, что большое количество поступающих дисков приходится отправлять обратно, на доработку. После обсуждения технических причин брака наступает время решать, как выйти из положения. Вариант номер один: запасаться резервными дисками, — но кому нужен «замороженный» капитал?

Руководство компании решает провести общее совещание с представителями поставщика: может быть, те внесут коррективы в производственный процесс и уменьшат долю брака.

По-испански это звучит так: *falta de discos, processo de produccion.* Речь идет о заводе компании *General Electric* в Байамоне, промышленном пригороде Сан-Хуана в Пуэрто-Рико. Для того, кто знаком с компанией и слышит знакомые термины на чужом языке, это все равно что встретить старого знакомого, нацепившего огромные очки в ярко-красной оправе. После секундной заминки понимаешь, что *promesas completadas* означает *обязательства выполнены*, то есть продукция доставлена в срок, согласованный вами и заказчиком. *General Electric* регулярно выводит процент *выполненных обязательств*, пользуясь им как важнейшим критерием оценки своей работы. И хотя люди в конференц-зале делают доклады, анализируют цифровые данные, обсуждают методы координации разных отделов, ставят целью повышение эффективности труда и выдвигают идеи по изменению производственного процесса, ни один из них не является менеджером. Да и как может быть иначе? На производстве занято 125 почасовых рабочих и всего восемь «советников на зарплате» плюс директор завода. То есть налицо трехуровневая иерархия — и никаких контролеров, никакого аппарата управления: со всем справляется всего лишь половина от обычного числа менеджеров. Интеллектуальный труд, включающий планирование, контроль, составление графика работ и управление, стал одной из должностных обязанностей каждого почасовика.

Байамон — не просто «плоская» организация с рабочими, наделенными властными полномочиями. Это вечно обучающийся механизм, ставящий своей целью превращение «синих воротничков» — простых рабочих — в «рабочих интеллекта». Раз в полгода у них меняется специальность; ротация происходит в пределах четырех основных цехов. Пройдя полный цикл, каждый не только узнает производство «от и до», но и проникается пониманием того, насколько его работа зависит от всей цепочки и как она отражается на работе «соседа».

Наградой за непрерывное обучение служит система тройной надбавки: за мастерство, за знания и за выполнение административных функций. На первом витке работники получают при каждой смене специальности прибавку двадцать пять центов в час; впоследствии они могут практически удвоить свою зарплату, если выразят желание «специализироваться» — например, в техническом обслуживании машин или контроле за качеством. Учеба по соглашению с фирмой осуществляется в местном колледже.

Существуют также надбавки за обучение английскому языку, основам бизнеса и другим предметам. Выплачиваются также премии — 225 долларов в квартал — за безупречную работу. Увольнения и продвижения по службе зависят не от выслуги лет, а от знаний работника.

ОТ ФИЗИЧЕСКОГО ТРУДА К УМСТВЕННОМУ

Понятия «интеллектуальная экономика» и «интеллектуальная компания» носят несколько абстрактный характер, чего нельзя сказать об «интеллектуальной работе». Это всего лишь то, чем вы занимаетесь, и если вы достигли определенного возраста, то не могли не заметить, насколько она отличается от того, что вы делали в прошлом. Информация стала важнейшим «сырьем», без которого вам не обойтись. Раньше с ней работали немногие избранные, а теперь это стало уделом большинства. Правда, труд «новых интеллектуалов» оплачивается несколько ниже. Опять же, практически выпала многочисленная прослойка мелких служащих, которые, хотя и имели дело с информацией, но занимались нудной, нетворческой работой. Скажем, в небоскребе *Pan Am* в центре Манхэттена — десятки клерков, восседая за выстроенными в ряд письменными столами со стальной окантовкой, сортировали использованные авиабилеты, чтобы сличить их с отчетами агентов по продаже — не прикарманили ли они денежки компании. *Pan Am* канула в Лету, а вместе с ней и эта работа. Использованные авиабилеты теперь проверяются и сверяются автоматическими системами. Оставшаяся — весьма незначительная — канцелярская работа выполняется в странах с низкой оплатой труда, например в Доминиканской Республике.

Удивляет не то, что автоматизация упразднила протирание штанов в офисах, — нет, задним числом поражаешься тому, что раньше под это протирание отводилась самая дорогая в мире недвижимость. Судьба сортировщиков использованных авиабилетов постигла и другие легко поддающиеся автоматизации должности. К примеру, число телефонисток сократилось с 224 000 человек в 1983 году до 165 000 в 1994-м. Место кассиров в банке заняли банкоматы. Число личных секретарш медленно, но верно снижается; многим удобнее оставить сообщение на автоответчике, чем диктовать его секретарше.

Все больше людей проводят рабочий день в атмосфере информации и идей. По подсчетам Стивена Б. Барли, профессора кафедры промышленного конструирования и менеджмента Стэнфордского университета, доля тех, кто работает главным образом с материальными объектами (фермеры, инженеры, рабочие, мастера) или занимается личным обслуживанием (персонал гостиниц и ресторанов, специалисты по сбыту, продавцы в розницу, домашняя прислуга, парикмахеры и косметологи, работники системы здравоохранения и т.д.) к концу века в Америке сократится вдвое: с 83% в 1900 году до 41% в 2000-м, — а доля работающих с информацией возрастет с семнадцати до пятидесяти девяти процентов.

Аналитики режут пирог и так, и этак, но вкус не меняется. Вот таблица, составленная Деннисом Свитом из Национального бюро стандартов (США):

Год	Производственные рабочие	Обслуживающий персонал	Менеджеры и административный персонал	Специалисты и техники
1900	73,4%	9,0%	13,3%	4,3%
1940	57,2%	11,7%	23,6%	7,5%
1980	34,2%	13,3%	36,1%	16,1%

В своей книге «Работа в разных странах», вышедшей в 1991 году, министр труда Роберт Б. Райч подразделил виды трудовой деятельности на три крупных категории:

1) нетворческое обслуживание производства (включая труд заводских рабочих и мастеров, осуществляющих контроль за их работой, конторских служащих и т.п.); здесь сокращается каждое четвертое рабочее место;

2) индивидуальное обслуживание (в этом секто-

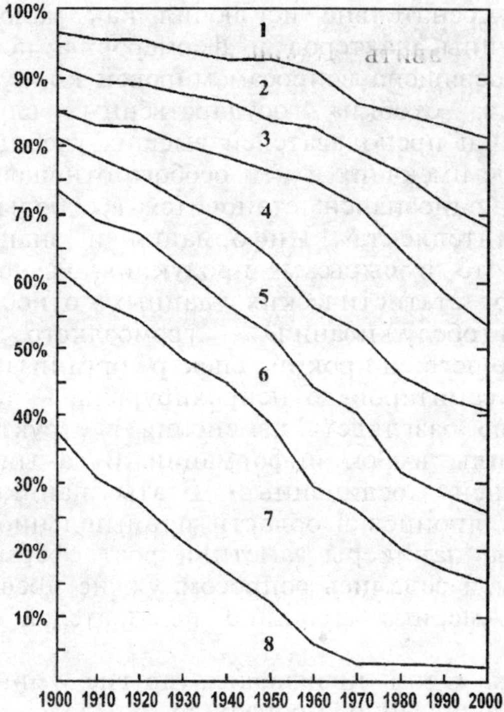

Рис. 1. Доля работников интеллекта — специалистов и техников, менеджеров, администраторов, агентов по продажам, конторских служащих — от общего числа работающих непрерывно растет.

1 — специалисты и техники; 2 — менеджеры и административный персонал; 3 — агенты по продаже, продавцы; 4 — конторские служащие и т.п.; 5 — сервис; 6 — мастера-ремесленники и т.п.; 7 — рабочие и операторы; 8 — сельскохозяйственные рабочие.

ре занято тридцать процентов всей рабочей силы, и это число постоянно растет);

3) «элита», своего рода «аналитики символов»: юристы, консультанты, инженеры, конструкторы, специалисты в области рекламы, профессора и другие, чья деятельность состоит в «выявлении проблем, их разрешении и разработке стратегий». К этой категории относятся 20% всей рабочей силы Америки.

(Райч сознательно исключил как малочисленные группы шахтеров и фермеров; а поскольку книга посвящена вопросам мировой конкуренции, «вывел за скобки» государственных служащих, учителей и преподавателей высших учебных заведений, не имеющих к ней особого отношения).

Вывод однозначен: становится все больше «рабочих интеллекта». Информация и знания для них — это и сырье, и продукция. Разнородный характер статистических данных относительно «сектора обслуживания» — громоздкого массива, включающего широкий спектр организаций, от службы санитаров до нейрохирургии, — помешал отчетливо разглядеть изменения в структуре рабочей силы в Век информации. В самый разгар охватившей Соединенные Штаты паники из-за прорыва японцев в области промышленного производства паникеры заметили рост сферы обслуживания и задались вопросом: уж не превращается ли Америка в нацию пожирателей гамбургеров?

Что ж. Одни производят, другие уминают за милую душу. Что произошло на деле, так это бурный рост числа хорошо оплачиваемых «интеллектуальных» рабочих мест. Рост занятости в секторе обслуживания особенно значителен во взаимных фондах, бухгалтерском деле, здравоохранении, программировании и так далее; число поваров, наоборот, сокращается. Стране требуется все больше директоров, администраторов и менеджеров; доля же «розовых воротничков» — административного персонала поддержки — уменьшается. Интеллектуально интенсивные компании, имеющие в штате сорок и более процентов рабочих интеллекта, составляют 28% всей американской рабочей силы, но именно они за последние пять лет создали 43% новых рабочих мест. Как ни странно, исключением — и крупным — стала высокоинтеллектуальная отрасль, потерявшая больше рабочих мест, чем Ганзель из сказки братьев Гримм — хлебных крошек, а именно — производство компьютеров. Но это исключение — из тех, что лишь подтверждают правило. Сокращение числа рабочих мест произошло за счет увольнения неквалифицированных рабочих в связи с переходом на доставку комплектующих «со стороны» и переводом ряда производств за границу; доля рабочих интеллекта, напротив, увеличилась.

Дело не только в том, что растет число людей, занятых интеллектуальной работой, — меняется само интеллектуальное содержание всякого труда, будь то сельское хозяйство, труд рабочего у станка, делопроизводство или высококвалифицированная работа. Сегодняшний врач, вооруженный антибиотиками, установками магнитного резонанса, методами микрохирургии, использует в своей работе гораздо больше знаний, чем его коллега перед второй мировой, чьим главным оружием в борьбе с болезнями были кипячение воды и сочувствие больному. Точно таким же «памятником старины» с табличкой *ОХРАНЯЕТСЯ ГОСУДАРСТВОМ* стал сталевар с героическим обнаженным торсом, пламенеющим в отблесках адского пламени из доменной печи. А теперь он (нередко «она») трудится в помещении с кондиционером, где следит за производственным процессом по показаниям шкал и мониторов, время от времени отрываясь от них, чтобы навестить «подшефных» роботов или поприсутствовать на совещании, где он (она) вместе с коллегами с головой погружается в гистограммы, кривые Парето, диаграммы и прочие инструменты статистического анализа, чтобы поломать голову над новыми способами сокращения времени и издержек производства.

Послушаем К. Мокидзуки, бывшего президента японской сталелитейной компании, ныне возглавляющего исследовательский институт *Pacific* в Нью-Йорке: «В наше время — время компьютеризованных заводов и машин с программным управлением — математика приобрела первостепенное значение для производственного процесса. Если же говорить о мастерстве... Впрочем, это слово не годится, так как подразумевает умение делать что-либо вручную: например, выжигать по дереву или работать молотком. Сегодняшнее «мастерство» чаще бывает связано с работой головы, а не рук». Вспомним сотрудников *General Electric* в Байамоне, чья работа зависит не от силы мускулов, а от силы интеллекта. В 1972 году две трети сотрудников *Corning, Inc* работали с материальными объектами — главным образом руками. А сегодня две трети работают головой и имеют дело с данными, информацией, концепциями. Рабочий на сборке автомобилей, которому раньше приходилось поднимать деталь и ставить ее на место, в наши дни должен уметь управлять роботом, выполняющим вместо него эту операцию. Интеллектуальный компонент его труда увеличился. Современные рабочие сами занимаются устранением неисправностей и выполняют кое-какие управленческие — например, контрольные — функции; по сравнению с началом девяностых штат контролеров наполовину уменьшился; предполагается, что к концу десятилетия он еще раз сократится вдвое. Десять лет назад 57% рабочих, занятых на производстве, были разнорабочими, или трудились у станка, или на сборочном конвейере; остальные были высококвалифицированными мастерами и производили точные приборы. Сегодня соотношение изменилось на прямо противоположное: 55% занимаются квалифицированной работой, а 45% — ручной или несложной механизированной.

Неудивительно, что промышленники предпочитают нанимать образованных людей, способных выполнять интенсивно интеллектуальную работу сегодня. До 1947 года отдел кадров Форда даже не фиксировал образование своих работников. От одной трети до двух пятых рабочих, вновь принятых на работу в автомобильной промышленности составляют лица с образованием выше среднего. Это вдвое больше, чем десять лет назад.

Конторская работа претерпела такие же изменения. Компьютеры — работающие без проводов с невообразимой быстротой — помогают избавиться от чисто механических, повторяющихся, отупляющих элементов работы — бесконечного перерасчета таблиц или перепечатки писем. В 1973 году приятельница моей тещи, женщина средних лет, работавшая секретаршей в офисе на две персоны, получила к Рождеству в подарок от босса электрическую пишущую машинку.

По сравнению с ее прежней, механической машинкой работать стало настолько легче — в шутку пожаловалась женщина, — что пришлось поправиться на пять фунтов.

А нынешние секретарши рассказывают, что электронная почта экономит им один-два часа в день, прежде уходившие на ожидание, пока компьютер подготовит конверты и письма для отправки обычной почтой. Им больше не нужно торчать возле факсов и копировальных машин — а ведь совсем недавно считалось, что они экономят уйму времени!

Результат номер один: требуется меньше секретарш.

Результат номер два (более существенный): те, что остались, — уже не вполне секретарши. Вместо того чтобы пересчитывать таблицы, они их анализируют; вместо того чтобы перепечатывать письма, занимаются поиском необходимой информации; вместо того чтобы устраивать встречи, организуют конференции. Они больше не барахтаются в бассейне из машинописных работ, а выпустили «воду» и превратили его в гимнастический зал.

МОЗГИ ДОРОЖАЮТ

Рынок не знает жалости. Он платит за то, что обладает ценностью, и игнорирует или наказывает все остальное. Здесь нет ничего личного. Незримая рука не только невидима, но и незряча. Она просто поднимается и опускается, не зная — и не желая знать, — гладит ли по головке или наносит зубодробительный удар в челюсть. На рынках труда она двигается медленнее, чем на остальных. На фондовой бирже вкладчики в считанные минуты отбирают миллиарды долларов у *AT&T* и передают их *IBM*. Но семья не может в мгновение ока сняться с насиженного места, чтобы поискать счастья в другом городе; автомеханик не в силах в часы досуга овладеть основами программирования, а компания, хоть ненадолго, но задумается, прежде чем уволить ветерана и взять на его место свежеиспеченного специалиста. Понятно, что правительства, которые вообще-то не стремятся влиять на другие рынки, стараются замедлить процессы, происходящие на рынке труда, чтобы защитить граждан от самого жестокого наказания и собрать дань в виде налогов с тех, кто получает от этого выгоду.

Тем не менее незримая рука действует и на рынках труда. Если знания — крупнейший источник экономической выгоды, то нет ничего удивительного в том, что рынки труда балуют тех, кто работает головой, и дают шлепка тем, кто этого не делает. В 1995 году писательница Сьюзен Шихан нарисовала портрет супружеской пары из Айовы. Жена работала нянечкой в доме престарелых — купала, одевала, кормила, укладывала спать его обитателей. Ее муж тоже отнюдь не прохлаждался, работая на стройке. Вдвоем они зарабатывали около 31 000 долларов в год и залезли в долги. Несколькими годами раньше муж, работая один, получал столько же на фабрике, производившей мойки для автомашин, но потом он потерял работу и не смог ничего похожего подыскать. Имея за плечами среднее образование, он поступил в техническое училище, но был вынужден бросить учебу, так как ему плохо давалась математика. Жена несколько лет назад безуспешно пыталась освоить быстрый набор текста, чтобы стать секретаршей, умеющей работать на компьютере; вместо этого ей пришлось разбирать почту. И вот теперь они, люди за сорок, обречены зарабатывать не более семи долларов в час. А ведь когда-то, пишет Шихан, эти люди относили себя к среднему классу.

Не по своей вине они стали жертвами иллюзий, возникших в определенное время и в определенном месте; это ни в коем случае не должно лишить их нашего сочувствия. На протяжении всей истории и почти во всех странах их нынешние занятия — индивидуальное обслуживание и ручной труд — считались принадлежностью низших слоев общества. Просто после Второй мировой войны Соединенные Штаты сделали резкий рывок и стали первой мировой державой, что позволило им обеспечить всех работающих граждан с белой кожей благами жизни, доступными среднему классу. Когда же Европа восстановила разрушенное хозяйство и начался бурный рост экономики в странах Азии, перемены сделались неизбежными. Но супруги из Айовы пострадали не из-за борьбы государств за мировое господство. Нянечки из домов престарелых и строительные рабочие не конкурируют с немцами или малайцами. Просто они не участвуют в информационной экономике, где в наше время — наилучший рынок труда. Их принадлежность к среднему классу была временной; ныне они законно принадлежат к классу рабочих.

Немало было сказано и написано о все возрастающем разрыве в материальном положении разных слоев общества в Соединенных Штатах и других странах с развитой промышленностью и о страданиях тех, кто прежде служил становым хребтом экономики. Вы можете возразить — мол, социальное неравенство остается на прежнем уровне, — и окажетесь неправы: оно действительно увеличивается, как увеличивалось на заре промышленной революции. Вы скажете: это не имеет нравственных, политических или экономических последствий, — и снова ошибетесь; но эта тема выходит за пределы данной книги. Обычно в росте социального неравенства обвиняют японцев, дешевую рабочую силу из стран «третьего мира», временные трудовые соглашения, алчность корпораций и изменения в налоговой и социальной политике. Можете подкрепить каждый из этих доводов статистическими данными — а можете взять и выбросить.

Рост материального неравенства обусловлен тем, что наша экономика больше не является экономикой индустриального общества, а новый рынок труда еще не сформировался. Единственные данные, которых еще никто не смог опровергнуть, свидетельствуют о том, что образованные работники получают более высокие надбавки, чем прежде. Беспощадные законы рынка урезают плату за физический труд, но они же щедро оплачивают труд интеллектуальный. Начиная с 1969 года, когда отчетливо проявились признаки упадка индустриального века, во всех отраслях стали расти надбавки за образование. С 1979 года единственная группа американцев, у которых возросли реальные заработки, — это выпускники колледжей.

Надбавки за высшее образование служат доказательством растущей роли знаний в формировании стоимости и богатства. Экономист из Калифорнийского университета в Сан-Диего Джеймс Роуч доказал, что каждый дополнительный год образования городских рабочих дает повышение производительности труда на 2,8%. Другими словами, если средний рабочий, скажем в Хьюстоне, имеет за плечами десять лет школы, а средний рабочий в Атланте — одиннадцать лет обучения, то производительность труда рабочих Атланты будет почти на три процента выше. Нередко разницу объясняют так: знающий работник лучше выполняет свои обязанности. Однако главное не это, а то, что знающий работник выполняет *другую* работу — с более высоким содержанием интеллектуального компонента: юридический анализ или составление компьютерных программ, а не печатание на машинке или отправку грузов. Вопреки бытующему в среде рабочих и мелких служащих мнению, будто затраты на покупку компьютеров снижают их зарплату, дело обстоит как раз наоборот: чем больше компьютеров, тем выше зарплата сотрудников компании. Вот рассуждения Гэри Бартлесса из Института Брукингса в Вашингтоне:

«Экономисты объясняют рост неравенства доходов изменениями в технологии производства. Такие новшества, как персональный компьютер или новые формы организации бизнеса ставят в более выгодное положение работников с более высокой квалификацией и больно ударяют по неквалифицированным».

А иначе — зачем учиться? В прежнем шведском социалистическом обществе считалось несправедливым платить «синим воротничкам» меньше, чем их начальникам; такая политика находила свое выражение в тарифной сетке. А коль скоро учеба не оправдывала себя, шведы не особенно стремились повышать свое образование. В результате происходила «утечка мозгов»: наиболее образованные шведы стали искать себе применение за рубежом. Обратная сторона медали: когда образованные рабочие получают больше, тогда меньше людей остаются необразованными. Четыре пятых взрослых американцев — люди со средним образованием вместо двух третей пятнадцать лет назад. Процент тех, кто проучился в высших учебных заведениях хотя бы четыре года, вырос с 20% в 1980 году до 25% в 1994-м, а среди женщин — с 13% до 20%. В 1993 году, впервые за всю историю, больше молодых немцев поступило в высшие учебные заведения, чем в ремесленные, чтобы в соответствии с вековой традицией подготовиться к труду на производстве. Резко возрос конкурс среди желающих поступить в высшие учебные заведения. К примеру, конкурс в Гарвардском университете был 11 человек на место. Пять лет назад соотношение было восемь на одно.

ИТОГ: КОНЕЦ МЕНЕДЖМЕНТА В ПРЕЖНЕМ ПОНИМАНИИ

Кем вы работаете?

Возвышение работника-интеллектуала коренным образом меняет характер труда и обязанности организатора производства — менеджера. Менеджеры — это сторожа, поставленные хранить и беречь собственность корпорации. Если эта собственность носит интеллектуальный характер, обязанности менеджера становятся другими. До сих пор должностные обязанности рабочих и мелких служащих устанавливались в соответствии с правилами разделения труда, введенными еще Адамом Смитом. Господствовала узкая специализация; оплата труда зависела от цифровых показателей: сколько бамперов установили рабочие на сборочном конвейере; сколько счетов, ордеров, квитанций обработал служащий; сколько бревен перевез грузовик. Контролеры, мастера, начальники цехов заглядывали рабочему через плечо, собирали сведения о выработке и в обобщенном виде передавали высокому начальству. Смысл работы менеджера передавался акронимом POEM («поэма»): Plan, Organize, Execute, Measure — План, Организация, Исполнение, Учет. Управление, основанное на цифровых показателях, достигло своего наивысшего выражения в знаменитых очерках Хэролда Джинина о работе *ITT* — международной телефонной и телеграфной корпорации, где начальники узлов и станций трепетали перед боссами, чье знание собственной империи не шло дальше отпечатанных сводок, которые им пачками клали на стол. Одна компания, входящая в первую полусотню из списка пятисот крупнейших, опубликованных журналом *Fortune*, до того зациклилась на двадцатипроцентной прибыли на вложенный капитал, что ее руководителям выдали нижнее белье с дерзкой эмблемой: «ROE — 20%»*.

Такой порядок, получивший название «тейлоризм» — в честь Фредерика Уинслоу Тейлора, на рубеже веков заложившего основы научной организации труда (НОТ), — не просто срабатывал, но и несколько десятилетий подряд приносил блестящие результаты. Суть тейлоризма — не просто в узкой специализации, бесконечном повторении одних и тех же операций. Этот гениальный инженер сумел внушить всем, что администрация должна пользоваться не только кнутом, но и научными знаниями. Возьмите сложную работу, пошевелите извилинами и найдите способ выполнить ее как можно проще, быстрее и лучше. Сейчас модно катить на Тейлора бочки, но не следует забывать, что НОТ была крупным — даже не шагом, а скачком вперед, в том числе и с точки зрения достоинства труда. Сборочный конвейер Генри Форда — блестящий образец тейлоризма; в свое время он казался восьмым чудом света.

Но, как обнаружили последователи Роберта Макнамары, тейлоризм имеет свои пределы. Реко-

---

* *ROE* — return on eguity (возврат к справедливости).

мендуя пользоваться умственной энергией, Тейлор имел в виду лишь интеллект организаторов производства, то есть исповедовал принцип «папе виднее». Сотни лет назад, исследуя природу мышления, люди установили, что оно — продукт работы мозга. Но что управляет мозгом?— подумали они. И представили, будто там, внутри черепной коробки, сидит человечек, которого назвали «гомункулус». Подождите, спросил кто-то, а он-то откуда берет знания? Может, от другого, совсем крохотного человечка? Так они наконец дошли до вместилища мудрости величиной с горошину. С точки зрения биологии — несусветная чушь. И совершенно не годится для организации труда, особенно интеллектуального. Все равно что матрешка с генеральным директором в качестве последней, микроскопической куколки.

Нет, природа интеллектуального труда — совершенно иная. Он несет на себе ярко выраженный отпечаток профессионализма, а профессионала оценивают не по выполняемым им заданиям, а по результатам. Оценка труда адвоката зависит не от количества слов в заключительной речи, а от того, насколько эффективной оказалась защита. В качестве эксперта чаще всего выступает коллега, а не начальник. Да у него и нет начальника, который бы указывал, что и как делать, зато есть клиент, полагающий, что эксперт сам знает, как спланировать и провести защиту. Профессиональная модель исключает вмешательство бюрократов.

Расцвет науки и техники, быстрое распространение и растущая мощь информационной технологии, увеличение доли знаний в создании добавленной стоимости, возвышение квалифицированного работника — все это действует синхронно, являясь одновременно курицей и яйцом, лошадью и телегой, причиной и следствием, утверждая новые виды и методы организации труда. Вот мнение профессора Стэнфордского университета Стивена Барли:

«Если фирмы нанимают все больше профессионалов, если внутри профессии возникает масса новых специальностей и если новые технологии порождают труд, требующий особых навыков, — фирмы начинают походить скорее на конфедерацию специальностей, чем на стройную пирамиду контроля. Если руководство больше не понимает, что делают подчиненные, только упразднение цепочки приказов способно обеспечить координацию».

При переходе от стандартизованного массового производства к специализированному интеллектуальному труду снижается необходимость управления по принципу «приказ — контроль», и слава Богу: оно все меньше осуществимо. «Я умнее хозяина» — такой значок висит на доске объявлений в моем офисе. Возможно. Тебя и приняли на работу потому, что ты знаешь нечто такое, чего не знает твой хозяин. Интеллектуальные рабочие, действующие самостоятельно или в составе команды, сами планируют, организуют и выполняют многие аспекты своей работы. Основные подсчеты — объема продаж, количества рабочих часов, расхода материалов, сумм по накладным — автоматически выполняет компьютер. Неудивительно, что средний уровень менеджмента (мастера и прочие «надсмотрщики») исчезает быстрее, чем попкорн с блюда.

Если в обязанности начальника больше не входит указывать специалистам, что им делать, принуждать их к работе, собирать, передавать и обрабатывать информацию, то чем же ему заниматься? Ответ на этот вопрос частично явствует из громадного спроса на книги, магнитофонные записи и семинары по *руководству* — в отличие от управления, то есть *менеджмента.* А также из задач, которые ставят перед собой главы организаций, и их лексики. Цель компаний — зарабатывать деньги, и в конечном счете их успех или неудача имеют финансовое выражение, но язык руководителей чем дальше, тем меньше напоминает речь финансиста. Ключевое понятие экономики «стоимость» заменено на «ценность». В деловом бестселлере «Лидерство как искусство» президент фирмы *Herman Miller* Макс Деприи пишет о «соглашении» (а не «контракте») между компанией и работником как об основе эффективной организации труда. Несмотря на то, что слова «ценности», «предвидение», «делегирование полномочий», «командная работа», «содействие» и «тренерство» подчас звучат как сентиментальный бред (каковым они в известной степени и являются), они отражают тот факт, что руководители усиленно ищут пути и способы организации интеллектуального труда и превращения своей фирмы в организацию интенсивно используемого знания. Нынешний язык финансовой отчетности создавался, чтобы обслуживать *промышленный* капитализм; *интеллектуальный* капитализм отчаянно ищет свой профессиональный язык (я приведу его во второй части книги), чтобы не увязнуть в зыбучих песках ничего не значащих терминов.

В середине прошлого века Карл Маркс заметил, что в отличие от ремесленника или крестьянина прошлых поколений рабочий середины девятнадцатого века перестал быть собственником орудий труда и произведенной им продукции. В марксовых терминах он был отчужден от своего труда. Маркс ошибался во многом, но только не в этом. На заводе и средства производства, и произведенный товар принадлежали хозяину — капиталисту. Рабочие в системе Тейлора были взаимозаменяемы, как детали машин на конвейере. Администрация могла запросто уволить одного и принять другого — это ни в малейшей степени не отражалось на производстве. Человек стал работать на машину.

А теперь машина работает на человека. Расцвет эпохи компьютеров ни в коей мере не «обесчеловечивает» людей — наоборот, заставляет машины приспосабливаться к человечеству. Представьте себе Фредерика Тейлора, человека с хронометром, подсчитывающего, сколько движений сделает в минуту ваш прадедушка-каменщик. А теперь вернемся в сегодняшний день: фирма *Anderson Consulting* открыла «лабораторию пользования» для решения проблем, связанных с использованием ее программ. «Портативная лаборатория» является к вам на работу; консультант направляет одну камеру на вас, а другую — на ваш компьютер, и они начинают записывать удары по клавишам. При этом он наблюдает, делает записи у себя в блокноте, чертыхается или нажимает на клавишу «help» — «справочная система». Принципиальная разница состоит в том, что Тейлор диктовал рабочему, как приспособиться к машине, а консультант из *Anderson Consulting* объясняет, как сделать машину удобной для человека.

Нельзя сказать, что отныне мы все обречены на кочевую жизнь интеллектуалов с «ноутбуками» (портативными компьютерами) за спиной. Многие профессии и сейчас еще требуют — и дальше будут требовать — громоздкого, дорогостоящего оборудования, приобретаемого кем-то другим. Но в век интеллектуального капитала самая ценная часть этих профессий связана с выполнением чисто человеческих функций: осмысление, оценка, творчество, налаживание отношений. О каком «отчуждении» от средств и продукта труда может идти речь, если «работник умственного труда» всегда носит их с собой — между ушами?

ЧАСТЬ II

ИНТЕЛЛЕКТУАЛЬНЫЙ КАПИТАЛ

Представим себе, что в голове у каждого человека — вольера с самыми разными птицами. Одни держатся маленькими стайками, другие — особняком, летают где захотят... Можно предположить, что птицы — это наши знания и что, когда мы были детьми, вместилище было пустым. Всякий раз, когда человек получил и удерживает какие-нибудь сведения, можно сказать, что он узнал или обнаружил нечто такое, что является источником знания. Об этом стоит помнить.

ПЛАТОН

Глава 4

СПРЯТАННОЕ ЗОЛОТО

«Их зарывают в разных особенных местах, Гек, — порой на каком-нибудь острове, порой в гнилом сундуке, под самым концом какой-нибудь ветки старого засохшего дерева, как раз в том месте, куда тень от нее падает в полночь; но всего чаще их закапывают в подполье домов, где водятся привидения... Клад лежит себе да полеживает и покрывается ржавчиной. А потом кто-нибудь найдет старую пожелтевшую бумагу, в которой указано, по каким приметам искать. Да и бумагу-то эту нужно разбирать целую неделю, если не больше, потому что в ней все закорючки да и...ироглифы...»

Марк ТВЕН*

Если за компанию на рынке дают в три, четыре или даже десять раз больше бухгалтерской стоимости ее основных фондов, это подтверждает простую, но бесспорную истину: «твердые» активы интеллектуальной компании влияют на ценность конечного продукта или услуг в гораздо меньшей степени, чем нематериальные: способности, знания и опыт сотрудников, эффективность системы

* Перевод К.Чуковского

менеджмента, отношения с потребителями. Все это вместе взятое и есть интеллектуальный капитал. Все, о чем говорилось в первой части книги — доминирующая роль информации в цепочке формирования стоимости, характер капиталовложений в век знаний, замена физических материалов и фондов информацией, изменения в поведении рынков труда, где все лучше оплачивается интеллектуальный труд, — свидетельствует о том, что вкладывающий в компанию деньги приобретает в первую очередь совокупность талантов, профессионализма и идей — то есть не материальный, а интеллектуальный капитал. Вы покупаете акции компании *Microsoft* не из-за ее заводов — компания их попросту не имеет. Вы покупаете ее умение кодировать программы, вводить стандарты для программного обеспечения персональных компьютеров, извлекать выгоду из торговой марки и вступать в блоки с другими организациями. Компания *Merck* семь лет подряд возглавляла ежегодно публикуемый журналом *Fortune* список наиболее достойных восхищения компаний не потому, что она умеет делать таблетки, а потому, что работающие в ней ученые способны изобретать новые лекарства. Доктор П. Рой Вейджлос, возглавлявший компанию в этот период, заметил: «Ширпотреб может выпускать кто угодно и где угодно. Но если вы располагаете знаниями, недоступными для других, это — динамит! Мы охраняем тайну наших научных исследований строже, чем сведения о финансах».

Сегодня, когда знания стали главным сырьем и результатом экономической деятельности, организационный интеллект (умно организованная работа умных людей) передвинулся со вторых ролей на первые. Для тех, кто вкладывает в корпорации деньги (т.е. инвесторов), тех, кто ведает распределением этих денег внутри корпорации (менеджеров), и тех, кто отдает им свое время и силы (работников), — интеллектуальный капитал приобрел жизненно важное значение. Поэтому справедливо будет сказать, что организации, не пользующейся своими знаниями, попросту наплевать на то, как идут дела.

Существует только одна загвоздка. Усилия по нахождению и эксплуатации интеллектуального капитала сродни попыткам ловить рыбу голыми руками. В принципе это возможно, однако объект ваших стараний дьявольски скользок.

Прежде чем компания сможет добиться максимума от своих идей, ее лидеры должны разобраться в том, как и почему интеллектуальными активами до сих пор не управляли, и осознать непомерную цену такого пренебрежения: выброшенные на ветер деньги, упущенные возможности. Обо всем этом и пойдет разговор в данной главе, а в следующей мы дадим определение интеллектуальных ресурсов и приведем способы их выявления, чтобы руководители могли кое-что предпринять для их увеличения и использования.

НЕСОСТОЯТЕЛЬНОСТЬ БУХГАЛТЕРСКОГО УЧЕТА

Одна из причин, почему организации не справляются со знаниями в полном объеме, заключается в том, что они почти всегда являются нам в какой-нибудь «осязаемой» форме: на страницах книги, на магнитной ленте аудиокассеты, в виде докладчика, произносящего речь или молчаливых камней исторического памятника. Обращая внимание на форму, а не на содержание, мы уподобляемся виноградарю, которого больше заботит бутылка, нежели вино. В самом деле, проще сосчитать бутылки, чем описать букет. Для старой экономики «замороженных ресурсов» было логично учитывать именно формы. Ведь цена продукта складывалась в основном из стоимости материалов и оплаты труда. Но для экономики «замороженных знаний» это не годится. Например, одна и та же информация способна существовать в разных формах, каждая со своей стоимостной структурой. Один и тот же фильм можно посмотреть в кинотеатре, по телевизору или на видеопленке; одну и ту же статью прочитать в *New York Times* или принять по компьютерной сети *America Online*, можно сканировать ее и передать по факсу дядюшке Уильяму в Аделаиду либо послать по электронной почте тетушке Аделаиде в Уильямстаун. Более того, цифровой перевод всего на свете в единицы и нули вообще лишает информацию какой-либо материальной оболочки. Абсурдно — управлять производством нематериальных товаров и услуг путем контроля лишь за процессом их упаковки в оберточную бумагу и перевязывание ленточкой.

Тем не менее многие корпорации именно так и поступают. Там все еще управляют на манер старых компаний индустриального века. Финансовые директора и главные бухгалтеры располагают уймой информации о материальных и финансовых ресурсах. Они могут поведать, сколько денег на банковском счету компании, много ли у нее кредиторов, какова стоимость акционерного капитала, земли и сооружений. Они могут также сообщить стоимость рабочей силы, материальных запасов и тому подобные вещи: например, сколько токарных станков было на заводе в Финдли, штат Огайо, в момент его приобретения, и сколько пришлось вскорости заменить новыми. Но знания — важнейший фактор цены и источник преимущества в конкурентной борьбе — должны сами позаботиться о себе. Где они? У кого? Что за файлы хранятся в архиве? Как можно ими управлять? По мнению Тома Давенпорта, бывшего консультанта, а ныне профессора бизнеса в Техасском университете в Остине, в большинстве организаций, где многие используют, производят или распространяют информацию, единственными, кто руководит этим, являются юристы, озабоченные тем, как уберечь торговые марки, патенты и фирменные секреты.

Управление интеллектуальным капиталом можно уподобить недавно открытому, еще не нанесенному на карту океану; мало кто из руководителей представляет его размеры и правила навигации. Возможно, они слегка разбираются в законодательно освоенных интеллектуальных ресурсах, таких как патенты и авторские права, а также интуитивно догадываются, что обучение и опыт, приобретенный во время обучения, имеют некоторое отношение к активам компании. Но и талант относится к интеллектуальному капиталу. К примеру, рыночная стоимость лаборатории включает в себя потенциальную способность научных сотрудников делать открытия. Вы могли бы прикрепить к лаборатории ценник? И за сколько вы согласились бы продать отдел ИР, если он не приносит вам пользы, но может пригодиться кому-либо другому? Во сколько оценили бы нематериальные ценности, такие как дизайн, сервис или изготовление изделий на заказ? Финансовый директор точно назовет вам, сколько потрачено на заработную плату сотрудников компании, но затруднится определить, во что обошлась бы их замена, и тем более спасует перед вопросом, повышается или понижается со временем их «стоимость». Начальник отдела кадров знает, сколько компания тратит на формальное обучение персонала, но не представляет, как оценить результаты обучения.

Первый учебник по бухучету увидел свет в 1494 году. Его автором был венецианский монах с математическим складом ума по имени Лука Пачоли. Сей труд под названием «Правила арифметических действий, решения алгебраических уравнений и их приложения к геометрии; теория геометрических пропорций» знаменит тем, что впервые ввел в обиход принцип двойной бухгалтерии. Для бухгалтерской науки это было открытием такого же калибра, как для математики — изобретение арабами нуля. Современная корпорация немыслима без системы «дебет — кредит», отражающей всякое движение товаров и денег.

Вот комментарий Дэвида Уилсона, обладателя диплома CPA* и партнера *Ernst&Young* из «большой шестерки» бухгалтерско-консультационных фирм: «В течение 500 лет после опубликования Пачоли основополагающего труда по бухучету в бухгалтерской практике фактически не произошло принципиальных изменений; правил стало больше, но сама система учета осталась прежней». Существующая форма балансов возникла в 1868 году; нынешняя форма финансового отчета утвердилась перед второй мировой войной. «Эта система удовлетворяла предприятие индустриального века, но не годится для века информации»,— заметил Роберт К. Эллиот в своем очерке «Третья волна захлестывает берега бухгалтерского учета». Далее он пишет:

«Бухучет сосредоточивает свое внимание на материальных активах, вызванных к жизни Промышленной революцией. Они включают запасы и основные фонды, например: уголь, железо, паровые двигатели... Все это имеет цену. Так что во главу угла ставятся затраты, связанные с *производством*, а не ее *созданная стоимость*, связанная с *потреблением*».

Схема Пачоли больше не может нас устроить. В компании, базирующейся на интеллекте, система бухгалтерского учета, по мнению почтенного финансового директора *Merck&Co.* Джуди Льюент, «реально ничего не отражает». Эдмунд Дженкинс,

* CPA, или Certified Public Accountant, — бухгалтер высшей квалификации в США.

один из партнеров фирмы *Arthur Andersen*, видит причину в том, что «в наше время главные компоненты стоимости продукта — это исследования, разработки, интеллектуальные фонды и услуги. Старая система учета, фиксирующая стоимость материалов и труда, сегодня неприемлема».

Традиционная система бухгалтерского учета отражает накопление и концентрацию капитала, поэтому в ее основе лежит стоимость — то есть она предполагает, что закупочная цена того или иного средства производства (со скидкой на амортизацию) верно отражает его реальную ценность. Но такая модель рассыпается в прах при столкновении с нематериальными активами. Коль скоро знания и их материальное воплощение способны существовать отдельно друг от друга, соотношение между прошлой и нынешней ценой больше не соответствует действительности. Стоимость производства знаний в гораздо меньшей степени совпадает с его ценностью, чем стоимость производства, скажем, тонны стали. В индустриальном веке идея не могла быть оценена без всей совокупности материальных активов, аккумулированных для ее использования. Теперь — совсем другое дело. Финансовый директор *Microsoft* Майкл Браун утверждает: «В отличие от техники или денег, идеи обладают энергией сами по себе. Они подспудно накапливаются и неожиданно «взрываются». К примеру, компания *Netscape* сосредоточила громадный объем интеллектуального капитала, почти не имеющего физической формы; но вот в 1995 году, когда компания впервые выпустила свои акции, этот капитал получил финансовое воплощение в сумме 2 миллиардов долларов.

Продукция некоторых организаций — таких как юридические фирмы, консультации, рекламные агентства — никогда не имела материального воплощения. Но поскольку для внутреннего учета и для выставления счетов заказчикам ее нужно было хоть как-то измерять, за единицу отчетности взяли время сотрудников, потраченное на выполнение задания клиентов. Но время — всего лишь заменитель термина «издержки», а издержки ничего не говорят о *ценности* выпускаемой продукции — это лишь малая часть того, что надо знать менеджерам для управления бизнесом. Ограниченный характер затратных показателей особенно очевиден, когда неосязаемый продукт (например, музыка) может продаваться в разных формах: билет на симфонический концерт, компакт-диск или радиопередача.

ВЫСОКАЯ ЦЕНА ТОГО, ЧТО НЕ УЧТЕНО

Одна из причин, почему люди не хотят возиться с интеллектуальным капиталом, состоит в том, что они не видят ощутимой пользы — отдачи от вложенного ими капитала. Инвестор, делающий выбор между акциями *IBM* и *Microsoft* исключительно на основании их финансовых отчетов, останется в неведении относительно реальной ценности обеих компаний. В *American Airlines* в качестве активов фигурируют турбореактивные самолеты, в то время как *Sabre* — информационная система бронирования мест, приносящая более высокий доход, чем сами лайнеры, — владеют в основном нематериальными ресурсами, которые не отражаются в бухгалтерском балансе. Как электроны в камере Вильсона, информационные источники благ оставляют лишь призрачные следы в бухгалтерских книгах корпорации.

В то же время их экономическая мощь настолько же реальна, как мощь расщепленного атома. Наглядным примером ценности интеллектуального капитала и риска, связанного с его недооценкой, может послужить история рекламного агентства *Cordiant*, ранее известного под названием

Saatchi&Saatchi. В декабре 1994 года акционеры, раздраженные «самоуверенностью» и якобы «служебным несоответствием» Мориса Саачи, вынудили совет директоров (который Саачи как раз и возглавлял) его уволить. В знак протеста компанию покинул ряд других руководителей, а несколько крупных заказчиков — сначала кондитерская фирма *Mars*, а затем *British Airways* — расторгли договоры. С точки зрения бухгалтерского баланса увольнение Саачи было сущей безделицей. Тем не менее цена на акции компании на Нью-Йоркской фондовой бирже немедленно снизилась с 8,55 до 4 пунктов. Вот одно из возможных объяснений: акционеры думали, что владеют *Saatchi&Saatchi*, тогда как на самом деле им принадлежало меньше половины стоимости компании. Ее главным достоянием был человеческий капитал, воплощенный в Саачи и его помощниках.

Бывает, рынок не признает ценность интеллектуальных активов — и поэтому ошибается. В 1976 году Эндрю Ллойд Веббер, композитор, создатель мюзиклов «Кошки», «Эвита», «Призрак оперы» и «Бульвар заходящего солнца», основал *Really Useful Company* — «Действительно полезную компанию», обладательницу прав на все его произведения. Как бы ни относиться к музыке Веббера, глава «Действительно полезной компании» создал Нечто Действительно Успешное. Рассказывают такую историю. Террористы заподозрили двоих членов организации в предательстве. Их судили и приговорили к смертной казни. В день исполнения приговора их спросили о последнем желании. Один сказал: «Перед смертью я хотел бы послушать все собрание сочинений Эндрю Ллойда Веббера — от первой до последней ноты». Другой содрогнулся: «Пусть сначала меня расстреляют!».

Так вот, в 1986 году Веббер сделал компанию

открытым акционерным обществом. Ее активами были: театр *Palace* в Лондоне стоимостью около 2 миллионов фунтов стерлингов; авторские права на сочиненные им мюзиклы и песни (в первую очередь «Кошки»); семилетний контракт с композитором и полис на страхование его жизни (Вебберу было 37 лет). Акционерный капитал (включая солидный пакет акций, который Веббер оставил за собой) потянул на 35,2 миллиона фунтов стерлингов. Четыре года спустя Веббер выкупил остальные акции. Судя по тому, сколько он отдал, компания оценивалась уже в 77,4 миллиона фунтов стерлингов. Эта цифра обязана своим происхождением расчетам банкиров-инвесторов, пользовавшихся традиционными способами определения стоимости интеллектуальной собственности, такой как патенты и авторские права. Годом позже Веббер продал 30% акций компании звукозаписи *PolyGram* за 78 миллионов — больше, чем стоила вся компания год назад. К тому времени состоялась премьера «Бульвара заходящего солнца», но, скорее всего, не это послужило главной причиной утроения цены. Просто хваленые аналитики Сити недооценили прибыльность и, следовательно, ценность авторских прав — интеллектуальных источников богатства, для расчета которых были применены устаревшие формулы.

Если компанию покупают по цене, превышающей ее учетную стоимость (стоимость материальных фондов, включая денежные средства, запасы и иную собственность), то эта надбавка обычно формируется за счет интеллектуальных фондов: предполагаемой прибыли от патентов, отношений с потребителями, торговой марки и т.д. плюс приобретение контроля над бизнесом. А так как по бухгалтерским правилам нельзя платить нечто за ничто, то счетоводы, за неимением лучшего, вычитают учетную стоимость из продажной цены и именуют разницу словом «престиж», — что не означает ничего конкретного. Но присмотритесь к тому, сколько компании выкладывают за присоединение к ним других компаний, и вы убедитесь, что зачастую этот престиж составляет более половины продажной цены.

Можно по разному отражать интеллектуальный капитал в бухгалтерских книгах (см. *Приложение*) — нельзя только его игнорировать. Цена невежества бывает непомерно высока. В своем обстоятельно документированном труде о том, как менеджеры распределяют ресурсы, Майкл Портер из Гарвардской школы бизнеса делится своими наблюдениями: капитал чаще тратится на физические, чем на нематериальные фонды, так как отдачу от последних куда сложнее учитывать. Для большинства компаний вклады в заводы и оборудование с легко отслеживаемыми потоками денег кажутся более надежными и оправданными, чем инвестиции в исследование и развитие, обучение или другие виды деятельности, отдачу от которых трудно оценить количественно.

Зато компании, начавшие разрабатывать свои интеллектуальные богатства, обнаружили, что напали на золотую жилу. С корпорацией *Dow Chemical* это произошло случайно. В 1993 году, в ходе подготовки к весенней «генеральной уборке», они ввели новую должность — директора по интеллектуальным ресурсам. Идея была в том, чтобы пассивное централизованное хранилище 29 тысяч изобретений, запатентованных сотрудниками *Dow*, очистить при помощи активного менеджмента и одновременно попробовать заработать на лицензировании.

Вот что говорит Гордон Петраш, человек, приглашенный на эту должность: «Патенты — не единственный вид интеллектуального капитала (есть еще способности и ноу-хау), но с них проще всего начать». Проще не означает просто. Петраш обнаружил, что *Dow* извлекает прибыль только из половины патентов. Что еще хуже, патенты оказались «сиротами»: в компании не было специального отдела, который бы занимался их коммерциализацией и лицензированием. Крайне удивленный, Петраш поинтересовался, как обстоят дела в других компаниях. Оказалось — точно так же. Неиспользуемые патенты могли бы приносить миллионные прибыли, а вместо этого приносили убытки. Здесь уместно сравнение с владельцем пустого дома, вынужденным платить налог на недвижимость и поддерживать в исправном состоянии водопровод и крышу. Так же обстоят дела с неработающим интеллектуальным капиталом. Издержки на поддержание всех патентов в силе составили 250 тысяч долларов (юридические счета, регистрационные платежи, налоги и т.д.). Уже за первые полтора года работы группа Петраша только за счет сортировки и «прореживания» патентов сэкономила *Dow Chemical* миллион долларов.

Петраш разработал простой, но действенный процесс управления интеллектуальной собственностью из шести этапов:

1. *Разработка стратегии.* Необходимо определить роль знаний на каждом предприятии, в каждом отделе. В одном приоритет отдается выпуску новой продукции, в другом все силы могут быть направлены на экономное расходование кирпичей с известью либо на открытие контор в Польше и Бразилии.

2. *Сбор разведданных.* Постараемся побольше узнать о стратегиях и портфеле патентов наших соперников.

3. *Сортировка.* Рассортируем свои собственные патенты. Что у нас есть? Что активно используется? И, главное, кто несет за все это ответственность?

4. *Определение ценности.* Определяем ценность нашей интеллектуальной собственности и решаем,

что сохранять, что продать, а что выбросить. *Dow* завела свою собственную «турнирную таблицу» с классификацией патентов по принципу: приносят ли они прибыль (*Dow* или другому обладателю лицензии), имеют ли потенциальную ценность или не представляют интереса для компании. Цифры часто менялись, но к осени 1995 года выяснилось, что компания имеет постоянный «навар» примерно от 36% патентов.

5. *Инвестиции.* На основании полученной картины пытаемся выявить «пробелы», которые необходимо заполнить, чтобы на полную мощь использовать свои знания, или «дыры», которые нужно заткнуть, чтобы не дать шансов своим конкурентам. Прикиньте, что для вас выгоднее: самим провести соответствующие исследования либо купить подходящую технологию.

6. *Формирование нового портфеля знаний.* После этого вновь и вновь повторяем весь процесс с начала до конца.

Здесь нет ничего особенного, но, по словам Петраша, они не обнаружили ни одного человека, который бы прошел весь путь от начала до конца. «Бизнесмены знают, как управляться с материальными фондами. Мы помогаем им делать то же самое с интеллектуальными фондами».

Цена сокровищ, обнаруженных в недрах *Dow*, ошеломляет. Петраш прикинул, что за десять лет компания сэкономит около 50 миллионов долларов, которые в противном случае ушли бы на налоги и другие эксплуатационные расходы. Более того — он подсчитал, что, стащив с «чердака» ценные, но неиспользуемые патенты, корпорация сможет повысить ежегодный доход от продажи лицензий с 25 миллионов в 1994 году до 125 миллионов к двухтысячному году. Не забудьте — это экономия и прибыль всего лишь от того, что *Dow* воспользуется наиболее очевидными интеллектуальными источниками — ноу-хау в виде патентов.

В долгосрочной перспективе ставится задача распространить деятельность по выявлению и использованию знаний, содержащихся в менее очевидных, но более ценных видах интеллектуального капитала — в ноу-хау мастерства, секретах торговли и технической экспертизе. Это, по утверждению Петраша, стоит миллиардов.

Так считает не он один. Преподаватель Лондонской школы бизнеса и дальновидный автор «Века антиразума» Чарлз Хэнди установил, что интеллектуальный капитал корпорации обычно в три-четыре раза превышает учетную стоимость ее материальных доходов. Директор отдела интеллектуального капитала шведской страховой компании *Skandia AFS* Лейф Эдвинсон считает эти данные устаревшими. Он подсчитал, что для большинства организаций отношение интеллектуального капитала к совокупной стоимости материальных средств производства и финансового капитала колеблется между 5:1 и 16:1. Так и просится сравнение с айсбергом. Над поверхностью воды, сверкая в солнечных лучах и внушая благоговейный трепет, громоздятся материальные и финансовые ресурсы компании. А под водой, сокрытое от глаз, таится нечто большее, чье величие все признают, но чьих контуров никто не видит. Проведенный недавно опрос директоров восьмидесяти крупнейших корпораций — таких как *Amoco, Chemical Bank, Kodak, Hewlett Packard, Pillsbury* и других — показал: каждые четверо из пяти считают, что информационный менеджмент в их организациях должен стать существенной или даже важнейшей частью деловой стратегии, — но только 15 процентов могут похвастаться успехами в этой области.

Ни один руководитель не допустит, чтобы его деньги или полезные площади предприятия пропадали даром, однако если спросить любого, какой процент знаний в его компании используется с толком, типичным ответом будет: «Около двадцати». Такое наблюдение сделала Бетти Цукер, изучающая информационный менеджмент в швейцарском центре Готлиба Даттвайлера: «Представьте себе, каков был бы потенциальный выигрыш компаний, если бы этот показатель довести хотя бы до тридцати процентов!»

Для этого потребуется нечто большее, нежели интересные истории, подсчеты или опросы. Нематериальные источники продукта уже по определению трудны для распознавания и управления. Нужно найти такие способы их обнаружения, которые делали бы их реальными, осязаемыми, полезными — это послужило бы стимулом к активным действиям. Чтобы найти спрятанные сокровища, необходима карта.

Глава 5

КАРТА СОКРОВИЩ

Знание бывает двух видов. Мы знаем либо сам предмет, либо где взять информацию о нем.
Сэмюэл ДЖОНСОН

Если ты так умен, почему не богат? Некоторые экономисты называют это «американским вопросом». Помнится, впервые я услышал его, когда учился в средней школе. По школе ходила легенда: один ученик в споре из-за отметки бросил преподавателю вызов: «Если вы такой умный, почему вы учитель? Учителя мало зарабатывают». (Преподаватель якобы ответил: «Если бы ты был умнее, понял бы, что в жизни есть кое-что помимо денег»). Много лет спустя я услышал эту знаменитую фразу из уст Херба Келлегера, весьма умного главы *Southwest Airlines.* Выступая в Далласе перед главами компаний с речью о ценности интеллектуального капитала, я процитировал Уолтера Ристона, который ушел в отставку с поста руководителя *Citicorp,* но все еще состоял в правлении. Ристон неоднократно утверждал, что капитал *Citicorp* недооценивается — в него следовало бы включить и сверхсложные компьютерные программы, управляющие системой связи между розничными магазинами и банками, а также банкоматами.

В то время *Citicorp* переживал тяжелые времена. Прибыли были скудными, цена акций упала до десяти долларов за штуку, и, что хуже всего, банковские финансы были до того истощены выдачей убыточных кредитов, что корпорацию взяли под свой контроль федеральные органы.

Разогнав густое облако дыма от ментоловых сигарет *True*, которые он курил, Келлегер поинтересовался: уж не потому ли Ристон так озабочен нематериальными ресурсами, что в банке плохо с другими, материальными? «Если эти ребята из Нью-Йорка такие умные, почему они не делают деньги?»

Хороший вопрос. Одно дело — восхвалять интеллект как важнейший актив организации, и совсем другое — претворять свое озарение в планы и стратегии, улучшающие результат. Интеллектуальный капитал может быть эфемерным, как Святой Грааль — ускользающий талисман, о котором частенько разглагольствовали рыцари Круглого стола из легенды о короле Артуре. Только сэру Галахеду, как абсолютно «чистому», в конце концов было позволено проникнуть взглядом в дивные тайны Грааля, а когда он это сделал, то отрекся от материального мира, и его унесли вдаль ангелы на своих крыльях. Неподходящая перспектива для руководителя компании, призванного заставить тайны коллективного интеллекта служить материальным целям!

А для этого требуется не просто определение интеллектуального капитала, но и такое его описание, при помощи которого руководители могут планировать инвестиции в интеллектуальные фонды и управлять ими. Его-то мы и представим в этой главе в три этапа. Прежде всего нужно рабочее определение, которое бы прояснило, что именно мы ищем в качестве интеллектуальных фондов, что они из себя представляют и каковы их функции. Во-вторых, нам нужно разрешить несколько проблем, чтобы обезвредить потенциальных охотников за нашими сокровищами. Например, как не сбиться с курса, неверно понимая различия между разными видами информации? И каково содержание интеллектуального капитала в так называемом неявном знании? Чтобы ответить на эти вопросы, необходимо — в-третьих — понять, где именно следует искать интеллектуальные источники богатства.

РАБОЧЕЕ ОПРЕДЕЛЕНИЕ

Та фраза, которой мы пользовались до сих пор: «интеллектуальный капитал — это сумма патентов, технических описаний, трудовых навыков, технологий, информации о поставщиках и заказчиках, а также старого доброго опыта», — это всего лишь иллюстрация, а не определение. Многие предлагали формулировки слишком расплывчатые, чтобы войти в обиход менеджеров и исполнителей. Например: «накопленные индивидуумом знания и ноу-хау, служащие источником обновления»; «способности, навыки и знания, хранящиеся в человеческом мозгу»... Ближе всего к истине — определение Хью Макдональда, штатного футуролога *ICL*, крупной фирмы по производству компьютеров, расположенной в Англии, но принадлежащей *Fujitsu.* Макдональд сказал: «Интеллектуальный капитал — это знания, которые имеются в организации и могут использоваться, чтобы получать разного рода преимущества», то есть превосходство над конкурентами. Но это больше говорит о *функции* интеллектуального капитала, нежели о том, что он из себя *представляет.* Руководителям высшего и среднего звена нужно что-нибудь более существенное, такое, что, по выражению профессора Дэвида Клейна и консультанта Лоуренса Прусака, позволит им «описывать интеллектуальный капитал более формально, более целенаправленно заботиться о его развитии и с большим толком вкладывать в него деньги».

Для начала остановимся на следующем, данном Клейном и Прусаком, определении интеллектуального капитала как «интеллектуального материала, который формализован, зафиксирован и используется для производства более ценного имущества». Одно из достоинств их формулировки — в различии между интеллектуальным капиталом и интеллектуальным материалом. Адрес на записке, завалившийся за стол доклад, мозговой штурм по дороге на работу, срочная новость, которую узнал торговый агент компании и не может добраться до телефона, чтобы ее сообщить, — все это интеллектуальный материал, но не капитал. Неконкретизированная идея или изолированный обрывок информации, например адрес Джона Доу, еще не активы — не больше, чем штабель кирпичей в цехе.

Интеллект становится «средством производства» тогда, когда свободно текущая умственная энергия организована, то есть когда ей придана четкая форма (реестр почтовых отправлений, база данных, повестка совещания, техническое описание процесса) и ее можно использовать для создания чего-то такого, что невозможно создать, пока она остается в неупорядоченном состоянии, как монеты в сточной канаве. *Интеллектуальный капитал — это полезные знания в соответствующей упаковке.*

Хорошо также и то, что определение Клейна и Прусака напоминает: ценные интеллектуальные активы можно обнаружить в самых разных местах, не только в храмах науки. Ценные с экономической точки зрения идеи не обязательно должны быть высокоучеными, архисложными или супертехнологичными. Послушаем экономиста Пола М. Ромера из Калифорнийского университета в Беркли, одного из ведущих специалистов в области оценки идей: «Идеи — это инструкции, позволяющие нам, комбинируя ограниченные физические ресурсы, создавать из них нечто более ценное». Большинству рабочих сроду не придет в голову ничего «научного»: они просто стараются лучше работать. И это — такой же важный аспект управления интеллектуальным капиталом, как всякий другой. Председатель правления *General Electric* Джек Уэлч предостерегает директоров против чрезмерного увлечения «Идеями» (с большой буквы) — в ущерб «идеям» (с маленькой): «Если мы имеем стабильное повышение производительности труда на 6—7% в год, то это происходит главным образом за счет «маленьких идей» — рацпредложений. Это и свободная от ошибок система выписки счетов на товары, и выполнение ряда операций за один день вместо шести. Внести посильный вклад может каждый. Все работники до единого».

Идея о формализованном, управляемом знании легко укладывается в голове, когда речь идет об интеллектуальном материале в виде изобретения, которое можно запатентовать, или собрания статистических данных, или когда естественные либо условные ограничения ставят знания в определенные рамки. Всякий раз, когда вы писали курсовую работу в колледже, вы создавали «упакованный» (то есть выраженный в определенной форме), зафиксированный и управляемый интеллектуальный капитал. Редакция *New York Times* каждое утро кладет на крыльцо подписчиков увесистый пакет знаний; если в следующем номере напечатано опровержение какого-то факта, мы понимаем: жесткие сроки, существующие в редакции, делают газеты весьма приблизительным черновиком истории. Труднее приложить определение Клейна и Прусака к очень большим совокупностям сведений с нечеткими границами или к достаточно широким сферам изучения — скажем, работе человеческого мозга. Мысль об «упаковке» «мягких» видов интеллектуального материала или знаний, для которых еще не найдено «вместилище», в наши дни овладела умами теоретиков информационного менеджмента в той же мере, как журналистами владеет мания приспособить свои «фабрики информации» (помещения, где кофе перерабатывается в чернила) к обходящемуся без бумаги, круглосуточно функционирующему миру *Internet*.

ПРОБЛЕМЫ УПАКОВКИ «МЯГКОГО» ЗНАНИЯ

Работа с интеллектуальными материалами ставит перед нами две проблемы. Первая касается классификации. Какие материалы стоят того, чтобы их взять, а какие следует исключить? Где полезные знания, а где — балласт? Вторая — проблема распознавания. Многие интеллектуальные материалы являются невыраженным, подразумеваемым знанием — например, опыт общения продавца с покупателями и связи, установившиеся у него с ними за долгие годы обслуживания данного района. Как об этом узнать?

КЛАССИФИКАЦИЯ

Проблема классификации возникает везде, но особенно там, где системные программисты обсуждают «склады данных» или «архитектуру интеллектуального менеджмента». Рано или поздно — обычно довольно рано — кто-нибудь обратит внимание на то, что не вся информация одинаково важна, и предложит ее классифицировать. Прежде всего мы имеем *исходные данные*: «Температура — 25 градусов Цельсия». Дальше идет *информация* — контекст, в котором использованы данные: «Слишком жарко для этого времени года». И наконец *знание* — вывод, сделанный на основании данных и информации: «Какая уж тут лыжная прогулка!», либо: «Глобальное потепление — проблема более серьезная, чем мы думали». Кто-нибудь добавит четвертую категорию — *мудрость*: «Сколько ни толкуй о погоде, ничего не поделаешь».

Вопрос стоит следующим образом: как превратить идеи компании в производственную систему управления знаниями, в интеллектуальный капитал, который обеспечит людей данными и информацией, и как отделить важную информацию от мелких, несущественных сведений?

Проще всего ответить: «Никак». (Мы все же в соответствующих главах попробуем кое-что предложить). Различия между четырьмя приведенными выше категориями далеко не всегда очевидны. То, что для одного — знание, для другого — исходные данные. Например, постоянное чтение газет, журналов, обмен мнениями со знакомыми и собственный опыт вырабатывают у рядового избирателя политические взгляды, которые он считает знанием, даже мудростью. Но то, что для него — знание, для нанятого политиком агитатора — исходные данные. И наоборот, выношенные, выстраданные политиком за многие годы мысли об охране окружающей среды (его «мудрость») — для избирателя всего лишь один из кусочков информации, на основании которой он оценивает деятельность политика.

Говорят, красота — в глазах влюбленного. Точно так же знание — в восприятии того, кто им пользуется.

Отсюда следует исключительно важный вывод. *Фонды знаний, так же как деньги и оборудование, существуют и обладают ценностью только в контексте стратегии.* Проще говоря, интеллектуальные фонды невозможно оценить и пользоваться ими, пока не решишь, для чего они нужны. Вот что говорит голландский консультант Роб ван дер Спек, специализирующийся в области интеллектуального менеджмента:

«В компаниях интуитивно чувствуют разницу между данными и знанием. Сложности начинаются, когда в разговор вступают те, кто уже занимается носителями знаний и управлением ими. Например, имеющие дело с человеческими ресурсами уверены, что «знание существует только в человеческом мозгу»; конторские служащие и библиотекари — что «знание — в документах»; специалисты по информационным системам утверждают: «Информационный менеджмент — то же самое, что управление информацией, стоит только заменить одно слово на другое»), а аранжировщики баз знаний не сомневаются, что «знания — это то, что может быть помещено в компьютер». Мы же решили взять за основу *реальные* проблемы, воспринимаемые людьми, оцениваемые с точки зрения качества, стоимости или сроков, — и обойтись без абстрактных дискуссий о «знании», «исходных данных» и так далее.

Вместе с тем важно — особенно в наш век стремительных перемен — отличать обыденную, преходящую информацию от подлинных интеллектуальных фондов. Говорят, половина знаний, полученных студентом машиностроительного колледжа на первом курсе, ко времени выпуска безнадежно устаревает, особенно в электронике. Современный технарь произносит слово «Интернет» с такой же интонацией, как ребенок — «собачка». Профессор кафедры бизнеса в колледже Бэбсона и участник Форума стратегического лидерства

Лайэм Фэйи любит озадачивать аудиторию вопросом: «Сколько понадобится времени, чтобы половина знаний, необходимых вам в работе, устарела?» Обычно треть группы отвечает: менее двух лет, и еще одна треть — около пяти.

Они ошибаются. Конечно, интеллектуальные фонды, как и всякие другие, со временем обесцениваются – одни быстрее, другие медленнее. Но студенты Фэйи перепутали данные со знаниями. Говоря языком бухгалтеров, отнесли материалы и малоценный инвентарь к основным фондам. Текущая информация — стоимость акционерного капитала, фамилия и телефон начальника торгового отдела, количество сальников на складе, торговый баланс страны — постоянно меняется. Важны не сиюминутные сведения, а способность получить нужную информацию в нужный момент. При этом особенно ценны «выдержанные» знания: тенденции развития отрасли в целом; то, от чего в такой-то корпорации зависит принятие решений по вопросам купли-продажи; где можно быстро и дешево купить сальники, в чем смысл торгового баланса. Такая информация тоже устаревает, но гораздо медленнее.

Забудьте споры о различиях между данными, информацией, знанием и мудростью — это все ерунда. Главное, что представляет для нас интерес — а это интеллектуальный капитал, — существует в двух ипостасях. Прежде всего, это *полупостоянная совокупность знаний,* вырастающая вокруг некой задачи, человека или организации. Это могут быть связи или навыки руководства, понимание биохимии вирусов, представление о том, за что потребители на самом деле платят, когда обращаются к вам за товаром либо услугой, и как это отражается в цене; знакомство с производственным процессом организации, ее ценностями и культурой («вот как мы у себя это делаем»). И второй вид интеллектуального капитала: *ин-*

струменты, при помощи которых можно увеличить совокупность знаний, привнося факты, данные, информацию (называйте как хотите) или предоставляя экспертные оценки и приращенное знание тем, кому они нужны и когда они нужны. Номер телефона не является интеллектуальным капиталом, телефонная книга — является.

РАСПОЗНАВАНИЕ НЕЯВНОГО ЗНАНИЯ

Значительная часть «мягкого» знания ускользает от определения, потому что зачастую оно не выражено, а только подразумевается; его трудно объяснить или хотя бы увидеть. Эта разница особенно заметна при пользовании языком. Тот, для кого французский язык — родной, не задумается, в каком роде — мужском или женском — употребить слова «plume» и «tante» во фразе «C'est la plume de ma tante» («Это перо моей тетушки»), но тот, кто начал изучать французский в школе, остановится и подумает, или посмотрит в словаре. Точно так же люди на Западе знают, что в телефонной книге Роджерс идет перед Рубиным; но как пользоваться телефонной книгой в Японии, если в языке этой страны нет алфавита?

Урок неувядаемого бестселлера «Какого цвета ваш парашют?» заключается в том, что люди знают больше, чем думают. За многие годы они овладевают обширным запасом сведений, умений и навыков, причем многое делается бессознательно, само собой. Стоит только обнаружить эти знания, придать им форму — и эти до поры до времени скрытые резервы могут стать базой для новой профессии.

Так же как с отдельными людьми, обстоит дело и с группами, будь то государственное учреждение или шайка уличных хулиганов. Со временем они обрастают невыраженными знаниями:

интуицией, «здравым смыслом», умонастроениями, неписаными законами, традициями и ценностями. Часть информации носит обыденный, тривиальный характер: за обедом Джонс изрядно накачивает себя мартини, так что, если хотите решить с ним какой-нибудь вопрос, обращайтесь с утра пораньше. Подчас их субъективные знания расходятся с общепринятыми. Руководители фирмы бьют себя кулаком в грудь: мол, они — за честное соревнование, но все знают: там продвигают по службе только подлипал. Иногда неявное знание относится к важным аспектам бизнеса. Например: в нашей отрасли покупателей больше всего волнует цена, а качество — на втором месте. Порой эти знания содержатся в неразгаданных талантах умельцев: Джонс даже во хмелю, как никто, устраняет сбои в программах. Невыраженное знание служит солидным подспорьем в работе. Говорит вице-президент канадского коммерческого банка *Imperial* Хьюберт Сент-Онж: «Из этих верований и предположений организация черпает ценности, принципы и способы делать определенные вещи, что, в свою очередь, влияет на принятие решений и формирует коллективное поведение ее сотрудников».

Огромным достоинством неявного знания является его автоматический характер: оно требует очень мало или вообще не требует времени и размышлений. Машинистка, умеющая печатать «слепым методом», работает гораздо быстрее, чем та, которая выискивает клавишу взглядом, прежде чем ткнуть в нее пальцем. Наш хмельной друг Джонс смекнет, в чем причина сбоя, быстрее, чем тот, кто будет сознательно прокручивать в голове разные варианты. Если взять шире, организация, обладающая интуитивным «чувством рынка», будет действовать более ловко и затратит меньше усилий. К примеру, при оценке новых образцов продукции ей понадобится гораздо меньше времени и средств на экспертизу и улаживание внутренних разногласий, потому что все ее работники «чувствуют», чего хочет потребитель и как организовать работу, чтобы удовлетворить его желание.

Нет достоинств без недостатков. У невыраженного знания их три. Оно может быть ошибочным; его трудно изменить; его трудно передать. Помоги Бог той проворной организации, если на рынке вдруг произойдут радикальные перемены или если она попытается приложить свое интуитивное знание покупателей, скажем, к Индонезии. Поскольку неявное знание не выражено, его невозможно проверить; носитель такого знания может заблуждаться и не догадываться об этом. История проекта «Тотальное качество» служит иллюстрацией того, насколько упорными бывают заблуждения. Многие десятилетия американские производители верили, что лучше допускать небольшое число незначительных дефектов, чем тратить уйму времени и денег на их устранение. (Существовала и противоположная мудрость, на которую не очень-то обращали внимание. В одной из компаний, где я работал, директор по производству повесил над своим письменным столом плакат: «Почему всегда хватает времени что-то сделать, но никогда не хватает — сделать хорошо?» Это не удержало его от ошибок, вызванных небрежностью: плакат был всего лишь выражением его уверенности в том, что такие ошибки — удел других людей.) Даже после того как У. Эдвардс Деминг доказал, что, принимая во внимание затраты на проверки и перепроверки, переделки, возврат и так далее, недоброкачественная продукция обходится гораздо дороже высококачественной, никто и не подумал прислушаться: ведь «все знают», что это не так. Пришлось Демингу в поисках единомышленников отправляться в Японию. А когда успех японской промышленности (которым она во многом обязана Демингу с его идеями) потряс американских промышленников, они устремились через Тихий океан — узнавать «секреты» японцев. И только тогда поняли: их подвела «внутренняя убежденность». Понадобились годы на смену установок.

Неявное знание носит не только упорный, но и локальный характер: его не найдешь в учебниках, методических пособиях, компьютерных базах данных или архивных папках. Оно существует в устной форме. Его творец — носитель знания — делится им только с узким кругом лиц, зачастую во время неформального общения. Сент-Онж утверждает: «Электронная почта и телекоммуникации хороши для передачи точного знания, но не могут передавать интуицию. Если вы летите в режиме автопилота, а мир меняется, вам крышка».

Неявное знание необходимо сделать явным, дать ему выражение. Иначе его нельзя будет проверить, откорректировать, сделать общим достоянием. В течение нескольких лет инженеры пенсильванского отделения компании *AMP*, выпускающей электрические и электронные приборы, учились сверлить микроскопические дырочки в ультратонких пластиковых и металлических колечках для соединителей кабеля из оптических волокон. Их сверла приобрели репутацию лучших в мире, точность в работе позволила *AMP* сократить затраты вдвое по сравнению с конкурентами. Однако инженерно-технические работники другого отделения этой компании, специализирующегося на производстве соединителей для традиционных кабелей из меди, оставались полными невеждами во всем, что касалось работы их собратьев. И лишь когда компания «нанесла на карту» технологические источники знаний первой группы, она смогла обучить передовым навыкам работников второй.

Так и идет процесс без конца: выявление неявного знания — превращение его в явное — придание ему формы, хранение и использование. А дальше — рождение нового неявного знания.

Итак, вы пытаетесь сделать ставку на знающих и умеющих, на их интеллектуальный материал, которому нужно придать форму, чтобы зафиксировать и научиться пользоваться им для создания более ценного интеллектуального капитала. При этом вы столкнетесь с двумя проблемами. Во-первых, отделить полезное знание от бесполезного — это можно сделать только стратегическими методами. Интеллектуальный капитал не существует вне цели и ракурса. *Мои* фонды знаний не обязательно полезны *вам* или *моей компании.* Компьютерные программы банка *Citicorp,* несомненно, ценный источник, но Херб Келлегер из *Southwest Airlines* не заплатит за них и цента. Во-вторых, значительная часть интеллектуального капитала существует в неявном виде и, стало быть, не может быть продана, сколько бы центов за него ни предлагали. И все же, если компания хочет с толком распорядиться этим неосязаемым имуществом, его нужно как-то выявить и провести через весь цикл — от неявного знания к явному и снова к неявному.

ГДЕ ИСКАТЬ ИНТЕЛЛЕКТУАЛЬНЫЙ КАПИТАЛ

Любая организация хранит ценные интеллектуальные материалы в виде фондов и ресурсов, выраженных и подразумеваемых перспектив и способностей, данных, информации, знаний и, возможно, мудрости. И все-таки — где его искать?

Ответ — в одном месте из трех (или двух, трех одновременно): в работниках компании, в ее структурах и в ее клиентах. Такую элегантную схему предложили Хьюберт Сент-Онж из канадского коммерческого банка *Imperial* и Лейф Эдвинсон из шведской страховой компании *Skandia.* Они подразделяют интеллектуальный капитал на три части: «человеческий капитал», «структурный капитал» и «потребительский капитал».

В модели интеллектуального капитала, разработанной в *Skandia* и *Imperial,* каждый из трех элементов — человеческий, структурный и потребительский — может быть измерен и приспособлен для инвестиций. Каждый из них нематериален и отражает интеллектуальные ресурсы компании — и в то же время каждый представляет нечто такое, что руководители производства и инвесторы могут потрогать и заключить в объятия. Более того, стоит начать смотреть на вещи с точки зрения человеческого, структурного и потребительского капитала, как появляется возможность ставить вопросы, ответы на которые позволят выявить интуитивное знание.

Сент-Онж, на чьей визитке значится нечто не слишком понятное — «Обучающаяся организация и развитие лидерских качеств, вице-президент» — это честный, ясноглазый энтузиаст с ярко выраженным даром абстрактного мышления, что делает честь декартовским корням его франкоязычного образования. Он возлагает огромные надежды на человеческие ресурсы; ему же принадлежит заслуга перевода невразумительной риторики об «обучающейся организации» в деловую реальность, вызывающую доверие банков. Такая репутация привела его к Эдвинсону, который изучал финансы в Беркли и в 1991 году ушел из Шведского банка, чтобы занять пост директора по интеллектуальному капиталу в отделении страхования и финансового сервиса — наиболее крупном и стремительно прогрессирующем подразделении корпорации *Skandia.* Как и подобает человеку, создавшему новую специальность, Эдвинсон — бесстрашный экспериментатор, постоянно ищущий новые пути к «материализации скрытых нематериальных ценностей» и новые образы для их описания. Он сравнивает их то с корнями дерева, то со стенами дома, то с центральной нервной системой человека. Но если отвлечься от метафор, Эдвинсон определяет интеллектуальный капитал как сырьевой материал для достижения финансовых целей.

«Лейф подкинул нам идею структурного капитала, — констатировал Сент-Онж, — а мы ему — идею потребительского». Относительно человеческого капитала у них нет ни малейших сомнений, но, по их мнению, он нуждается в изучении. Просто взять да объявить интеллект работников компании нематериальным средством производства — бессмысленно. Какие-то нейроны у меня в мозгу еще хранят фразы на англо-саксонском наречии; но редакции они даром не нужны. Главное — цель. Таким образом, человеческий капитал — это «способность предлагать клиентам решения». Это выводит за скобки мой англо-саксонский; это выведет за скобки и меня самого, если я утрачу способность делать то, за что мне деньги платят. То, что мы толкуем о ресурсах, не отраженных в бухгалтерском балансе, еще не значит, что наш удел — парить в облаках, не опускаясь на землю.

Различие между человеческим и структурным капиталом имеет принципиальное значение. ***Человеческий капитал*** важен, потому что он — источник обновления и прогресса, независимо от того, проявляется ли он в виде мозговой атаки, лабораторных исследований или в виде пометок в записной книжке торгового представителя. Но толковые работники еще не делают «толковой» саму организацию. Послушаем Бетти Цукер: «Университеты — собрания блестящих личностей, но не образцы блестящей коллективной работы. Там нет *движения* знаний, поэтому можно сказать, что в целом университеты интеллектом не блещут. С другой стороны, люди, работающие в сети *McDonald's*, имеют весьма посредственный коэффициент интеллекта, однако это очень «умная» организация, которая стандартизировала свои знания и придала им удобную модульную форму, позволяющую действовать в странах с разной культурой». Однако трехзвездочный повар Пол Бокьюс, куда более искусный кулинар, чем любой из работающих в *McDonald's*, потерпел фиаско, когда попытался открыть свое дело.

Чтобы распределять и транспортировать знания — управлять ими, — нужны соответствующие структуры, такие как системы информации, лаборатории, знание рынка, умение вести конкурентную борьбу, владение рыночными каналами и наличие центра организации труда, способного превращать индивидуальное ноу-хау в достояние группы. Подобно человеческому, структурный капитал существует лишь в контексте ракурса, стратегии, конечной цели. Таким образом, его можно определить как «организационные способности организации отвечать требованиям рынка».

Структурный капитал — это то, что превращает монаха-переписчика с каллиграфическим почерком в ослепительно улыбающуюся звезду из телевизионной рекламы *Xerox*, способную мгновенно изготовить множество копий документа. Усилитель и мегафон, структурный капитал организует («упаковывает») человеческий капитал таким образом, чтобы им можно было вновь и вновь пользоваться для создания ценностей, подобно тому, как штамп делает все новые отпечатки. Как сказал Сид Цезарь, — «Изобретатель колеса был тупицей. Парень, что придумал еще три, — вот кто был гением!» Организация человеческих знаний в структурный интеллектуальный капитал помогла компании *Skandia* в кратчайший срок перестроить свою работу в соответствии с мировой тенденцией к разгосударствлению систем страхования и финансовых услуг. В одном проекте Эдвинсон вместе с технологами и статистиками сократил период времени, необходимого для открытия филиала фирмы в новой стране, с семи лет до семи месяцев. *Skandia* добилась этого благодаря технологии и навыкам работы, которые можно «пересадить» на любую почву. Набор финансовых услуг может отличаться, но не обязан отличаться процесс записи платежей. Как сказал один из директоров, «сам финансовый акт — один и тот же от Боготы до Упсалы». В *Skandia* создали то, что назвали «концепцией прототипа» — набор компьютерных программ, пособий и других структурных ноу-хау, которые легко приспособить к местным законам или к новым видам финансовых услуг. К такой же стратегии компания прибегла для стимулирования своей деятельности за рубежом. Ныне доход фирмы от зарубежных сделок составляет пятнадцать процентов.

Потребительский капитал — это отношения организации с потребителями ее продукции. Сент-Онж выделяет такие его характеристики, как «глубину» (степень проникновения), ширину (распространение) и постоянство. Эдвинсон добавляет: «Это — уверенность в том, что наши клиенты будут и впредь отдавать нам предпочтение». Понятие потребительского капитала можно расширить за счет поставщиков и назвать его «капиталом отношений».

Именно здесь, в отношениях с покупателями или клиентами, интеллектуальный капитал превращается в деньги — хотя следует подчеркнуть: потребительский капитал не может проявляться только в долларах, пусть даже они — его конечное выражение. Он гораздо легче, чем человеческий или структурный капитал, поддается учету. Верность торговой марке, например, представляет из себя форму потребительского капитала, для которой существует четкая методика оценки. Это делается путем подсчета надбавки, которую покупатели согласны платить за фирменный продукт, предпочитая его «ширпотребу» — например, предпочитая *Kellogg's Corn Flakes* кукурузным хлопьям из супермаркета; дальше, путем сравнения стоимости капитала и прибыли, подсчитывается стоимость того капитала (репутации марки), который дает эту надбавку. Торговая марка *Coca-Cola* — самая дорогая в мире: она стоит около 39 миллиардов долларов.

Но неосязаемая привязанность потребителей проявляется не только в финансах. В этом убедилась *Coca-Cola*, когда попыталась изменить формулу основного продукта. О существовании потребительского капитала свидетельствуют письма с жалобами, продление или непродление договоров, количество упоминаний в печати, быстрота, с которой вам перезванивают. Главное же — взаимопонимание, доверие и доступность. Если в поисках подходящего двигателя для нового лайнера авиакомпании приходится выбирать между *General Electric*, *Pratt&Whitney* и *Rolls-Royce*, решение зависит не только от цен и технических характеристик, но и от качества отношений с каждой фирмой. Чем лучше отношения, тем выше вероятность того, что покупатель поделится с продавцом своими планами и опытом, то есть что компания обогатится новым знанием. Совместное знание — высшая форма потребительского капитала.

В следующих главах мы подвергнем человеческий, структурный и потребительский капитал детальному рассмотрению. Подробные, шаг за шагом, инструкции по пользованию ими могут варьироваться, но важно показать динамику и принципы организации каждого и подкрепить их примерами. Мы убедимся в том, что способы их учета, организации и стимулирования зачастую носят не финансовый характер; тем не менее они вполне реальны и бесконечно далеки от размытого понятия «интеллект организации».

Главное — интеллектуальный капитал не складывается из отдельных «кусков»: человеческого, структурного и потребительского, — а вырастает из их взаимодействия. Структурный капитал в виде баз данных, компьютерных сетей, патентов и правильного управления способен усилить таланты инженера; плохие инструменты и начальники-бюрократы могут свести их на нет. При всем добром отношении потребителей и высокой репутации своей марки компания — производитель пишущих машинок *Smith-Corona* много потеряла от того, что не смогла угнаться за новыми технологиями. Когда человеческий капитал в виде высококвалифицированных инженеров и технология на грани искусства не взаимодействует с потребительским капиталом, — результаты плачевны. «Точно так же, как деньги под матрасом,— говорит Хью Макдональд,— интеллектуальный капитал бесполезен без движения. Глупо держать толкового парня в одиночке».

С этого и начнем — с людей.

Глава 6

ЧЕЛОВЕЧЕСКИЙ КАПИТАЛ

«*Джон Хиггинс:* Мое оборудование большей частью не стоит мне ни гроша: я просто год за годом списываю его и списываю. Как это называется, Артур?

Артур Хиггинс: Износ и уценка.

Джон: Вот-вот. То есть вещи изнашиваются, хуже работают.

Д-р Преториус: Хорошо быть учителем, или писателем, или еще кем-то в этом роде. Не нужно беспокоиться из-за подоходного налога, как фермерам или владельцам нефтяных скважин.

Джон: Да что вы? Почему?

Д-р Преториус: Потому что их оборудование — талант и высокоразвитый интеллект. А когда они изнашиваются и начинают хуже работать, не нужно возиться со списанием суммы износа с подоходного налога.

Джон: Вот и я говорю — ловкачи они!»

Джозеф Л. МАНКЕВИЧ. **«Люди станут говорить»**

«Самый очаровательный заводик на свете!»— так отзывается о своем предприятии его владелец Джон Хейзен Уайт. Чтобы туда добраться, нужно съехать с федерального шоссе 95 в Крэнстон, Род-Айленд. Сделав несколько левых поворотов, вы попадете на неприглядную улицу с хозяйственными магазинами, бензоколонками и фабриками с заколоченными ставнями — наглядное доказательство деиндустриализации Новой Англии. Но уже через несколько минут слева возникнет приземистое строение из красного кирпича; на одном углу стоит квадратная, высотой с четырехэтажный дом, башня с часами. Годами ее круглые застекленные окошки на фоне декоративного красного кирпича казались пустыми глазницами, однако с недавних пор они вновь сверкают циферблатами часов. Это и есть *Taco, Inc.* — производитель сугубо прозаичных насосов и вентилей — и одновременно яркая иллюстрация могущества человеческого капитала.

Большинство рабочих *Taco* трудится здесь, на заводе, и лишь незначительная часть — выше по течению реки, в Фолл-Ривере, штат Массачусетс, родном городе Лиззи Борден. Они представляют из себя типичную новоанглийскую смесь выходцев из Ирландии и франкоязычных областей Канады; недавно к ним присоединились иммигранты из Испании и Юго-Восточной Азии. Войдя в здание, вы видите прямо перед собой секретаря за стеклянной перегородкой. Справа — лестница, ведущая в кабинеты начальства. А между ними — дверь с табличкой: *УЧЕБНЫЙ ЦЕНТР.*

Там-то, в учебных аудиториях, компьютерном центре, библиотеке и конференц-зале, да еще в расположенных неподалеку местных колледжах и университетах, эта небольшая (в 1985 году объем продаж составил то ли восемьдесят, то ли девяносто миллионов долларов) частная компания и предоставляет своим работникам поразительные возможности для повышения образования — более семидесяти лекционных курсов и семинаров. Некоторые — стандартные, рассчитанные на короткий срок: профориентация, техника безопасности (в том числе противопожарная), ознакомление с продукцией *Taco*, борьба с курением... Но не только.

Целый ряд дисциплин тесно связан с производством. Есть классы — некоторые на уровне колледжа — по чтению чертежей, программированию, международным стандартам, бухгалтерскому учету, статистике, программе «Тотальное качество», производственным методам, обслуживанию покупателей, умению пользоваться служебным телефоном, закону о труде. Но не только.

В июне 1995 года пять рабочих *Taco* получили дипломы об окончании средней школы. *Taco* предлагает три уровня изучения английского как второго языка. Ценность курсов тем более велика, что попутно они знакомят слушателей с американской историей, помогают им стать компетентными помощниками своих детей-школьников и прививают навыки обращения с деньгами. Многие учат разговорный испанский язык, чтобы легче общаться с неанглоязычными коллегами. Проводятся также занятия по арифметике, алгебре, работе с персональными компьютерами, ораторскому искусству, живописи и садоводству. Но и это еще не все.

Губернатор Род-Айленда, мэр Провиденса и другие высокие чиновники периодически наезжают в *Taco*, чтобы рассказать о своей работе и ответить на вопросы. Верховный судья штата читал здесь лекции по истории. Недавно семеро рабочих обратились за американским гражданством. Дети рабочих выезжают вместе с океанографами из университета Род-Айленда наблюдать за китами, учатся в филармонии играть на струнных музыкальных инструментах, а недавно поставили музыкальный спектакль, потратив две недели на изготовление декораций, написание сценария и репетиции.

Во сколько это обходится рабочим? Ни во сколько, если не считать того, что занимающиеся изобразительным искусством платят за материалы. А *Taco*? Ответ: компания израсходовала четверть миллиона долларов на строительство учебного центра (он открылся в конце 1992 года), около двухсот тысяч в год на его содержание, плюс еще двести тысяч или около того на зарплату преподавателям и на компенсации за невыпущенную продукцию. Рабочий может выбрать для посещения любой класс; если предмет обучения имеет отношение к работе, время, проведенное им в аудитории, оплачивается.

«Понятия не имею, как это меня угораздило, — говорит Джон Хейзен Уайт. — Разве что приспичило». Подтянутый и худощавый в свои 84 года, с ясными глазами за бифокальными линзами, Уайт возглавил *Taco* в 1942 году, после того как его отец скончался от сердечного приступа в разгар переговоров о выгодном контракте с военным ведомством.

Как почти все владельцы частных компаний, Уайт — вообще-то словоохотливый от природы — не любит говорить о своих доходах, но и так ясно: *Taco* — хороший для него бизнес. Три Род-Айлендских университета — *Brown*, *Johnson&Wales* и *Rhode Island* — получили от него в подарок немало миллионов долларов, а организация «морских скаутов» штата — шхуну, катер и ялик.

Так что же, эти расходы на обучение, помощь в получении гражданства — блажь восьмидесятилетнего идеалиста или трезвый расчет, инвестиции в семейный бизнес? «Есть ли отдача?— переспрашивает Уайт.— Разумеется, есть». Но он уклоняется от разговора о баксах. «Главное все-таки, что вырабатывается позиция. Люди чувствуют себя игроками, а не мячом в игре».

Если нам трудно подкрепить рентабельность учебного центра *Taco* цифрами, то и отрицать ее нет оснований. *Taco* производит насосы, теплообменники, регуляторы водных потоков и другие приспособления для нагревания воды в промышленных и бытовых целях, а также для кондиционирования воздуха. Вот что говорит вице-президент *Taco* Джон Уайт-младший (на заводе его зовут Джонни, а отца — мистер Уайт): «В 1982 году, когда я вошел в дело, нашей семье принадлежала добрая половина отрасли. Потом старики поумирали — один за другим».

По свидетельству Джонни, компания и сама чуть не пошла ко дну во время экономического спада 1990—1992 годов, от которого особенно пострадала строительная индустрия. С 1987 по 1991 год прироста объема продаж не наблюдалось. До убытков, правда, не доходило, но прибыли были мизерными. И вдруг весной 1991 года спрос на продукцию *Taco* резко упал. Стало ясно: если так и дальше пойдет, бизнес в Новой Англии лопнет. Или перейдет в чужие руки.

Выходов из положения было три. Перевести дело на юг, в районы с более дешевой рабочей силой, и таким образом снизить себестоимость продукции; но Уайты не раз видели, как подобная тактика губила их конкурентов. Второй вариант: несмотря на спад, закупить новые машины в расчете на бум после окончания кризиса. Слишком рискованно. Уайты избрали менее радикальный, но более жесткий курс, сделав ставку не на финансовый, а на человеческий капитал. Прежде всего нужно было вернуть себе контроль над себестоимостью, а это, к сожалению, означало увольнение одной пятой заводских рабочих и трех десятых — служащих. Проглотив эту пилюлю, Уайты приступили к осуществлению своего плана: повели атаку на лишний инвентарь, чтобы освободить связанный финансовый капитал и вложить в производство, а когда кризис пойдет на убыль, за счет новых продаж купить дорогостоящее оборудование и нарастить мощности.

Коль скоро благоприятных перемен нельзя было добиться за счет денег, их источником должен был стать человеческий капитал. Джонни Уайт рассказывает: «Мы взяли на себя обязательство не заменять людей машинами (временное увольнение было связано только с необходимостью выживания) и сказали себе: «А теперь зафиксируем наше положение»».

Работы было по горло. Шаг за шагом, ведя непрерывный поиск идей и добиваясь одобрения рабочих, *Тасо* пошла по пути чистки «авгиевых конюшен». Один за другим подверглись реорганизации производственные процессы. С поставщиками договорились о более частых поставках меньшими партиями. Там, где прежде рабочие сидели в ряд на конвейере и каждый выполнял только одну несложную операцию, из-за чего в цехе беспрестанно сновали тележки, доверху груженные деталями, — теперь появились бригады, совместно выполнявшие несколько разных операций и пользовавшиеся небольшими ящиками с деталями. Рабочие места разместили таким образом, чтобы сократить перемещения грузоподъемников до складов. Вроде бы ничего особенного, но сработало. Говорит Джонни Уайт: «Единственное различие между тем, как завод работал четыре года назад и в девятнадцатом веке, заключалось в том, что тогда — в прошлом столетии — женщины носили высокие шнурованные ботинки».

Успех целиком зависел от рабочих — их информированности и желания выдвигать идеи, советовать, учиться выполнять новые задания, — то есть от способности человеческого капитала выжать дополнительные прибыли из физического капитала. Учебный центр стал основным пунктом договора между *Тасо* и рабочими. Смысл, по словам Джонни Уайта, заключался в следующем: «Вы лезете вон из кожи, чтобы повысить производительность труда, а мы создаем вам благоприятные условия для работы и жизни». Пройдя переподготовку, окрепнув в финансовом отношении и повысив свою гражданскую сознательность, работники *Taco* убедились: от них что-то зависит. Компания добросовестно выполнила все условия договора: установила современное оборудование и не воспользовалась автоматизацией производства для увольнения «лишних» рабочих. Каждый доллар, истраченный *Taco* на машины, компания черпала из средств, сэкономленных благодаря сокращению затрат на обслуживание лишнего инвентаря. Нет, предприятие не стало «самым очаровательным заводиком на свете», но на фотографиях, сделанных в 1991 году, — ничего похожего на сегодняшнее светлое, чистое и просторное здание.

В период с весны 1991 до лета 1995 года объем продаж вырос вдвое. Численность рабочих — и даже состав, поскольку текучесть кадров в *Taco* едва достигает одного процента — остались прежними. Цены на продукцию выросли весьма незначительно. Рост производительности труда стабилизировался на уровне 20% в год — это фантастический показатель, которым фирма обязана в первую очередь людям, а не машинам или технологиям.

Taco добивается столь потрясающих результатов за какие-то семьсот долларов на одного рабочего в год — примерно такую сумму компания тратит на премиальные к отпуску и участие рабочих в прибыли. Конечно, нынешний патриций — владелец фирмы — отчасти руководствуется принципом «положение обязывает», но старший Уайт явно не забывает о своей выгоде. Давным-давно, во времена его юности, мать надеялась, что он пойдет по стопам отца, епископального священника в Индиане. Джону пришлось ее разочаровать.

«Я решил стать учителем,— вспоминает старик.— Какой из меня святоша?»

О человеческом капитале написаны горы литературы. Попытка дать исчерпывающий обзор — не в моей компетенции и только истощила бы ваше терпение. Равным образом в этой главе не ставится задача перечислить лучшие примеры того, как компании пользуются человеческими ресурсами. Экономическая ценность человеческого капитала не нуждается в доказательствах; история *Тасо* — лишь один из примеров. Тем не менее в этой главе мы попробуем поставить и решить три задачи. *Во-первых,* постараемся очистить предмет разговора от сантиментов. Все мы любим пускать слюни, разглагольствуя о человеческих ресурсах. Действительно, некоторые работники бесценны, но хватает и тех, от которых одни убытки. Нужно научиться отделять зерна от плевел.

Во-вторых, мы рассмотрим способы увеличения человеческого капитала. И наконец, разберем один из его парадоксов. Человеческий капитал — собственность корпорации, но люди не могут быть чьей-то собственностью. Как, в таком случае, администрация может быть уверена в выгодности увеличения интеллектуального капитала?

ГЛАВНЫЙ ИСТОЧНИК — БЕЗ ШУТОК

Мысли не знают преград. Они — практически неисчерпаемый ресурс. Отец или мать, которым случалось на несколько минут оставить свое двухлетнее чадо без присмотра, знают, что способность в считанные секунды выдвинуть массу идей — врожденная человеческая способность, для этого не нужно никакого специального обучения, никакой тренировки. Однако для руководства компании представляют интерес лишь определенным образом организованные идеи.

Идеи имеют чрезвычайную ценность — гораздо большую, чем мы обычно представляем. Согласно Роберту Шиллеру из Йельского университета, 72,1% богатства экономики США составляет человеческий капитал, который трактуется как нынешняя стоимость ожидаемых в течение жизни зарплат. В главе 3 мы видели, что на зарплату сильно влияют обучение и образование.

Мы привыкли смотреть на рабочих с точки зрения зарплаты, то есть их себестоимости, — но какова их подлинная цена? Какова реальная ценность данного рабочего места? Представьте себе человека, который зарабатывает сто тысяч долларов в год и, скорее всего, получит к Рождеству прибавку пять процентов. Попробуйте взглянуть на его работу как на помещение капитала, с ежегодной выплатой ста тысяч в качестве дивидендов с учетом прибавки сто пять тысяч. Предположим, что завтра по дороге на работу его собьет грузовик. Он хочет оставить своим наследникам источник средств, не уступающий зарплате. О какой сумме может идти речь? Сейчас, когда пишутся эти строки, процентная ставка по государственным казначейским билетам равняется приблизительно 6,5% — значит, чтобы получать сто тысяч, ему нужно иметь таких билетов на сумму 1,54 миллиона долларов. Но его должность стоит еще больше. Из-за ежегодной пятипроцентной надбавки ему понадобятся дополнительные ценные бумаги на сумму 76 тысяч, то есть общая сумма составит 1,62 миллиона долларов.

Вот и представьте себе ценность человеческого капитала, воплощенного во всех работниках компании. После знаменитого заявления *AT&T* 1996 года о предстоящем сокращении штатов на 40 тысяч человек консультант Том Демарко подсчитал, что столь массовое сокращение обойдется в сумму от четырех до восьми миллиардов списанного человеческого капитала, что эквивалентно потере более чем одной трети стоимости зданий, заводов и оборудования компании.

Толковые работники толково работают. Трое ученых — профессор кафедры образования Пенсильванского университета и один из директоров Национального центра качества рабочей силы Роберт Земски, экономист Лайза Линч из Школы бизнеса Флетчера при университете Тафта и профессор менеджмента в Уортоне Питер Каппелли — исследовали зависимость производительности труда от образования. Они проанализировали более трех тысяч рабочих мест в Америке и сделали вывод: при десятипроцентном повышении уровня образования производительность возрастает на 8,6%. Для сравнения отметим: при таком же увеличении акционерного капитала производительность возрастает всего на 3—4%. Иначе говоря, верхняя сумма прибыли от инвестиций в человеческий капитал почти втрое превышает прибыль от инвестиций в технику.

Тогда почему компании обращаются с ним столь небрежно? Главная причина, по-моему, состоит в том, что им трудно сделать различие между *расходами* на зарплату и *инвестициями* в рабочую силу.

КАКОЙ ЧЕЛОВЕЧЕСКИЙ КАПИТАЛ СОЗДАЕТ БОГАТСТВО

Если воспользоваться метафорой, человеческий капитал — это место, откуда расходятся все пути и где сливаются все реки. Если интеллектуальный капитал — дерево (одна из метафор Лейфа Эдвинсона), тогда отдельные люди — живительный сок, стимулятор роста. Деньги могут говорить — но не думать; машины выполняют задания (иногда лучше людей), но не делают открытий.

Любая достаточно крупная компания имеет форму, которую заполняют менеджеры, прежде чем закупить новое оборудование. В этой форме необходимо приблизительно указать предполагаемую прибыль от нового помещения капитала. Заполнение этих форм, даже при творческом подходе, не идет ни в какое сравнение с изобретательностью, к которой приходится прибегать при заполнении таких же форм с калькуляцией ожидаемой прибыли от вклада в нового работника, особенно если его обязанностью будет *думать.*

Следует особо подчеркнуть: *неквалифицированный, нетворческий труд не создает и не расходует интеллектуальный капитал.* Зачастую он может быть автоматизирован, вот почему именно такие рабочие места в первую очередь подлежат сокращению. Даже при невозможности автоматизации одного рабочего несложно заменить другим: он — наемные руки, а не мозг.

Я не хочу сказать, что такому рабочему недостает мастерства или способностей. Возможно, он гигант мысли, но, так сказать, для внутреннего пользования: работодателю от этого ни холодно ни жарко. Снимите с полки в книжном магазине первый попавшийся роман и прочитайте биографию автора на задней обложке. Вы узнаете, что Джон Доу, выпускник Чикагского университета, пас овец в Монтане, был барменом в Форт-Уэрте, работал портовым грузчиком в Балтиморе и санитаром в клинике для душевнобольных в Рангуне. Если умение слушать, которому он научился как бармен, помогло ему легче справляться с больными в Рангуне, это чистая случайность; он копил человеческий капитал, чтобы вложить его в свой роман, а не отдать нанимателям.

В этой книге мы должны стоять на позициях организации, а не отдельной личности. Для компании вопрос стоит так: как получить такой объем человеческого капитала, какой она сможет с толком использовать для получения прибыли? Если главная цель человеческого капитала — новизна (продукта, услуг, производственного процесса), тогда человеческий капитал образуется и проявляет себя в ситуациях, когда большая часть времени и способностей людей уходит на деятельность, направленную на достижение новизны. Человеческий капитал прирастает двумя способами:

1) организация использует максимальный объем знаний своих сотрудников;

2) максимальное число людей владеет знаниями, способными принести пользу организации.

ИСПОЛЬЗОВАНИЕ МАКСИМАЛЬНОГО ОБЪЕМА ЗНАНИЙ

Высвобождение человеческого капитала, уже имеющегося в организации, требует сведения к минимуму нетворческих заданий, бессмысленной возни с бумагами, непродуктивных споров. При тейлоризме человеческий капитал безбожно расходовался на подобную «деятельность». Участник проекта *Perot Systems* Фрэнк Остроффф вспоминает: он впервые понял масштаб таких бессмысленных трат, когда, будучи студентом, во время летних каникул подрабатывал на шинном заводе в Огайо. «Мы убивали по восемь часов в день на какую-нибудь отупляющую операцию: например, смазывали клеем одну шину за другой. А вечерами и по выходным те же самые люди создавали из запчастей новые автомобили или работали на общественных началах». То есть компания эксплуатировала их время, а не мозг.

В век информации никто не может позволить себе так бездарно распоряжаться человеческим капиталом. При жесточайшей конкуренции, говорит председатель правления *General Electric* Джек

Уэлч, «нужны идеи — и только первоклассные идеи. Ничего второсортного! Мы должны сделать так, чтобы каждый человек в компании был заинтересован в работе». Когда это удается, начинают бить фонтаны идей. Программа повышения квалификации *General Electric* представляет из себя нескончаемую череду занятий за пределами заводской территории, на которых рабочие и служащие вносят предложения по усовершенствованию производственных процессов, а начальство обязано тут же, на месте, принимать или отвергать эти предложения. Это — испытанный способ максимально использовать творческий потенциал работников.

Более десятка лет директорам вбивали в голову — да так, что пар шел, — достоинства «борьбы с бюрократизмом», «командной работы», «тренинга» и так далее. На самом деле все, что вам нужно знать об этом предмете, сводится к следующему.

Проекты, подобные Программе повышения квалификации *General Electric*, приносят прекрасные плоды, потому что дают людям возможность собираться и обмениваться идеями без того, чтобы им затыкали рот боссы и бюрократы. Компании должны создать такие условия, в которых индивидуальные знания стали бы общим достоянием и неявное знание получило выражение. В следующей главе мы поговорим о создании способствующих обмену знаниями электронных сетей коммуникаций и других систем. Но люди и без того располагают неформальными сетями и формами общения, такими как институт наставничества, игры в покер по пятницам, встречи в местах, где обмениваются советами и генерируются идеи. В своем наивысшем воплощении это «практические рабочие группы» — чрезвычайно продуктивный вид «общения с обучением», о котором еще пойдет речь в этой главе.

ИСПОЛЬЗОВАНИЕ ПОЛЕЗНЫХ ЗНАНИЙ МАКСИМАЛЬНОГО ЧИСЛА ЛЮДЕЙ

Руководители должны собирать и накапливать таланты там, где они особенно нужны. Как всегда, когда речь идет об интеллектуальном капитале, все зависит от стратегии. К примеру, *Kodak*, замечательная компания, построившая свой фотобизнес на основе химии галогенов серебра, усиленно ищет, создает, копит человеческий капитал, призванный помочь ему выжить и преуспеть сейчас, когда электронная обработка цифровых изображений грозит бизнесу, базирующемуся на химии, уничтожением. С 90-х годов специальные команды по всей компании пытались найти пути использования цифровых изображений в продуктах фирмы *Kodak*. За десять лет компания истратила пять миллиардов долларов на исследование цифровой фотографии — безрезультатно. В 1992 году *Kodak* с помпой представил на рынке «компактные фотодиски» стоимостью 20 долларов. Запечатлев свои фотографии на диске с помощью сканера, вы получите возможность отправить его по почте своей бабушке: пусть любуется своим внуком на экране своего телевизора — если, конечно, у нее есть приставка стоимостью 400—800 долларов или компьютер. Не самая удачная новинка!

Решению этой проблемы мешали недостаточные масштаб и концентрация. В каждом отделении существовала маленькая группа, занимавшаяся цифровыми изображениями. Их обособленность мешала коллективам обмениваться знаниями. Одно время было двадцать три группы, которые порознь разрабатывали цифровые сканеры. То есть *Kodak* располагал несколькими командами снайперов, а нужна была массированная атака.

В 1993 году новым главой компании стал Джордж Фишер. Смекнув, в чем дело, он распустил разрозненные группы и собрал всех, кто занимался этой проблемой, в одно подразделение — отдел новых цифровых изображений и их использования. Экономические показатели резко пошли вверх. Объем продаж — особенно таких товаров, как «умная» пленка, регулирующая выдержку и другие параметры, а также электронных фотоувеличителей *Copy Print*, которыми сегодня оборудованы многие магазины фототоваров и благодаря которым можно моментально, на месте, увеличить оригинальные снимки, — в 1994 году составил пятьсот миллионов долларов, а в 1996-м — целый миллиард. Из этой истории можно извлечь урок: *человеческий капитал легко рассеивается; он нуждается в увеличении и концентрации.* Интеллект организации как источник продукта следует развивать в контексте целенаправленной деятельности. Эпизодическое приглашение докторов наук — не выход. Человеческий капитал нуждается в своих структурном и потребительском «собратьях» — только при наличии всех этих компонентов вас ждет успех.

Решая архисложную проблему капиталовложений в будущую продукцию, для которой еще нет рынка, *Kodak* не сворачивает и свою «химическую» деятельность. Немногим компаниям дано перевести свое дело на принципиально иную научную основу. Менее сложной, но не менее важной задачей большинства является найти и стимулировать таланты, которые действительно являются капиталом, — потому что не все умения равноценны. Успех любого задания, процесса или предприятия зависит от трех видов навыков.

1. ***Общие*** навыки не «привязаны» к какой-то специфической деятельности, легко вырабатываются и более или менее одинаково ценятся в разных отраслях. К ним относятся, например, умение быстро печатать на машинке или грамотно вести служебные телефонные разговоры, а также некоторые организационно-технические умения, свя-

занные, скажем, с ремонтом кондиционеров воздуха или со сбором средств для благотворительных целей.

2. ***Специальные*** навыки, хотя и не специфичны для конкретной компании, однако ценятся в ней больше других. Многим крупным компаниям нужны программисты, но лишь такие фирмы, как *Andersen Consulting*, *IBM Consulting* и *EDS*, используют их «на всю катушку», так как продают продукт их деятельности разным потребителям, тогда как программисты, скажем, *Bank of America* или *General Motors* приносят пользу только своим компаниям. Точно так же юридическая фирма «выжмет» из адвоката больше, чем корпорация, — поэтому ее сотрудники или партнеры получают больше штатных юрисконсультов.

3. ***Собственные*** навыки — специфические способности, составляющие основу деятельности компании. По мере развития собственное знание само становится товаром. Скажем, *McKinsey* консультирует по вопросам стратегии; Чикагский университет располагает образцово-показательной кафедрой экономики; на примере *Ritz-Carlton* другие учатся управлять отелями. Иногда собственное знание принимает форму патентов, авторских прав и другой интеллектуальной собственности, но главное — оно представляет из себя концентрацию профессионального мастерства, служащую ответом на вопрос: «Что у нас есть такого, чего нет у других?»

* * *

Попробуйте отнести сотрудников вашей компании или отдела к одной из категорий, представленных на таблице.

(Под «отдачей» будем понимать способность создавать добавленную стоимость, иначе говоря, дополнительную ценность, которая побуждает покупателей предпочитать продукцию именно этой компании).

Трудно заменить. Низкая отдача.	Трудно заменить. Высокая отдача.
Легко заменить. Низкая отдача.	Легко заменить. Высокая отдача

В левом нижнем углу таблицы отражен неквалифицированный или полуквалифицированный труд. Организации нужны такие люди — может быть, даже в большом количестве, но ее успех не зависит от них как от личностей. Один работник выполнит работу не хуже другого; на объявление о вакансии откликнутся десятки человек; срок обучения — минимальный. Над ними, в левом верхнем углу, помещены люди, освоившие сложные «телодвижения», но они — всего лишь марионетки, за ниточки дергают другие. Это квалифицированные станочники, опытные секретарши, контролеры качества, аудиторы или связисты. Им бывает трудно найти замену, потому что они выполняют важную работу, но не она обуславливает привлекательность вашей продукции для потребителей. К примеру, рекламное агентство растеряет клиентов, если будет постоянно путать параметры рекламируемой продукции, но привлечет их новыми видами творческого обслуживания.

Сотрудники, занимающие место в правом нижнем углу таблицы, приносят немалую прибыль, но они — амебы. Сюда относятся люди со специфическими умениями и навыками. Например, книге нужна эффектная обложка, но хороших художников — пруд пруди.

И наконец, в правом верхнем углу таблицы располагаются настоящие мастера своего дела, играющие в организации решающую роль. Некоторые занимают высокие посты, но таких меньшинство. Это — специалисты-химики, проводящие научные исследования, торгпреды, руководители проектов, кинозвезды. Статистики из *Hewlett-Packard* подсчитали, что инженерам-новичкам требуется два года, чтобы начать приносить компании ощутимую пользу, так что заменить таких специалистов действительно трудно. Они — крупное помещение капитала.

Человеческий капитал компании, отраженный в правом верхнем углу таблицы, воплощается в людях, чьи способности и профессионализм помогают производить товары и услуги, которым потребители отдают предпочтение перед продукцией конкурирующих фирм. Они — фонды компании. Остальные — всего лишь расходы на зарплату. (Кстати, попробуйте отнести себя к одной из четырех категорий — это поможет оценить ваше соответствие занимаемой должности и, стало быть, степень прочности вашего положения. Если она невысока, подумайте — может быть, вам удастся раскрыть свой творческий потенциал на другой должности в той же компании или на другом предприятии).

Трудно заменить. Низкая отдача. — ИНФОРМАТИЗАЦИЯ	Трудно заменить. Высокая отдача. — КАПИТАЛИЗАЦИЯ
Легко заменить. Низкая отдача. — АВТОМАТИЗАЦИЯ	Легко заменить. Высокая отдача. — СПЕЦИАЛИЗАЦИЯ или ПРИВЛЕЧЕНИЕ СО СТОРОНЫ

Чем выше насыщенность организации человеческим капиталом — то есть чем выше в нем процент высокорентабельной работы, выполняемой трудно заменяемыми людьми, — тем больше она в состоянии платить работникам и тем успешнее борется с конкурентами. Таким образом, «умная» компания будет вкладывать как можно меньше денег в труд, не представляющий особой ценности в глазах потребителей, и автоматизировать труд, выполняемый легкозаменяемыми работниками. Например, поставит автоматы в закусочной.

Наибольшую трудность для администрации представляют люди, условно занимающие левый верхний угол таблицы. Без них вам не обойтись, и это вызывает у вас досаду, потому что не их труд делает вашу продукцию привлекательной в глазах потребителей. Ваша задача заключается в том, чтобы, по выражению Шошаны Зубофф, наполнить их деятельность новым информационным содержанием. Вот как некоторые компании трансформируют служебные функции своих работников. В *General Electric* штатные аудиторы — прежде грозная орда разъездных ревизоров — превратились в штатных консультантов. Прежде аудиторов вербовали из числа выпускников финансовых отделений университетов; теперь половина из них — эксперты по операциям или информационным системам. Рассказывает главный бухгалтер-ревизор *General Electric* Тереза Легран: «Раньше, приходя в отдел с проверкой, я первым делом пересчитывала хранящуюся в кассе наличность — примерно пять тысяч долларов. А теперь мы смотрим на 5-миллионный инвентарь, ломая голову, как бы усовершенствовать процесс, чтобы изъять его из обращения». Из надсмотрщиков ревизоры превратились в важный источник конкурентоспособности предприятия. То же самое происходит, когда контролеры качества занимаются не столько выявлением дефектов, сколько профилактикой. Или кладовщики вместо выписки накладных организуют компьютерный обмен информацией, что не только способствует быстрой оплате счетов, но и создает удобства для потребителей.

«Полезные амебы» в правом нижнем углу ставят администрацию перед выбором. Выполнение их функций можно передать «на сторону». Артур Андерсен опросил три сотни финансовых директоров и установил, что из каждых пяти компаний по меньшей мере две сами не занимаются отправкой грузов. Более одной трети американских корпораций пользуется «чужими» информационными системами; один доллар из каждых двенадцати, затраченных на информационные технологии, «уходит на сторону». По утверждению президента корпорации *Microelectronics and Computer Technology* Роя Смита, из десяти промышленных производств в Америке каждые три реализуют продукцию через посредников. Так компания избавляется от необходимости вкладывать деньги в собственные знания и навыки. Для *EDS* и прочих фирм, обслуживающих другие компании, высококлассные технологии — основа их преимущества перед конкурентами. Работать на уровне мирового класса — *выгодно*! А для клиентов *EDS* затраты на эти технологии — всего лишь *расходы*, и немалые. «Замороженные» ресурсы, которые следовало бы направить на более прибыльные участки. Это особенно справедливо для быстро меняющейся обстановки. Когда вокруг столько всего, требующего вашего внимания, деньги нужно помещать туда, где они принесут новые деньги. Ваша задача — опередить соперников, а не идти с ними ноздря в ноздрю.

Альтернатива «привлечению со стороны» — специализация, или разделение труда. По мере развития уникальных знаний у вас возникает желание превратить их в уникальную продукцию. Всякий раз, когда компания объявляет о «продаже решений», она пытается реализовать свое, имеющее высокую ценность знание. Вот лишь один пример. Умение делать настольные компьютеры больше не является достоянием немногих избранных: их производство стало борьбой не на жизнь, а на смерть; прибыли — мизерные. Клиенты соединяют в одну сеть компьютеры типа *Compaq*, *Gateway*, *Hewlett-Packard* или *IBM*, а некоторые продавцы даже чинят эти компьютеры комплектующими разных фирм. В этих условиях собственный человеческий капитал находит себе применение в разработке и изготовлении отдельных ключевых компонентов (пример — ноу-хау компаний *Intel* и *Motorola* в области производства микропроцессоров) или приспособлении настольных компьютеров, серверов и больших ЭВМ к индивидуальным сетям клиентов. Все крупнейшие производители компьютеров занялись консультациями системной интеграции — только там проявляются их собственные знания.

СОЗДАНИЕ ЧЕЛОВЕЧЕСКОГО КАПИТАЛА: РОЛЬ НЕФОРМАЛЬНЫХ КОЛЛЕКТИВОВ

Когда глава компании произносит: «Люди — наше главное богатство!»,— он имеет в виду правый верхний угол нашей таблицы: сотрудников, умеющих придавать товарам или услугам дополнительную ценность, благодаря которой потребители предпочитают компанию ее соперникам. Такая точка зрения на человеческий капитал проливает новый свет на процесс превращения индивидуального знания в важнейшее достояние компании. В частности, становится ясно, что «повышение квалификации» в традиционном смысле — пустая трата денег. Рабочие *Taco* или завода *General Electric* в Пуэрто-Рико не занимаются «повышением квалификации», или «тренировками» — им просто создают благоприятные условия для овладения навыками, которые смогут пригодиться на работе или в свободное время, то есть заботятся об их профессиональной карьере и повышении уровня жизни. Как сказал Джон Хейзен Уайт, «люди чувствуют себя игроками, а не мячом в игре».

Определив человеческий капитал как знания, помогающие людям удовлетворить клиентов и получить выгоду самим, канадский коммерческий банк *Imperial* проявил принципиально новый подход к профессиональному обучению — подход, позволяющий создавать из своих служащих полезный человеческий капитал, а не набивать ими учебные аудитории как бочку селедками. Работая в созданном при банке Центре лидерства — громадном корпусе на 125 комнат в часе езды от Торонто, — Хьюберт Сент-Онж с коллегами разработал так называемые модели компетентности. Эти модели отражают *требования клиентов* к служащим банка: знакомство с его деятельностью, знание бухгалтерского дела, торговые навыки (умение продавать финансовые услуги), опыт операций с кредитами и так далее — всего около полусотни пунктов. Конечно, никто не требует, чтобы масштабы и глубина знаний простого кассира, управляющего банком или чиновника по операциям с займами были одинаковыми — поэтому «модели компетентности» превратились в «карты компетентности», на которых обозначены качества и навыки, необходимые для продвижения по службе.

Потом в банке *Imperial* упразднили систему «повышения квалификации». Если вас это шокирует, подумайте вот над чем. Большинство квалификационных программ либо слишком сложны, либо чересчур примитивны. Аудиторию пичкают информацией, которая была нужна месяц назад или не понадобится добрых два года, а денег на это бросают уйму. «Компании в большинстве, — констатирует Сент-Онж,— не могут ответить на вопрос, во сколько им обходится «повышение квалификации». Мы полгода бились, прежде чем вышли на искомый результат: тридцать миллионов в год. И лишь один доллар из ста окупается!». А вот мнение Джона Сили Брауна, директора филиала *Xerox* в Пало-Альто: «Неверное отождествление профессионального обучения с повышением квалификации или образованием — одна из типичных и наиболее дорогостоящих ошибок нынешней организации труда».

Imperial возлагает ответственность за обучение на самих работников. Вооруженные картами компетентности, они должны сами решить, что им нужно, чтобы как можно лучше выполнять свою нынешнюю работу, а не готовиться к продвижению по служебной лестнице. Главное — устранить разрыв между их знаниями и умениями и тем, чего от них ждут потребители. В каждом отделе к их услугам специальная учебная комната с книгами и компьютерными программами. Начальники отделов должны разрешать им наблюдать за действиями коллег, чтобы учиться у них. Если потребуется, могут быть организованы специальные курсы. Но главное — служащие должны сами проявлять инициативу, самостоятельно составлять расписание. Важны итоги — новые знания, умения, навыки, — а не свидетельство об окончании курсов. Для контроля начальники отделов могут, например, собрать конспекты, чтобы проверить, насколько быстро продвигается обучение и нет ли в нем перекосов. Это даст гораздо более реальную картину, чем подсчет времени или денег, затраченных на «повышение квалификации».

Связь между индивидуальным обучением и человеческим капиталом организации — не просто объемом знаний, но и способностью к восприятию нового — в еще большей степени проявляется в коллективе.

Вспомните документ, который вы подписали при поступлении на работу и потом куда-то засунули так, что не найти. В нем вы брали на себя обязательство хранить производственные тайны фирмы и соглашались с тем, что продукт вашего труда — идеи, интеллектуальная собственность, что угодно — принадлежит не вам, а работодателю. Возможно, это звучало так:

«В связи с поступлением на работу в *Random Rightsizing, Inc.* расписываюсь в передаче компании прав на все изобретения и рацпредложения, которые я сделаю во время работы в ней. Обещаю не разглашать конфиденциальную информацию, касающуюся компании...»

«Кража производственных тайн» — глупость как с точки зрения закона, так и с точки зрения морали, — а ведь документ носит обязательный характер! Более того — это элементарное надувательство. Во-первых, в процессе работы вы не можете не обмениваться информацией; без этого компания ни за что не добилась бы успеха. А во-вторых, идеи по большому счету обязаны своим происхождением отнюдь не корпорации и не являются ее собственностью. Если на то пошло, они не принадлежат и какой-то отдельной личности. Они — собственность коллектива.

В Институте проблем обучения (*IRL*) в Пало-Альто, штат Калифорния, понятие коллектива — важнейший предмет исследования. *IRL* был основан в 1987 году как научно-исследовательский центр при *Xerox*. Главным достижением института стало открытие социального характера обучения. Как ни романтичен образ школяра, склонившегося над книгой в свете настольной лампы, подлинное обучение происходит в группе.

Это открытие имеет сложные и далеко идущие последствия для менеджеров. Далеко не всякая группа подходит для обучения. Нельзя свести вместе дюжину случайно подобранных людей, дать им полный кофейник бодрящего напитка и коробку пончиков — и пошло-поехало! Объединения людей, где действительно можно чему-то научиться, или практические группы, — наделены особыми свойствами. Они возникают сами собой: трое, четверо, двадцать, тридцать человек вдруг чувствуют, что их толкает друг к другу сила, носящая социально-профессиональный характер. Начинается сотрудничество. Эти люди подпитывают друг друга идеями, в их душах одновременно вспыхивает огонь познания. Такие объединения не возникают по указке, но их очень легко разрушить. Они рождаются на самых ответственных участках любой организации — там, где работа мысли играет особо важную роль, — но неизбежно гибнут под давлением формальных структур и ограничений.

Неформальные коллективы — нижний, рабочий этаж человеческого капитала, его мастерская. Брук Мэнвилл, консультант *McKinsey&Co,* определяет их следующим образом: «Это — объединения профессионалов, связанных между собой неформальными узами общих проблем и совместного поиска решений, и поэтому становящиеся вместилищем знаний». Большинство из нас принадлежат сразу к нескольким таким коллективам, и не только на работе. Скажем, вы — член администрации; в то же время вы, совместно с коллегами-инженерами из вашей (и не только вашей) компании, озабочены тем, чтобы нанести на кремниевую плату как можно больше цепей; и наконец, посте в церковном хоре. Интересы разных коллективов могут пересекаться. Пытаясь решить проблему своего церковного хора — как отметить нужные на сегодня гимны, не портя сборник загибанием страниц или скалыванием их скрепками, — тенор Артур Фрай придумал постеры — крохотные, клейкие с одной стороны бумажные листки с надписями, которые можно было прикреплять к нужным страницам. Идею подхватила и развила группа специалистов по клеям из *3M*.

Этьен Венгер из Института проблем обучения выделил несколько признаков, отличающих практические группы от других неформальных объединений. Во-первых, у них есть «биография»: они складываются и развиваются на протяжении некоторого времени. Во-вторых, руководствуются не повесткой дня, а интересами дела и логикой его развития, объединяясь вокруг общей цели. Например — шайка силится установить свою власть над кварталом. Или региональное торговое агентство стремится стать лучшим торговым агентством компании. Люди не обязательно трудятся за соседними столами, но у них общая миссия — как у юристов, отстаивающих антитрестовский закон, Общества анонимных алкоголиков или мастеров по ремонту множительной техники, обменивающихся советами возле бачка с холодной водой. И в-третьих, налицо совместное обучение; в результате со временем практические группы развивают свои обычаи и культуру.

Самое интригующее, что практические группы отчитываются только перед самими собой. Над ними нет хозяина. Это — общества профессионалов. Люди вливаются в коллектив и остаются в нем, потому что им есть чему поучиться и они могут внести вклад в общее дело. Работа для них — «cosa nostra» — «наше дело».

В силу этих особенностей неформальные практические группы занимают в организации особое место. Созданные по указанию «сверху» группы проектировщиков действуют по плану. Даже если эти люди не состоят в штате организации, у них есть четкое задание, отчетность и списочный состав. Неформальная же группа возникает на основе добровольного членства, относительно долговечна и не обязана представлять результаты своей деятельности в форме отчета или дизайна нового изделия. Группы и клубы по интересам — к примеру, торговые агенты, собирающиеся вместе каждую пятницу, чтобы поиграть в гольф, — скорее для дружбы, чем для работы. Если же люди собираются для дела, то виноградные вина и прочие прелести обучения могут стать подспорьем в работе, но не займут в ней центрального места.

Как похищенное письмо в рассказе Эдгара По, неформальные группы настолько очевидны, что мы их и не замечаем. Но уж если замечаем, результаты превосходят все ожидания. Практические группы участвуют в образовании человеческого капитала двумя способами: через обмен знаниями и нововведения. Вице-президент отделения исследования и развития фирмы *Nynex* Джеймс Ойхнер впервые задумался над этим, когда ломал себе голову — почему одни группы легко переходят на новые технологии, а другие нет? К примеру, у некоторых групп на подготовку информации для заказчиков уходило в среднем семнадцать дней. Ойхнер пригласил женщину-консультанта, и она установила, что участники этих групп не общались вне службы — и в итоге плохо понимали друг друга. Им было трудно сообща решить какую-то проблему. Вместе с Ойхнером она собрала несколько групп вместе. Те почти тотчас разбились на неформальные группы, способные решить ту или иную задачу. Весьма скоро из этих групп выросли настоящие зрелые практические группы. И в результате: общность цели и идей позволила сократить время, необходимое для подготовки данных, до трех дней.

Ойхнеру же довелось вплотную столкнуться с серьезной проблемой, которую неформальные группы представляют для администрации. Дело в том, что они практически неуправляемы в общепринятом смысле. Управлять ими — значит убить дух инициативы, сплачивающий людей. Исследования, проведенные тремя академиками — Робертом Пурсером из Чикаго, Уильямом Пасмором и Рамкришнаном Тенкаси из Кливленда, — показали, почему. Ученые проследили за двумя проектами повышения качества продукции на одном и том же крупном заводе. Руководитель первого из них действовал жестко и напористо и каждые две недели проводил обязательные для всех совещания, чтобы «подхлестнуть отстающих». Другим проектом, можно сказать, не руководили вовсе. Профессора назвали этот метод «самоорганизующимся, неформальным и равноправным». Первый проект еле тащился, зато во втором царил дух поиска и инициативы. Пурсер с коллегами установили: главная причина в том, что «заорганизованность» первого проекта ставила преграды обучению. Бдительное око начальника, невозможность свободного обмена знаниями, придерживание — из-за проявленного начальством недоверия либо конфликтов между группами — жизненно важной для других информации, отказ от дискуссий и разные ценностные установки участников — все это сказалось на работе первой группы. Главное — формальная структура не давала людям высказываться. А вторая группа, подобно Программе повышения квалификации *General Electric*, предоставляла работникам массу возможностей встречаться и свободно обмениваться мнениями.

Администрация не может жестко контролировать неформальные коллективы. В то же время она может им помочь. Как?

1. Признать их право на существование и значимость. Неформальные группы легко заметить в одном отделе или цехе и гораздо сложнее — когда их члены работают в разных местах. Джордж Пур, начальник лаборатории коллективного интеллекта в Санта-Крус, Калифорния, оказавший существенную помощь фирмам *Intel* и *Dow Chemical*, настоятельно рекомендует: «Ищите оди-

наковые рабочие места, существующие в разных функциональных подразделениях, отделах или населенных пунктах». Управляющие заводами или конторами, торговые представители, металлурги, специалисты в области управления информационными системами — все они, от Нью-Йорка до Лос-Анджелеса, имеют между собой много общего; возможно, некоторые обмениваются знаниями; они только бы выиграли от более тесных контактов.

В Силиконовой долине фирма *National Semiconductor* поддержала такие объединения, признав их полуофициальный статус. Был создан Совет по делам неформальных практических групп. Сейчас в нем представлено шесть групп; одни занимаются разработкой компьютерных микросхем для обработки сигналов, другие — программами для радиоприемных устройств, третьи — промышленным дизайном. Все это — ключевые технологии для многих направлений фирмы, поэтому жизненно важно, чтобы знания и опыт не хранились за семью печатями в каком-нибудь изолированном отделе. Совет оказывает им всем техническую помощь (например, обеспечивает внутренней компьютерной связью) и создает специальные фонды — например, чтобы оплатить перелет специалистов со стороны, приглашенных для консультаций. Хотя эти профессиональные объединения не фигурируют ни в одном штатном расписании, руководство признает их важность. В одной компании администрация даже взяла на себя труд подбора для них материалов по разработкам микросхем на других производствах.

2. Дать им все необходимое. Неформальным группам не так уж много и нужно. Помогите им установить внешние связи, разрешите время от времени пользоваться конференц-залом, оплатите какие-нибудь мероприятия. Система внутренних связей организации обычно рассчитана на офици-

ально существующие отделы и поэтому не слишком пригодна для мозговых атак, запуска пробных шаров и других неформальных средств обмена проблемами и идеями. Иногда человеку полезно временно поработать в другом отделе. Компания только выиграет от контактов между людьми, которые в противном случае могут продублировать друг друга или отказаться от нужного, но слишком громоздкого проекта, который не одолеть в одиночку.

National Semiconductor начала поддерживать неформальные группы, чтобы удержать высококвалифицированных специалистов. В 1991 году компания оказалась в трудном положении: производство микросхем памяти стало общедоступным и, стало быть, малорентабельным делом. Чтобы освоить производство прибыльной продукции, новый глава фирмы, Джил Амелио (позднее он перешел в *Apple Computer),* произвел сокращение штатов и реорганизовал производственные линии компании. Вынужденное сокращение привело к тому, что из компании ушли люди, которые были не очень-то нужны для определенного вида продукции, но обладали экспертными технологическими знаниями, в которых нуждалось производство в целом. Инженеры начали собираться, чтобы защитить эти скрытые таланты. Так родились неформальные практические группы, о которых администрация продолжает проявлять большую заботу.

3. Удобрять почву, но не заниматься сельским хозяйством в полном смысле слова. Вот что говорит консультант по вопросам организации труда Валдис Кребс: «Стоит только их перекормить, и вы будете получать не то, что вам нужно, а только то, что неформальная группа пожелает вам дать». Движущей силой этих объединений служат научный интерес, вдохновение, азарт — все мы знаем, что это такое. Границы существуют для того, чтобы их нарушать, так же как горы — для того,

чтобы на них взбираться. Информация стремится стать свободной.

Вот она — обратная сторона медали. По наблюдениям профессора Стэнфордского университета Стивена Барли, «с разрастанием неформальных практических групп профессиональные принципы начинают превалировать над административными». Начинается война интересов: люди конфликтуют друг с другом и восстают против правил компании, в которой работают. Понаблюдайте за группой ученых на конференции. Они обмениваются секретами как уличные торговцы, распахивая полы пиджаков, чтобы блеснуть контрабандными «ролексами». В конце восьмидесятых годов профессор школы менеджеров при Массачусетском технологическом институте Эрик фон Гиппель исследовал поведение инженеров по производству тонколистовой стали и сделал вывод: они делились производственными секретами даже с конкурентами. В новом деле, где еще многому нужно учиться, эти специалисты из *Nucor* и *Chaparal Steel* решили, что обмен секретами — справедливая плата за прогресс. «Такова обычная практика, — прокомментировал фон Гиппель. — С общепринятой точки зрения — грабеж средь бела дня, но дело в том, что если другие сотрудничают друг с другом, а вы держитесь особняком, то неминуемо отстанете».

КАК ВЛАДЕТЬ ЧЕЛОВЕЧЕСКИМ КАПИТАЛОМ

Каждое утро вы оставляете шляпу в гардеробе компании *Citicorp, Disney* или *Whirlpool.* Вопрос — где в этом случае ваше сердце? В наше время люди все чаще отдают свою самую нежную, самую глубокую и верную любовь профессии и коллективу единомышленников, а не работодателю. Спортсмены в условиях свободного найма больше озабочены своей формой нападающего или защитника, чем репутацией своих команд. Что же тогда говорить об «интеллектуальных рабочих»? Вот истина, которую не следует забывать, ведя речь об интеллектуальном капитале: *людей можно нанимать, но нельзя владеть ими.*

Ценнейшее знание, дающее вам превосходство над конкурентами, рождается в неформальных группах, но и они сами, и создаваемый ими интеллектуальный капитал безо всякого почтения относятся к акционерному капиталу. Поэтому вопрос для администрации стоит так: каким образом обратить человеческий капитал в патентованное преимущество? Некоторые виды знания существуют в очевидной и недвусмысленной форме — например, в виде патентов и авторских прав — и охраняются законами о собственности. (Как будет показано в следующей главе, часть такого знания, будучи закодирована и введена в компьютеры, существует в виде структурного капитала).

Передача «права собственности» на человеческий капитал должна быть абсолютно добровольной. Кратчайший, но отнюдь не простой путь к цели — создать ощущение обоюдного владения: работник принадлежит компании, но и компания принадлежит работнику (например, в виде акций). Говорит «философ управления» Чарльз Хэнди: «Я убежден: корпорации сами должны стать своего рода членскими обществами, потому что они — не что-то неодушевленное, а в первую очередь — люди. А чтобы удержать людей, нельзя считать их «наемниками» или «рабсилой». В них следует развивать чувство *причастности*».

Главное противоречие обусловлено самой природой века информации. В то самое время, когда преданность работников ослабла, компании больше, чем когда-либо в прошлом, зависят от человеческого капитала; в свою очередь, работники, вкладывающие в работу не только свой физический труд и время, но и ум, и душу, преданы — пусть даже не работодателям, а делу, которому они служат, — в гораздо большей степени, чем вышеописанные изготовители шин, вынужденные реализовывать свой творческий потенциал в увлечениях на дому. Ситуация осложняется еще и тем, что самые ценные «работники интеллекта» скорее других могут позволить себе уйти из компании, забрав с собой свои таланты и труд. Вот свидетельство Кэтрин Руди Харриган и Горав Далмиа:

«Работники-интеллектуалы склонны делить свою привязанность между профессией и товарищами по работе, с одной стороны, и организацией — с другой. Они верны фирме до тех пор, пока она снабжает их всем необходимым для работы над увлекательным проектом. Если этого нет, они весьма скоро переходят в другую, более крупную песочницу. Чтобы эффективно работать, интеллектуальные работники должны быть привязаны к своим фирмам».

«Привязанность... Песочницы...» Пусть вас не смущает, если это похоже на доктора Спока. Чтобы устранить противоречие, компания может укрепить узы привязанности двумя абсолютно «взрослыми» способами. Один «неявный» — признать право неформальных групп на существование и способствовать укреплению их позиций на тех участках, от которых в наибольшей степени зависит конкурентоспособность компании. Азартная, постоянно обучающаяся группа обобществляет человеческий капитал; компания тоже входит в число собственников. Если Салли уйдет, трое других сотрудников знают почти все, что знала она; возможно, физически отсутствуя, она остается частью неформальной группы. Возможно, «чужие» ведущие специалисты уже сейчас, сознательно или нет, работают на вашу компанию. Это могут быть химики, начинающие рабочий день в компании *Du Pont;* менеджеры, получающие зарплату в *General Electric;* специалисты по человеческим ресурсам, ранее работавшие в *Procter&Gamble,* а затем перешедшие в *Intel,* так как избрали путь независимых консультантов. Если самый авторитетный член неформальной группы, его «душа», состоит в штате вашего предприятия, остальные тоже никуда не денутся. Только не старайтесь удержать исследователей проблем сыроварения предложением усовершенствовать мышеловку.

Мы обсудили некоторые способы, которыми компания может стимулировать рост неформальных практических групп: придание им полуофициального статуса, снабжение необходимыми ресурсами, налаживание системы коммуникаций; перемещение работников в другие подразделения компании, чтобы они встречались с теми, кто занят подобным делом.

Ясно, что поддерживать такие группы, движимые скорее логикой научного поиска, нежели интересами компании, отчасти рискованно. Тем не менее, главная опасность не в том, что они выдадут секреты компании или прибегнут к недозволенным действиям, а в том, что администрация задушит их в своих объятиях. Обучающиеся группы не способны держаться в рамках корпорации, предприятия или отдела, — но этого и не нужно. Вот мнение Джима Ойхнера из *Nynex*: «Границы не пропускают информацию внутрь, но дают ей просочиться наружу». Да пусть даже произойдет утечка собственной информации — что с того? Если неформальная группа сконцентрирована в компании, выросла вокруг ее приоритетной задачи, эта компания извлечет из информации больше выгоды, чем «посторонние». Проведенное фон Гиппелем исследование обмена информацией в сталелитейной индустрии показало: люди устраивали так, чтобы отдавать столько информации, сколько получали сами, и не очень-то делились ею с теми, кто не мог предложить взамен ничего равноценного. Более того, они были чрезвычайно щепетильны во всем, что касалось действительно важного, то есть имеющего решающее значение для сохранения превосходства компании над конкурентами, — знания. По этому поводу фон Гиппель выразился так: «Знаменитые повара охотно торгуют рецептами... «Только не моего мусса! Этот секрет я унесу с собой в могилу!»

Есть и более прямые способы создать между компанией и сотрудниками прочную связь, благодаря которой можно будет капитализировать человеческие ресурсы, а именно — обращаться с ними как с такими же капиталистами. Человеческий капитал представляет из себя самую большую ценность компании. Говорит активный акционер Роберт Монкс: «Ничто не заставит меня вложить хотя бы монетку пассивного капитала в фирму, чьи служащие ровно в пять уходят с работы». Пассивного — то есть попросту купив акции; а как насчет активного? «Уходят с работы»? А если поискать способы сделать так, чтобы и выйдя за порог, эти люди не переставали быть для компании источником богатства? Например, дать им реальную возможность стать совладельцами компании. Или добиться, чтобы компания действительно владела частью их интеллекта.

Не случайно с приходом века информации доля акций, находящихся в собственности работников разных организаций, значительно возросла — особенно в интеллектуально интенсивных компаниях. Не стоит удивляться и тому, что все большей популярностью пользуется система премирования работников акциями компании. В 1993 году Эрик Бринелфсон из Массачусетского технологического института писал: «По данным Американского центра производительности и качества, в последние пять лет труд более половины служащих оплачивался по этой системе. Такой переход имеет смысл в тех случаях, когда наемные работники владеют информацией, недоступной для нанимателей. Босс сможет заставить работника выбрать образ действий, который принесет выгоду им обоим, если разделит с ним как прибыль, так и убытки, обусловленные этими действиями».

Генри Форд был единоличным владельцем своих средств производства. Он также был хозяином продукции — автомобилей — вплоть до их приобретения покупателем: с этого момента его право собственности на них кончалось. Что же касается процесса производства и продуктов интеллектуального труда, то они принадлежат не только работодателю. Послушаем финансового директора *Microsoft* Майкла Брауна: «Пятнадцать-двадцать лет назад человек был либо работником, либо безработным. А теперь посмотрите, что происходит в наши дни. Один и тот же человек может быть и собственником, и управляющим, и работником одновременно». Я написал статью для *Fortune* — редакция владеет правами на текст, но не на породившее его знание. Оно все еще мое — но и редакции тоже. Вы тоже, прочитав статью, станете его обладателем.

Как ни парадоксально, но только признав право собственности работника, компания может соблюсти свой собственный интерес. В нашем мире «рабочего капитализма» традиционные функции управления человеческими ресурсами — с упором на «профессиональное обучение» в виде «тренировок», системой «материальной заинтересованности» и обращением с рабочими как с равными (правда, не распространяя это равенство на участие в доле прибыли) — изжили себя. Чтобы человеческие ресурсы сыграли свою настоящую роль в развитии и управлении человеческим капиталом, люди должны делать вклады в компанию — в виде высокого, специфического для данной компании профессионального мастерства, совершенствования организации труда, взаимной подпитки между менеджерами с высоким потенциалом и специалистами по наиболее перспективным технологиям и принципиально иной системы финансового участия.

Широко распространившаяся практика опционов и других форм превращения «рабочей силы» в акционеров — простейший способ сохранить человеческий капитал и соединить его с финансовым. Майкл Браун из *Microsoft* считает, что «участие наемных работников в доле прибыли — пример того, как радикально век информации преобразил саму природу корпорации». *Microsoft* никогда не нуждался в «чужих» деньгах. Создавая фирму в 1975 году, Билл Гейтс и Пол Аллен лишь немного одолжили у родителей Гейтса и уже в скором времени перешли на самоокупаемость. Ныне компания оценивается на рынке в 60 миллиардов долларов; весь этот капитал движется внутри компании.

Почему же Гейтс с Алленом с самого начала хлопотали о превращении компании в акционерное общество — что и было сделано в 1981 году? И почему, если им не нужен был дополнительный капитал, в 1986-м они сделали ее акционерным обществом открытого типа? Отчасти потому, что стремились ограничить ответственность: ведь даже Билл Гейтс не может позволить себе бросать вызов американским специалистам по гражданским правонарушениям. Но это не главное. Вот что говорит Браун: «Для компаний информационного века труднее всего — научиться концентрировать интеллектуальную собственность. Объявляя себя открытыми акционерными обществами, компании делают это не только ради лишних денег на строительство новых заводов. Просто таким образом они реализуют свои программы превращения работников в совладельцев компании.

Microsoft стала акционерным обществом в первую очередь для того, чтобы поделиться с ними собственностью, а не пришпорить производство. А превращение компании в общество открытого типа помогло нам обналичить капитал».

Отыграем историю назад. Гейтс и Аллен образовали корпорацию не ради получения дополнительного капитала, а чтобы поделиться собственностью. С кем? С работниками. Почему? Потому что к тому времени они создали свою главную собственность — компьютерные программы — и овладели важнейшим источником будущего благосостояния — умением создавать новые программы. Образование открытого акционерного общества стало для работников стимулом к тому, чтобы этот источник и дальше оставался в компании, а не перешел в чужие руки.

Даже традиционные компании, обремененные грандиозными предприятиями и несущие финансовую ответственность перед теми, кто вложил в них деньги ради получения еще больших денег, могут позаимствовать опыт *Microsoft* и других таких же компаний. В *General Electric* сегодня имеют привилегированные акции 22 тысячи работников — против двухсот в восьмидесятые годы. Но акции — не единственный способ заинтересовать работников. К примеру, рабочие европейского филиала компании по производству стройматериалов *Owens Corning* получают дополнительное вознаграждение (премию), если компания достигнет определенных показателей. Эта компания примечательна еще и тем, что в ней основные производственные факторы — такие как соблюдение техники безопасности, борьба с прогулами, рациональное использование материалов, — находятся в ведении самих рабочих. Точно так же работники отделов сбыта и маркетинга получают премии за конкретные, всецело зависящие от них достижения.

Таким образом, премия становится дивидендом по вкладам человеческого капитала. Прав Питер Дракер, говоря, что «в информационном обществе подлинные капиталовложения делаются не в машины и инструменты, а в знания работников... Промышленный рабочий нуждался в капиталисте гораздо больше, чем капиталист в рабочем. А в информационном обществе администрация нуждается в «интеллектуальном рабочем» гораздо больше, чем он в администрации».

В то же время организация имеет законное право распоряжаться наемными работниками и созданным ими человеческим капиталом. На этот счет доходчиво выразился председатель правления *KPMG* Пит Марвик: «Если бы каждый мог самостоятельно реализовать весь свой потенциал, не было бы никаких корпораций». Основа ее существования — то, что она платит штатному работнику меньше его настоящей стоимости. Можно выразиться изящнее: работая сообща, люди создают нечто стоящее больше простой суммы их индивидуальных усилий. Эта разница и есть прибыль, отдача от капитала. Без нее нет компании. Действительно, стоит человеку осознать и научиться самостоятельно реализовывать свой человеческий капитал, как он стремится стать независимым и работать по договору. Вместе с тем большинству из нас экономически выгодно оставаться частью организации: во многих случаях наш труд оказывается ценнее, когда мы трудимся в группе, чем в одиночку. Выгода эта целиком принадлежит организации.

Дело в том, что существует другая, более ценная, чем человеческий капитал, часть интеллектуального капитала, принадлежащая всем вкладчикам. Это — структурный капитал, о котором и пойдет речь в следующей главе.

Глава 7

ИНФОРМАЦИОННЫЙ МЕНЕДЖМЕНТ

Назовите мне сорт виски, которое пьет Грант. Пошлю по баррелю остальным моим генералам.

Авраам ЛИНКОЛЬН

Об Эбботе Лоуренсе Лоуэлле, президенте Гарвардского университета с 1909 по 1933 год, рассказывают такую историю (не знаю, насколько она соответствует действительности). Один гость задал ему вопрос: «Как же случилось, мистер Лоуэлл, что здесь, на берегу реки Чарлз, сосредоточилась такая уйма знаний?» Лоуэлл якобы ответил: «Это очень просто. Каждый год мы принимаем в колледж самых умных американских юношей» — в то время это были действительно юноши и действительно американцы, — а через четыре года они покидают нас полными невеждами — видимо, оставляя здесь свои знания». Вот в карикатурном виде вызов, брошенный управленцам. Как превратить еле теплящиеся свечи — умы служащих — в электроэнергию корпорации?

Человеческий капитал, этот живительный сок, струящийся под корой дерева, обеспечивает новизну и рост, но кольца роста затвердевают, становятся частью дерева. Руководителям нужно — и ниже пойдет речь о том, как этого добиться, — сделать знания сотрудников собственностью компании и сохранить их в этом качестве. Это и есть структурный капитал. Знание, не исчезающее в пять часов вечера вместе со служащими, уходящими домой.

На протяжении двух лет различие между человеческим и структурным капиталом служило в Швеции предметом жарких дискуссий, пока Лейф Эдвинсон из страховой компании *Skandia* не предложил подходящее определение. Впервые я услышал его в декабре 1992 года. Рыжеволосый, привыкший застенчиво опускать глаза, Эдвинсон выступал в одном из тех безымянных залов, где канделябры из граненого стекла и лепные головы на стенах служили эрзацем элегантного стиля стародавних времен и нездешних мест. Впрочем, этот зал в Вирджинии — это *Tysons Corner*, всего лишь поколение назад бывший полудремотным «центром культуры» в деревенской глуши, а в наши дни ставший центром науки и техники — третьим по значению в Америке.

Аудитория Эдвинсона, состоявшая главным образом из специалистов по человеческим ресурсам и организации труда, ожидала гимнов во славу интеллектуальной энергии, и он, казалось, оправдал их ожидания, назвав человеческий капитал источником обновления компаний. И добавил: «Однако структурный капитал — важнее». В комнате повеяло холодком.

Но он прав — если иметь в виду менеджмент. Это его функция — создавать корпоративные фонды. Многие компании нашпигованы знаниями, но основная их масса сосредоточена в жужжании компьютеров, шпарящих по километру слов в минуту на никому не известном языке, архивных папках да в нахальном главбухе, жонглирующем астрономическими цифрами и считающем всех остальных ничтожествами. Или же знания ушли на покой и наслаждаются рыбалкой. Даже выдающиеся умы нуждаются в механизме сбора, оформления, продвижения и распределения плодов своей умственной деятельности. По Друкеру, «только организация способна придать процессу последовательность и непрерывность, без которых интеллектуальные рабочие не могут эффективно трудиться. Только организации под силу превратить их специальные знания в результат». Подобно тому, как доменная печь переплавляет железо и кокс в сталь, организация концентрирует, перерабатывает и очищает знания. Изобретатель, автор идеи — человеческий капитал в чистом виде. Другое дело — предприниматель. Основав компанию (впоследствии она стала называться *General Electric),* Томас Эдисон превратил свой человеческий капитал в нечто обладающее структурой.

Структурный капитал принадлежит организации в целом. Его можно воспроизводить, выявлять долевое участие. На отдельные виды структурного капитала существует законное право собственности. Это технологии, изобретения, данные, публикации и процессы, которые можно запатентовать, оформить в виде авторских прав или защитить законом об охране производственных тайн. Вы имеете право продать их, равно как и подать в суд на тех, кто воспользовался ими без разрешения. Некоторые из них относятся к последнему слову науки и техники, но таких немного. К примеру, мало какая продукция *Clorox* (хлорка, древесный уголь, средства для «кошачьего туалета» или мытья жирной посуды) изготовлена с помощью высоких технологий, но чтобы обеспечить одинаковое качество во всем мире, *Clorox* располагает восемью тысячами документов, устанавливающих стандарты для машинного оборудования, сортов и объема исходного сырья, методики испытаний и так далее. Но есть еще и такие элементы структурного капитала, как стратегия и культура, структуры и системы, организационные процедуры. Подчас они более распространены и имеют большую ценность, чем те, которые документально оформлены как объекты правовой защиты.

В ЗАЩИТУ НЕОБХОДИМОСТИ УПРАВЛЕНИЯ СТРУКТУРНЫМ КАПИТАЛОМ

Представьте себе автомобильный завод, где есть все необходимое для производства: машины, детали, другие материалы, небьющееся стекло, каски, испытательные стенды, грузоподъемники. Но все это свалено в кучу или разбросано по всему цеху. Детали не сосчитаны и не рассортированы; всякий раз, когда нужно установить коробку передач, рабочий должен оставить рабочее место и десять минут искать ящик с болтами, а потом три минуты выискивать тот, что ему нужен. Ящики переполнены частями машин; испытательный стенд представляет из себя платформу, по которой готовый автомобиль съезжает с конвейера, больше похожего не на линию, а на тарелку с макаронами. Всюду валяется незаконченная продукция, а подъемники с огромным трудом продираются сквозь завалы, как машины сквозь торговый центр в Манхэттене в последний день перед Рождеством. Мусор никто и не думает убирать. Вместо этого раз в три месяца по заводу проезжает бульдозер и выталкивает наружу все, что попалось на пути.

Правильно, это о комнате вашего сына-подростка, но вообще-то я имел в виду еще кое-что: то, как в вашей — и моей — компании обращаются со знаниями. Помнится, в течение двух недель

1995 года на доске объявлений в редакции *Fortune* было вывешено тридцать девять призывов о помощи. Девять начинались так: «Кто знает...?» — речь шла о специалисте в такой-то области. Еще шесть — «Кто стибрил...?» — обычно это о каком-нибудь справочнике; злодей тотчас водворял его на место. Итак, пятнадцать из тридцати девяти объявлений были просьбами об информации, которая уже была в редакции — Бог знает где именно. А сколько таких просьб мои коллеги и я отправили по электронной почте! Как часто в поисках нужной информации мы рыскали по библиотеке, останавливали друг друга в коридоре, лихорадочно листали папки или еще каким-нибудь способом искали знание, которым организация уже владела!

Вот простейший довод в пользу необходимости оперировать совокупным знанием работников корпорации. Теперь посмотрим на вещи шире.

Систематическое управление интеллектуальным капиталом способствует увеличению акционерного капитала. Это достигается, кроме всего прочего, через постоянные циклы и творческое применение общего знания и профессионального опыта, немыслимое без технологий, описаний процедур, методических пособий, компьютерных сетей и других вещей, служащих гарантией того, что эти знания и опыт и после «пяти часов» останутся в компании. «Упакованные», они становятся частью структурного (или — если выразиться точнее — организационного) капитала компании. Это создает условия для быстрого обмена знаниями и их накопления. Время на освоение и передачу нового знания неуклонно сокращается.

Быстрый обмен знаниями, их коллективное накопление, сокращение времени на освоение, повышение производительности труда — все это доводы в пользу использования структурного капитала. В отличие от физических ресурсов, которые легко пересчитать или взвесить, складировать, подвергнуть инвентаризации и нанести на них штрих-код, гораздо более важный интеллектуальный материал существует в разбросанном виде, его трудно обнаружить, и он способен исчезать без следа. Вот что говорит один из партнеров консультационной фирмы *Price Waterhouse* Пол Педерсон: «В накале рыночных страстей консультанты будут клясться, что их фирма располагает, к примеру, доскональным знанием мировых стандартов на материальные объекты. И оно у нее действительно есть, только находится в вашем офисе, или в моем портфеле, или у ребят в Калифорнии, или содержится в разбросанном виде во всех трех местах». Так же как во времена старой экономики покупатели ожидали стабильно высокого качества продукции, сегодняшний покупатель ждет от вас соблюдения высоких стандартов знания и профессионализма. Говорит Чарльз Полк, руководитель отдела информации *Andersen Consulting*: «Приглашая одного из наших консультантов, клиент получает все лучшее, чем располагает фирма в целом».

Структурный капитал организации прежде всего является *капиталом*, и, значит, на него можно смотреть с точки зрения *фондов* и их *движения*. Как выразился Фриц Махлуп, «в любой конкретный момент существует определенный объем знаний, и в любой промежуток времени имеет место их поток». Мы рассмотрим по очереди и то, и другое. Управление структурным капиталом не представляет из себя ничего особо сложного или необычного но это новое дело, и нас должен многому научить опыт передовых компаний.

СОЗДАНИЕ ФОНДОВ ЗНАНИЯ

Если «интеллектуалу» стукнет в голову выступить в деловом обличье, скорее всего он изберет поприще информационного менеджмента, потому что, продавая компьютерные программы, системы и консультационные услуги, можно неплохо зарабатывать, да плюс ко всему устроить так, чтобы каждый работник организации смог приложиться к коллективному ноу-хау — опыту и мудрости всех его коллег. Некоторые компании вкладывают миллионы долларов в то, чтобы собрать вместе весь свой интеллектуальный капитал, обобщить и сделать удобным для пользования.

В этом им помогают крупнейшие консультационные фирмы. Совсем недавно фирма *Andersen Consulting* запустила компьютерную программу *Knowledge Exchange*; *Booz Allen&Hamilton* — программу *Knowledge On-Line* (сокращенно *KOL*); фирма *Ernst&Young* учредила «Центр делового знания», Пит Марвик из *KPMG* — *Knowledge Manager*, *Price Waterhouse* — нечто под названием *Knowledge View*. Список можно продолжить, добавив к нему десятки более мелких компаний, чьи консультанты и разработчики программ за плату наведут порядок в комнате вашего сына.

Чтобы понять, как они работают, рассмотрим программу *Knowledge On-Line* («Компьютерное знание»), запущенную в начале 1995 года с целью экономии времени, которое консультанты тратили на дублирование друг друга, и возможности мгновенного подключения специалистов и знаний фирмы к решению проблем в любом уголке земного шара, в любой отрасли. Например, консультант в Индонезии, помогающий нефтяной компании усовершенствовать систему обслуживания потребителей, может захотеть посоветоваться с коллегами в Каракасе или Хьюстоне либо воспользоваться методикой своего товарища, разработанной для нью-йоркского банка.

Располагая телефоном и портативным компьютером, можно моментально подключиться к *KOL*. На экране возникает иконка «Эксперты. Резюме. История вопроса». Нажимаете на клавишу и печатасте фамилию. Появляется текст — мнение соответствующего специалиста. Или набираете «Обслуживание потребителей» — система тотчас обеспечивает вас мнениями авторитетных специалистов в данной области. Еще одна иконка озаглавлена просто — «Знания», но, щелкнув «мышкой», вы получаете доступ к тысячам документов. Наш человек в Джакарте знакомится с опытом своих коллег из *Booz Allen* в области нефти, вырезками из журналов и газет, материалами, относящимися к другим отраслям. *KOL* также располагает доской объявлений, материалами дискуссий и учебными курсами — скажем, если нужно освежить в памяти методику анализа стоимости.

Базы знаний других фирм работают примерно по тому же принципу, просто акцент делается на других специальностях и технологиях. К примеру, *Andersen Consulting*, имеющая большой опыт управления информационными системами, загрузила в свою систему *Knowledge Exchange* («Обмен знаниями») заранее подготовленные модули компьютерного кода, которые программисты могут использовать в своих приложениях. Множество баз знаний создано на основе системы *Lotus Notes*. Другие пользуются программами *Netscape*, взятыми на вооружение мировой сетью *Internet* и любовно называемыми «интранетами».

Все это — честолюбивые попытки собрать в одном месте разрозненную информацию и опыт, чтобы превратить их в обобщенное знание организации. Дешевая, но действенная информационная технология стала стимулом к исполнению давней мечты о создании своего рода корпоративной энциклопедии. Это, конечно, утопия, но достоинства такого проекта совершенно очевидны. Во-первых, множатся свидетельства того, что вклады в информационные технологии и методы организации труда приносят колоссальные прибыли. По словам Чарльза Полка из *Andersen*

Consulting, база данных его компании позволяет фирме экономить по нескольку миллионов долларов в год на одних лишь счетах за информационные услуги, оказываемые федеральными органами. Опрос, проведенный в 1994 году в шестидесяти четырех государственных агентствах и некоммерческих организациях, показал, что за три года прибыль составила 179% — главным образом за счет экономии средств и времени, затрачиваемых на внутренние связи, а также из-за улучшенного контрольно-административного управления проектами.

Во-вторых, компьютерные базы знаний облегчают доступ к знаниям коллег. К примеру, однажды в пятницу августа 1995 года сотруднику *Andersen Consulting* Питеру Уэсткотту, находившемуся в Чикаго, понадобились сведения о каком-то там *FDDI* — проекте создания базы данных для производства оптических волокон. Ко вторнику ответ на его запрос уже был на компьютерной доске объявлений: откликнулись коллеги из трех американских штатов и Англии. Образно говоря, Уэсткотт широко раскинул невод и вытащил его полным рыбы, быстрее и с меньшими затратами, чем до внедрения программы. При этом не понадобилось делать фотокопии, возиться со счетами *Federal Express* и подолгу сидеть на телефоне. Главное же то, что его запрос стал частичкой интеллектуального капитала фирмы: был создан новый файл, которым могут воспользоваться другие консультанты, если им понадобится аналогичная информация.

Компьютерные базы знаний помогают компаниям работать во всех уголках земли. В сущности, именно стремление крупных компаний эффективно обслуживать клиентов, где бы они ни находились, послужило важнейшим стимулом к разработке вышеупомянутых программ. Компании заинтересованы в том, чтобы знания и опыт можно было мгновенно переносить в любую, самую отдаленную точку земного шара — чтобы, допустим, их чилийский опыт приносил пользу работникам филиалов в Малайзии.

Еще один убедительный довод в пользу усилий, направленных на оформление мыслительной энергии и «нанесение ее на карту», то есть помещение в соответствующую компьютерную ячейку, — необходимость справляться с ростом компаний и текучестью кадров.

К примеру, *Price Waterhouse Consulting*, где годовой доход перевалил за 30 процентов, рассчитывает в ближайшие пять лет удвоить число сотрудников. Чем скорее новички усвоят всю имеющуюся в фирме информацию, тем скорее начнут приносить прибыль. Фирме случается и терять людей. При текучести десять процентов в год за пять лет она потеряет половину опытных работников. Каждый увольняющийся берет с собой все знания, которые стоит брать, а каждый поступающий на его место приносит с собой другие, достойные того, чтобы их воспринять. «Вот почему,— резюмирует Педерсон из *Price Waterhouse*,— необходимо обрабатывать и хранить знания в удобной для пользования форме».

КАКИЕ ЗНАНИЯ СТОИТ НАКАПЛИВАТЬ

Какие виды структурного капитала относятся к компьютерным базам знаний? Перечень бесконечен и варьируется от компании к компании: скажем, рекламному агентству может понадобиться большой объем сведений демографического характера, бесполезный для отправителя экспортных грузов — этому подавай исчерпывающую информацию о таможенных пошлинах во всем мире. Тем не менее, есть три вида знаний, общие для всех.

КОРПОРАТИВНЫЕ «ЖЕЛТЫЕ СТРАНИЦЫ»

Объем информации увеличивается с такой скоростью, что любая попытка закодировать ее всю — просто смехотворна. Однако основной состав штатных специалистов меняется медленно. Кто-то в вашей компании знает, выгодно ли обращаться по поводу ремонта к корпорации *XYZ*, или годится ли такой-то электрический выключатель для стран с напряжением в сети 220 вольт, — но кто? Кто говорит по-арабски? Разбирается во фторуглеродах? Возглавлял группу, занимавшуюся установкой телефонов в штаб-квартире организации? На то, чтобы получить ответы на подобные вопросы, уходит масса времени. Обычно компании полагаются на метод «из уст в уста» — медленный и не слишком надежный. Можно часами разыскивать документ, счесть потерянным, а через несколько месяцев узнать, что его составлял служащий в соседнем кабинете. Составить корпоративные *Yellow Pages* настолько легко, что просто диву даешься, сколь немногие компании это сделали. Кэрол Энн Огдин считает «свои» *Yellow Pages* основой основ информационного менеджмента, и нетрудно понять, почему. Простая система, соединяющая нуждающихся в информации со специалистами, сводит ошибки к минимуму, избавляет от необходимости гадать на кофейной гуще и в миллионный раз изобретать колесо. «Нужна не сложная индексация,— предостерегает Ариан Уорд из *Hughes Space and Communications*, лучшей в мире компании по производству спутников связи, — а карта, подсказывающая, где сосредоточены знания предприятия, — в чьих головах, например».

УСВОЕННЫЕ УРОКИ

Интеллектуальная работа — это работа на заказ. Как большинство услуг, она возникает там, где на нее есть спрос. Даже производители предметов повседневного обихода медленно, но верно переходят от экономики массового производства к экономике индивидуального заказа (см. главу 9). Но это не значит, что каждый проект должен начинаться с нуля.

Лучший способ увеличить структурный капитал — это усвоить преподанные практикой уроки. Записывайте, что у вас получилось, а что нет, сопровождая примечаниями для тех, кто берется за подобные проекты. Именно это и предпринял Уорд из *Hughes Space and Communications*. Спутники — особая продукция. Они не только делаются на заказ, но и неимоверно сложны, дороги и не прощают ошибок (бригаде ремонтников легче добраться до электростанции на Ориноко, чем до спутника на орбите). К тому же ситуация в отрасли не из простых: число военных заказов падает, а конкурентов — растет. Поэтому, по мнению Уорда, «очень важно учиться на опыте, чтобы в следующий раз сделать работу лучше и быстрее». Главная трудность — в явлении, которое он назвал «утратой рецепта».

Доставшийся дорогой ценой опыт проектирования спутника двухгодичной давности оказывается неизвестен коллективу разработчиков, берущихся за аналогичное задание сегодня. Или новая группа знает «ответ», но не представляет, как к нему пришли, и потому не «чувствует» работу, не уверена в правильности решения. Вот что по этому поводу говорит Уорд, в котором «душа нараспашку» жителя Южной Калифорнии сочетается с жестким стилем «кончайте пороть чушь», свойственным его профессии: «Такой уж это народ — конструкторы. Если они сами не сделали работу от начала до конца, им кажется, что она была сделана неправильно — или правильно, но они все равно сделали бы лучше». А в результате возникают изолированные «острова знаний», похожие на «острова автоматизации», знакомые всем, кто хоть раз лез на стенку от неспособности несовместимых компьютерных систем обмениваться данными.

По Уорду, крупным шагом по наведению мостов между островами является осознание того, что знание существует по меньшей мере в двух видах. Прежде всего, в виде правил: на конкретный вопрос дается один-единственный верный ответ. Правила легко автоматизировать — будь то простой «спеллер», выискивающий орфографические ошибки, или сложная программа, выбирающая наилучший вариант контура для процессора. Но в большинстве своем знания не столь элементарны. Ответ варьируется в зависимости от контекста, принимая форму мудрости, опыта, примера, а не правила. Для обнаружения, использования и капитализации этого более «мягкого» знания Хьюз начал строить свое «шоссе знаний». С этой целью с помощью «групповых» программ типа *Lotus Notes* были собраны воедино записи об «усвоенных уроках», уже имеющиеся в компьютерной памяти всех подразделений фирмы. Это обеспечивает конструкторам новых спутников доступ к отчетам о дефектах, обнаруженных в предыдущих моделях, и позволяет уже на ранних стадиях принять необходимые меры. Хьюз задокументировал немало случаев, когда использование файлов с описанием прошлого опыта предотвратило переделки и сэкономило время.

РАЗВЕДКА

Представьте себе, что сегодня — ваш первый день в роли генерального директора белибердинского филиала «Универсальной фиговины». С чего начать? Естественно, с общего собрания. И о чем вы первым делом попросите подчиненных? Дать вам папки с документацией о потребителях и конкурентах. Вы прекрасно знаете, что будет дальше. Собрание закончится, и вы последуете за коммерческим директором в его кабинет. Там он достанет папки из запертого ящика письменного стола. Выпрямится, передаст их вам. И скажет: «Не гарантирую, что все тут — самая свежая информация». Вечно — одна и та же история.

Это просто поразительно, до чего плохо компании информируют собственных сотрудников о своих поставщиках, потребителях и конкурентах. Никто не знает точного объема сделок, заключенных вашей организацией с крупнейшей в мире компанией по производству компьютеров, потому что каждое подразделение хранит свои записи в памяти своего компьютера и системы не взаимодействуют между собой. А потом, вбухав десятки миллионов долларов в то, чтобы сделать их совместимыми, вам все равно не удается обобщить информацию, так как в одних отчетах компания называется *IBM*, в других — *I.B.M.*, а в третьих — *International Business Machines*.

В 1995 году произошел такой случай. Крупный заказ, которого добивалось одно из предприятий химической компании *Monsanto*, достался ее конкуренту. Потом уже, задним числом, стало известно, что торговый представитель другого филиала компании, в другом полушарии, краем уха слышал о планах соперника, но из-за разницы часовых поясов и внутренних барьеров между подразделениями важная информация пропала даром. К чести *Monsanto*, она сумела извлечь из случившегося урок. Ее новая, созданная на базе *Lotus Notes* компьютерная программа внутренней связи *Knowledge Management Architecture* объединяет сотни разбросанных по всему свету торговых представителей компании; ею пользуются также бухгалтеры и штатные аналитики, изучающие интеллектуальный потенциал конкурентов. В основу программы положена деятельность биотехнологического подразделения компании *Ceregen*. База данных включает в себя сведения о конкурентах и потребителях, новости из коммерческих и общественных источников, телефонные отчеты о торговых сделках, заметки участников с конференций и съездов, а также заключения штатных экспертов, информацию о новых правилах, введенных Управлением по продуктам питания и лекарствам, и так далее. Все это индексируется и заносится в память компьютеров. В такой быстро меняющейся отрасли, как биотехнология, владение «горячей» информацией создает колоссальное преимущество. Вот что говорит руководитель проекта *Knowledge Management* Байпин Джунаркер: «Центр внимания смещается от «Как получить нужную информацию?» к «Как ей воспользоваться?» Вот почему *Yellow Pages* компании, записи «усвоенных уроков» и сведения о конкурентах имеют жизненно важное значение. Идеальная база знаний, в которой каждое имя, каждый необходимый факт можно найти несколькими щелчками компьютерной «мышки», никогда не будет существовать. Но это зачаровывающая и гипнотизирующая идея.

Драматург Джон Гуэйр заметил: «Кто-то сказал, будто каждого жителя Земли отделяет от каждого другого жителя цепочка из шести человек. «Шесть степеней разлуки» — между нами и любым иным человеком на этой планете. Мною — и президентом Соединенных Штатов. Мною и венецианским гондольером. Добавте имена сами. Нужно только правильно угадать этих шестерых для установления связи». Рассмотрев формирование фондов структурного капитала, перейдем теперь к работе с ними.

УСКОРЕНИЕ ИНФОРМАЦИОННЫХ ПОТОКОВ

В дополнение к картографированию и углублению экспертных знаний, четкое управление структурным капиталом может повысить производительность. Как утверждает консультант Дэвид Скирм, «если мы научимся управлять «механикой знаний» так же, как в индустриальную эпоху почти научились управлять «механикой производства», нас ждет исключительно крупный выигрыш». К примеру, компания *Hewlett-Packard* создала электронную сеть для обработки и распределения знаний, благодаря чему смогла более четко обслуживать потребителей своей продукции в разных уголках земного шара.

Система функционирует благодаря работе тысячи девятисот человек, главным образом инженеров, в чьи обязанности входит гарантийное обслуживание компьютерных систем. Если выпущенный фирмой компьютер начинает барахлить, то, где бы это ни произошло, фирма обязана срочно его отремонтировать. Процедура такова. Если клиент сигнализирует о неблагополучии, звонок (или электронное послание) поступает на одну из четырех узловых станций *Hewlett-Packard* в разных частях мира, в зависимости от времени суток. Операторы получают описание неполадок — к примеру, сбои операционных систем, — и вводят эту информацию в компьютер, откуда она моментально поступает в другие компьютеры системы, расположенные в двадцати семи центрах обслуживания. База данных постоянно находится в активном состоянии — то есть, когда бы оператор ни работал с файлом, изменения немедленно вносятся в основной файл, так что в каждый момент в каждом центре содержится одинаковая информация о ходе устранения неполадок. Если первый центр оказывается не в состоянии быстро справиться с проблемой, информация передается «по солнышку»: к примеру, в шесть часов вечера незаконченная работа передается по сети из Калифорнии в Австралию. Для этого не нужно никаких менеджеров — иначе процесс не шел бы так гладко.

В данном случае в роли структурного капитала выступает сама сеть — путь прохождения информации. Существуют также социальные формы структурного капитала, ничуть не менее реальные и не менее действенные, чем электронные, — например, взаимообогащение жизненным опытом.

Пионером в этой области стал Авраам Линкольн. Когда ему сообщили, что Улисс Грант питает слабость к спиртным напиткам, он, согласно легенде, сказал: «Назовите мне марку виски, которое пьет Грант. Пошлю по баррелю остальным генералам». Такой же подход проявляет консультант Дик Бомбаш, приглашенный в *US West*. «У вас есть сотрудники, работающие лучше других?» — спрашивает он менеджеров. Разумеется, следует положительный ответ. — «Тогда давайте сделаем так, чтобы и другие работали так же». Чтобы выявить лучших ремонтников, Бомбаш всюду сопровождает бригаду или приглашает к себе для беседы. Методы передачи опыта, по Бомбашу, могут быть самыми разными. В одной группе он применяет тренинг и аудиокассеты, в другой — посиделки с чашкой кофе, в третьей — высокотехнологичные базы данных. В *Xerox*, где давно поняли, что один из лучших способов взаимного обогащения информацией — треп в баре, автомобили технических работников оснащены системами двусторонней радиосвязи, что позволяет соединять их с клиентами, даже когда они находятся в своем излюбленном месте. Главное — поиск полезной информации и возможность носить ее с собой, как джинна в закупоренном сосуде.

Следующий шаг — распространение полезного опыта. Прежде основными помощниками в этом были методические пособия, тренинг и наставничество — неудобные, ненадежные и часто дорогостоящие методы. Технология помогает справиться с этим гораздо быстрее и лучше. Вот как *Cigna*, крупная страховая компания в Филадельфии, воспользовалась структурным капиталом, чтобы развить способности своих сотрудников и резко повысить качество их работы. Ее отделение страхования собственности и от несчастных случаев влачило довольно-таки жалкое существование — в 1993 году объем продаж уменьшился на 251 миллион долларов. Но уже через год убытки сменились прибылью в сумме 87 миллионов; в следующем финансовом году прибыль составила 160 миллионов. В этом, несомненно, сыграли свою роль снижение себестоимости услуг, сокращение штатов и реорганизация под руководством консультантов из *Gemini*, но не только. Простая реорганизация — это все равно что навести порядок на письменном столе; ей под силу улучшить условия труда. Но для того, кто, как *Cigna* в ту пору, стоит на краю пропасти, небольшое повышение производительности — словно мертвому припарка. Вряд ли летчика спасет повышение скорости, если одновременно он теряет высоту. Но его могут спасти знания. Говорит Гарри Ласкер из *Renaissance Solutions*, в свое время консультировавший *Gemini* и *Cigna*: «Мы обнаружили в этих организациях колоссальные залежи невостребованных знаний».

Организаторы страхования на дому получили дополнительное задание — создать и поддерживать в рабочем состоянии базу знаний — главным образом опросные листы, методы оценки степени риска, фамилии экспертов. Все это было введено в обычные компьютерные программы, какими пользуется всякий страховой агент. Нужно застраховать дом для престарелых в Калифорнии? Специальная программа подскажет, где расположена ближайшая трещина земной коры и велик ли, по мнению специалиста, риск, приведет расчетные формулы *Cigna* и так далее. При поступлении новой информации — данных экспертизы, ответов на запросы или «озарений» самих агентов — компьютерный редактор оценит ее и, если сочтет полезной, внесет изменения в базу данных. В результате любой страховщик получает возможность пользоваться передовым опытом. Эксперты и страхагенты пользуются одним и тем же набором программ. Дорого ли обошлась *Cigna* эта программа «поддержки решений»? Ласкер машет рукой. «Какое там! Фирма и так собирала все эти сведения, просто теперь они содержатся в файлах».

В отличие от ленты сборочного конвейера, интеллектуальная деятельность редко характеризуется неуклонным поступательным движением вперед. Это — нескончаемая череда зигзагообразных движений взад и вперед, череда совместных усилий и обязательств. Тем не менее, структурный капитал способен упорядочить поток знаний. К примеру, создание рекламы на заказ — хаотичный, непредсказуемый процесс, в ходе которого клиент, бухгалтеры и творческие работники бесконечно вносят в проект мелкие изменения. Этот процесс может стать настоящим кошмаром, когда чуть ли не всякое предложение — «А что, если заменить бирюзу аквамарином?» — вынуждает начать все с нуля.

Директор отдела информации фирмы *Young&Rubicam* Николас Радд понял: старая система, представлявшая движение идей большей частью на бумаге, изжила себя. Хуже того — то и дело возникала путаница относительно того, какой из множества вариантов рекламы — последний и кто за что отвечает. *Young&Rubicam* вышли из положения благодаря базе данных *Lotus Notes* и компьютерной программе слежения за производственным процессом. Процесс был разбит на четыре важных и предсказуемых этапа: заявка, договор, исполнение и сдача-приемка готовой рекламы. Поскольку *Lotus Notes* автоматически вносит изменения во все файлы, подключенные к серверу, все участники проекта имеют возможность мгновенно определить, где они находятся и какой вариант рекламы сейчас в работе. Физическое движение копий, рисунков и макетов остается таким же неупорядоченным, как прежде — иначе не бывает, если речь идет о коллективном творческом труде. Но, группируя свою работу вокруг этих важных и предсказуемых этапов, фирма *Young&Rubicam* смогла избавиться от устрашающих бумажных гор. Спустя три месяца после перехода на новую систему исполнители доложили, что «просрочка» сократилась с 27 до 13 процентов, а объем работы, выполненной без превышения сметы, возрос с 73 до 87 процентов. Дублирование сократилось с 42 процентов до нуля.

В каждом из вышеописанных случаев — с сетью техобслуживания *Hewlett-Packard*, программой распространения передового опыта *US West*, программой «поддержки решений» *Cigna* и управлением поисками вариантов *Young&Rubicam* — компании добились повышения продуктивности благодаря увеличению скорости прохождения информации. «Мораль» — не в том, чтобы покупать новые программы, а в осознании того факта, что информация и знания в работе не менее важны, чем оборудование или материалы. И так же, как оборудованием и материалами, ими можно распоряжаться более продуктивно.

КАК ИЗБЕЖАТЬ ВЕЧНОЙ АЛЬТЕРНАТИВЫ: СКОРОСТЬ ИЛИ КАЧЕСТВО

Задумайтесь над словами «структура» и «организация». Что первым делом приходит в голову? Может быть, это?

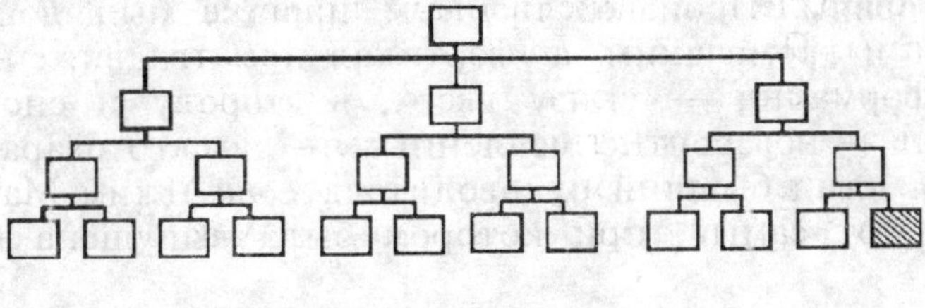

Старая добрая функциональная организация столь часто подвергалась критике, что будет нелишним напомнить о ее многочисленных достоинствах. Благодаря четким, прямым линиям связи и контроля в ней было ясно, кто за что отвечает. Разделение труда и объединение специалистов в строго контролируемые отделы: финансовый, производственный, торговый и т.д. — создавали высокую степень надежности. Если функциональная организация «окостеневала» и плохо приспосабливалась к переменам, это было не так уж и плохо для экономики массового производства, когда преимущество перед конкурентами создавалось за счет производства или продажи огромного количества идентичных, не слишком дорогих товаров либо услуг. Не случайно в традиционной организации потребители играли далеко не главную роль: с ними напрямую контактировали только работники торгового отдела (представленного на чертеже в виде заштрихованного прямоугольника). Их обязанностью было не мытьем, так катаньем заставить потребителей брать то, что уже произвела компания.

У компаний были все основания сокращать аппарат управления, но подчас вместе с водой выплескивали и ребенка: седобородых мудрецов, которые все видели и все понимали; медлительных чиновников, которые не раз — признайтесь честно — спасали вашу шкуру; контролеров всех мастей, чьи опыт и строгое следование бухгалтерским правилам служили тормозом для сомнительной инициативы. Ради них компании теряли в динамизме и умении приспосабливаться к новым условиям. Производственный процесс был дорогим и громоздким, а «вертикальное продвижение информации — снизу вверх, в сторону и снова вниз — невероятно медленным»,— так его охарактеризовал бывший руководитель *Lotus* Джим Манци, тот самый, при котором была выпущена на рынок программа *Lotus Notes* и который ныне возглавляет *Nets, Inc.* — компанию, создавшую в сети *Internet* виртуальный рынок, на котором деловые люди, покупатели и продавцы сходятся без посредников.

«Знания должны быстро и легко струиться от отдела к отделу,— говорит Роберт Бакмен, глава химической компании *Buckman Laboratories* со штаб-квартирой в Мемфисе и годовым объемом продаж в четверть миллиарда долларов и филиалами странах этак в восьмидесяти.— Нельзя больше то и дело совершать паломничества к гуру и обратно, как мы делали в прошлом. Это слишком медленная процедура; по дороге можно растерять важные детали». Своим успехом Бакмен, как и многие другие, обязан способности быстро решать сложные проблемы с учетом индивидуальных особенностей и пожеланий клиента. К примеру, целлюлозно-бумажный комбинат не просто заказывает несколько грузовиков хлора для отбеливания — вместо этого его эксперты с помощью экспертов *Buckman Laboratories* совместно работают над изобретением химического коктейля специально для данного потребителя, под его конкретное оборудование и производственные линии.

Когда в какой-то отрасли создается добавленная стоимость, самые перспективные сотрудники рвутся туда от своих письменных столов. Им нужны полномочия и знания. В иерархических организациях власть зависит от должности. Менеджер дает добро на сделки стоимостью до пятидесяти тысяч долларов, его начальник — до ста тысяч, а начальник начальника — до двухсот пятидесяти тысяч долларов. Приговор окончательный и обжалованию не подлежит. Дело не в том, насколько подскочит цена, а насколько подскочит кровяное давление клиента. Вот что говорит профессор Гарвардской школы бизнеса Куинн Миллс: «Хотите быстро и выгодно заключить сделку? В таком случае дайте властные полномочия тому, кто непосредственно ведет переговоры с заказчиком. Предоставьте ему право решать на месте». Но власть без компетентности — верный путь к катастрофе.

Подобно тому, как информация заменяет собой материальные ресурсы, структурный капитал может заменить организационные структуры. Во-первых, автоматизированные процессы сбора и распределения информации, подобные программе быстрого реагирования на жалобы клиентуры *Hewlett-Packard*, способны ликвидировать обычные заторы в вертикальных потоках информации. Во-вторых, сети коммуникаций, корпоративные *Yellow Pages* и базы знаний дают компаниям возможность выдвинуть своих самых компетентных сотрудников «на передовую», но при этом *их знания и опыт остаются доступными для всей корпорации.* «Это — величайшая революция в сфере предпринимательства, какую мы видели на своем веку»,— утверждает Боб Бакмен — и пропагандирует этот процесс простейшим доступным ему способом: создает через систему *Compuserve on-line* заочный форум, в ходе которого каждый сотрудник компании может задать любой вопрос и каждый может предложить ответ. Самые удачные предложения вводятся в базу знаний и доводятся до всеобщего сведения. Глубину знаний, достигаемую обычно многоуровневой иерархической организацией, компьютерная сеть и база данных заменяют широтой кругозора коллективного опыта и знаний всех сотрудников.

ИНТЕЛЛЕКТУАЛЬНЫЙ МЕНЕДЖМЕНТ УПРАВЛЯЮЩИХ-ИНТЕЛЛЕКТУАЛОВ

Предприятие само по себе не станет выпускать продукцию. Интеллектуальный менеджмент немыслим без управляющих-«интеллектуалов». Как и все прочие системы, структуры управления знаниями существуют ради достижения четкой стратегической цели. К примеру, консультационная фирма *McKinsey&Co.* обратилась к информационному менеджменту в условиях падения спроса на услуги, которыми она зарабатывала себе на хлеб с маслом. Пришлось подвергнуть пересмотру потребности клиентов. Оказалось, что главное, чего они ждали от *McKinsey*, — это всесторонняя, исчерпывающая экспертиза самых разных отраслей и специальностей. Фирма всегда гордилась своим стилем коллегиальной работы, когда престиж коллектива ставился выше престижа отдельных консультантов. Люди охотно делились знаниями, чаевыми и интересными историями. Но эта традиция вошла в противоречие с потребностью клиентов в более полной и конкретной экспертизе. Поначалу пошли было по пути большей специализации и одновременно универсализации всей фирмы, из-за чего стало труднее обмениваться знаниями. Настоящим решением проблемы стало создание команды быстрого реагирования на базе нью-йоркского отделения *McKinsey*. Это небольшой коллектив библиотечных и научных работников, получающих запросы от консультантов. Один из владельцев фирмы, Филип Брук Мэнвилл, называет их «интеллектуальными следователями». Их деятельность складывается из трех этапов. Первым делом нужно провести обстоятельную беседу с консультантом, обратившимся к ним за помощью, — чтобы досконально представить себе проблему и предложить возможные варианты решения. Дальше — хорошенько порыскать в библиотеке фирмы, где хранятся отчеты о проведенных исследованиях, вырезки из журналов и газет, книги, периодика и другие источники информации; ради ускорения поиска большая часть этих материалов введена в компьютер. А затем свести автора запроса с одним или несколькими коллегами — пообещавшими, как бы они ни были заняты, без промедления ответить на все вопросы. Естественно, такая система добровольной помощи невозможна без признания ее всеми работниками компании в качестве высшего стратегического приоритета.

И впрямь, структурный капитал, квинтэссенция интеллекта, зависит от желания людей добровольно (пытки не входят в «Утвержденный перечень технологий современного управления») делиться знаниями и опытом. Говорит Кэрол Энн Огдин: «Если я — бухгалтер и придумала хитрый способ решить налоговую проблему, не в моих интересах вводить эту информацию в компьютерную базу данных». Без высокой культуры командной работы и развитой системы поощрения сад знаний придет в запустение.

До того как его приведут в порядок, он пребывает в хаотическом состоянии, как школьный двор во время летних каникул. Активная сеть управления знаниями — самокорректирующаяся система. Ошибки тают в ярких солнечных лучах. Тем не менее опрятность не относится к достоинствам сетей. Ошибки должны быть исправлены и стерты из компьютерной памяти, новые оригинальные идеи — доведены до общего сведения, «горький опыт» — задокументирован. Иными словами, кто-то в организации должен отвечать как за содержание фонда знаний, так и за технологию их использования.

На сцену выходят новые управляющие — информационные менеджеры. Консультируя фирмы, выпускающие особо крупную и сложную продукцию, «интегратор знаний» из фирмы *Andersen* Маргарет Мэтьюз ощущает себя «отчасти библиотекарем, отчасти предпринимателем-интеллектуалом и отчасти организатором досуга на туристическом лайнере». Вместе с коллегами она отвечает за поддержание в порядке баз данных, классификацию и форматирование документов, стирание устаревшей информации. Им также вменяется в обязанность агитировать консультантов за использование системы, пересылать информацию в главную ЭВМ и — главное — определять темы будущих исследований. «Мы стремимся сделать информационный менеджмент такой же сферой профессиональной деятельности, как управление людьми и финансами»,— говорит Мэтьюз. Заметим кстати: эти люди не выделены в специальную группу, а трудятся на самых разных участках. Мэтьюз, например, отчитывается перед главой отдела промышленного производства — так виднее, какими знаниями объединение располагает и в каких остро нуждается.

Успех в управлении структурным интеллектуальным капиталом в огромной степени зависит от руководителей. Я не особенно верю в совершенные системы стимулирования добровольного обмена знаниями; встреча в непринужденной обстановке, ужин на двоих и премиальные представляются мне гораздо более действенными приемами. Нет лучшего стимула, чем заинтересованность босса, утверждает Боб Бакмен. «Я не знаю ни одной компании, где бы сотрудники не ориентировались на начальника». Если он говорит, что на форуме специалистов по электронике видел нечто способное помочь вам в работе, вы больше не чувствуете себя в фирме посторонним. Если дает понять, что приветствует свободный обмен знаниями, люди будут ими обмениваться.

Многие руководители — то ли по причине технофобии, то ли потому, что заняли ответственные посты во времена информационного дефицита, — проповедуют важность интеллектуального труда так, словно их лично это не касается. Терри Нил из *Andersen Consulting* сетует: «Многие высшие должностные лица интеллектуально уже вышли на пенсию. Они считают ниже своего достоинства учиться пользоваться электронной почтой — это, мол, дело секретарей. Непростительная ошибка!». Корни заблуждения — в одном из двух распространенных мифов: что интеллектуальный капитал не играет большой роли (если так, зачем компания вкладывает в него столько денег?) или что он развивается сам по себе (в таком случае, за что она платит деньги *вам*?).

Глава 8

ОПАСНОСТЬ ЧРЕЗМЕРНЫХ ИНВЕСТИЦИЙ В ЗНАНИЯ

Единственный незаменимый капитал, находящийся в распоряжении организации, — компетентность ее работников. А продуктивность этого капитала зависит от того, насколько эффективно люди делятся знаниями и опытом с теми, кто извлекает из них пользу.

Эндрю КАРНЕГИ

Предположим, что я — служащий компании, входящей в корпорацию. Структурный капитал берет мои знания и передает потребителям. Он отбирает и выстраивает ресурсы корпорации таким образом, чтобы поддержать и усовершенствовать мои идеи и мою работу. Но он может и привлечь ко мне внимание бюрократов, которые будут тормозить дело. Может снабдить меня информацией, необходимой для успешного выполнения задания, — а может завалить всяким хламом. С интеллектуальными ресурсами, как со всякими другими, нужно знать меру. Тут-то и встает главный вопрос организации труда в век информации. Что может компания предпринять, чтобы ее структурный капитал максимально помогал людям работать и минимально мешал? В этой главе речь пойдет о теории и практике информационных перегрузок; будут предложены меры, призванные помешать превращению информационного менеджмента в еще одну бюрократическую структуру.

Сейчас, в эпоху расцвета мировых компьютерных сетей, когда каждый день появляются новые микросхемы, программы и машины, важно не упускать из виду, что реторты и перегонные кубы структурного капитала носят по существу консервативный, а не новаторский характер. Их функции — сбор, тестирование, организация, очистка и более эффективное распределение уже существующего знания. В своем магистральном труде «Место города в истории» Льюис Мамфорд пишет о той роли, которую средневековые университеты сыграли в развитии городской жизни. Университеты, подчеркивает Мамфорд, задумывались не как центры гуманитарной учености (то была более поздняя надстройка), а как профессиональные школы — права, медицины, теологии. Замените «город» «корпорацией», а «университет» «структурным капиталом», и вы поймете, что административные системы, базы данных и другие формы организации знаний поддерживают огонь, а не складируют топливо.

«Целью создания университетов,— пишет Мамфорд,— была профессиональная подготовка людей к их будущей миссии и выработка правил трудовой деятельности. В университете поиск знаний возвысился до постоянной структуры, не связанной с какой-либо одной группой духовных лиц, ученых или учебников. Система знаний считалась важнее разрозненных сведений. Университет способствовал наилучшему выполнению трех важнейших функций города: накопления культурных ценностей, их распространения и творческой обработки. Независимость университета от города и рыночных стандартов придавала ему особый авторитет — авторитет неголословной истины.

Зачастую крупнейшие научные открытия — от Ньютона до Эйнштейна, от Гилберта до Фарадея — делались за пределами университетских стен. В то же время без университетов были бы невозможны в таких масштабах увеличение и передача интеллектуального наследия.

Структурный капитал не может сломать форму, потому что он и есть — форма. Рынок — мать новизны. Да, новые строительные блоки структурного капитала — патенты, рациональные предложения, базы данных, компьютерные сети — способны переделать или заменить старую конструкцию; само наличие в компании электронной почты и компьютерных сетей таит непосредственную угрозу и в конце концов разрушает традиционную деловую иерархию. Но эти новые структуры и сами создают трудности, заменяя удушающую руку бюрократии удушающими лианами информационных перегрузок. Профессор Школы управления бизнесом при Массачусетском технологическом институте Томас Мэлоун объясняет: «В старом мире информация стоила очень дорого, поэтому мы обходились небольшим ее количеством; мы создавали организации, способные функционировать в информационной пустыне. Теперь же поиск информации, ее накопление и движение даются так легко, что мы оказались в информационных джунглях. Техника выживания в пустыне здесь не годится. В выгодном положении окажется тот, кто научится извлекать выгоду из растущего, как снежный ком, объема информации».

Развитие компьютерных сетей привело к информационному взрыву. Дрожащие от нервного возбуждения руководители жалуются (или это форма хвастовства?), что получают по электронной почте двести посланий в день — и это еще помимо неиссякающего потока звонков, памятных записок, факсов и даже писем. Из-за переизбытка информации *Sun Microsystems* напоминает вселенский потоп: сюда ежедневно поступает полтора миллиона сообщений со всех концов страны — по сто двадцать на одного служащего. И нет никакой возможности закрыть кран. Опасность видна невооруженным глазом. Срочное вытесняет важное; другие постоянно покушаются на ваше время; ваша ячейка для почты до отказа набита посланиями, начинающимися с «Доводим до вашего сведения» (то, до чего вам нет дела) или «Каково ваше мнение?» (относительно того, о чем вы понятия не имеете). Впору затосковать по добрым старым временам, когда нужно было визировать у пяти человек заявку на приобретение скоросшивателя.

Переизбыток информации — вполне реальное явление, высвечивающее важный парадокс управления интеллектуальным капиталом. При том, что любой, кто имеет отношение к управлению знаниями, засыплет вас жалобами на недостаток инвестиций («загубленные таланты, неприкаянные идеи»), неуправляемый рост интеллектуальных фондов с такой же неумолимостью ведет к обратному — чрезмерным инвестициям в знания. Не в силах привести в порядок лавину знаний, мы вроде и не несем за нее ответственность.

Возьмем *IBM.* История не знает компании, располагающей более значительным человеческим капиталом. На одном коллоквиуме, в котором я принимал участие, разговор зашел о том, как много интеллектуальной мощи потеряла *IBM*, лишившись ста пятидесяти тысяч способнейших в мирс работников. Так оно и было. Но и до ухода этих умников *IBM* чертовски плохо работала. Бывший главный инженер проекта известного микропроцессора *PowerPC*, созданного *IBM* с компаниями *Apple* и *Motorola*, Том Уайтсайд выразился так: «В *IBM* дураков нет, но все эти умники — кошки, гуляющие сами по себе».

Страсть к выгоде, получаемой благодаря интеллектуальному капиталу, не должна удовлетворяться за счет главных принципов управления. Бизнесмен обязан постоянно стремиться к наиболее эффективному использованию фондов, повышать их коэффициент полезного действия, обходиться как можно меньшим их количеством. Неиспользуемые фонды — камень на шее организации. Если бы при медицинском осмотре следовали принятой на производстве системе учета, жировые складки числились бы среди полезных ресурсов.

В своей книге о компьютерных сетях под названием «Связи» социологи Сара Кислер и Ли Спроулл утверждают: мы слишком много вкладываем в знания. С ними согласен Мэтс Альвессон, профессор кафедры бизнеса Гетеборгского университета в Швеции: «Люди чрезмерно увлекаются информацией. Хапают больше, чем полезно для дела. Хотят быть (а чаще — казаться) предусмотрительными, рациональными, надежными, даже умными. Как ни парадоксально, но это иногда приводит к обратным результатам». Мне достаточно зайти в свой кабинет, чтобы увидеть, с какими излишками информации я имею дело. Годовые отчеты, результаты чьих-то исследований, обзорный материал и рекомендации консультационных фирм, распечатки наиболее интересных сообщений, полученных по электронной почте, вырезки из газет, стопки непрочитанных книг и кипы самых разных бумаг, не говоря уже о десятках тысяч записок, телефонных номеров, черновиков, обрывков информации в компьютерной памяти... Все это хранится «на всякий случай». А ведь опыт японских промышленников убедительно доказал, что от запасов нужно безжалостно избавляться, заменяя их поставками «в срок»; то же относится и к информации. Горы информации «на всякий случай», как завалы материальных ресурсов, парализуют полезную деятельность.

Организации склонны делать ту же ошибку, что и отдельные люди. У *IBM*, например, были не слишком большие штаты по сравнению с другими компьютерными компаниями. Зато она переусердствовала по части структурного капитала — громоздкого, неслаженно работающего аппарата, — который и помешал компании идти в ногу с быстро меняющимся рынком и во всей полноте реализовать — а значит, и удержать — имеющиеся в ее распоряжении таланты.

Так что оставим на время технологии структурного капитала и вернемся к изложенным ранее принципам. В четвертой главе говорилось, что существуют два вида интеллектуального капитала. Первый — полупостоянная совокупность знаний, группирующихся вокруг какого-нибудь задания, или личности, или организации. И второй — инструментарий для его увеличения путем доставки нужных знаний тем, кому это нужно, и именно тогда, когда нужно. Здесь будет уместно добавить: хотя в компаниях постоянно обрабатывается масса информации, знание, создающее добавленную стоимость, редко бывает шаблонным. Каждая торговая сделка, каждый проект, каждое юридическое заключение уникальны, поэтому не всегда знаешь заранее, какая конкретная информация может понадобиться.

Отсюда вытекают две задачи структурного капитала. Первая — о ней шла речь в предыдущей главе — состоит в кодировании совокупности знаний с целью сохранения «рецептов», которые в противном случае могут быть утрачены. Это могут быть в буквальном смысле рецепты ресторана или компании, занимающейся производством продуктов питания; или чертежи атомной электростанции, к которым захотят вернуться спустя много лет, когда проектировщики уже покинули этот мир; или разработки по открытию филиалов за рубежом — наподобие «прототипов» фирмы *Skandia.*

Вторая задача структурного капитала — на время («поставки в срок») свести вместе людей и фактический материал, специалистов и накопленный опыт. Особых успехов в этом добилась компания *Hewlett-Packard*, поэтому представляется целесообразным на ее опыте разобрать механизм взаимодействия разных способов управления структурным капиталом.

Краса и гордость Силиконовой долины, она выросла из гаража в Пало-Альто, Калифорния, и стала в наши дни всемирно известным гигантом, на котором работает 110 800 человек; объем продаж за 1995 год составил 31,5 миллиарда долларов. В 1993 году *Hewlett-Packard* обогнал *Digital Equipment Corp (DEC)* и стал вторым по величине производителем компьютеров; его производство персональных машин, вступившее в строй в 1995 году, в кратчайший срок вышло на шестое место в мире по объему продаж; он контролирует 70% производства компьютерных принтеров. С 1991-го по 1995 год чистая прибыль *Hewlett-Packard* возросла с 11,1% до 23,3%. Вместе с тем, не далее как в октябре 1995 года, компания страдала от той же бюрократической заразы, что поразила *IBM* и *DEC*. Централизованный маркетинг и медленное, на основе консенсуса, принятие решений привели к тому, что в ту осень цена акции упала до двадцати пяти долларов — самый низкий показатель за многие годы. Тогда-то семидесятивосьмилетний Дэвид Пакард и прервал на время «заслуженный отдых», чтобы сыграть активную роль в спасении своего детища. Всего лишь через год стоимость акционерного капитала удвоилась, и *Hewlett-Packard* вернула себе утраченные позиции. Образцовое управление структурным интеллектуальным капиталом сыграло решающую роль в ее возрождении.

ДВЕ ЗДРАВИЦЫ В ЧЕСТЬ ОТКРЫТОСТИ

Первым важным шагом стало признание того, что интеллектуальная компания не может преуспеть, если ее важнейшие ресурсы хранятся под замком. «Нельзя взять крупную организацию, набрать толковых ребят и ждать, что на вас посыплется манна небесная», — предупреждает экономист из Массачусетского технологического института Джулио Ротемберг, изучавший влияние стиля управления на обновление производства. Отдача от инвестиций в знания зависит от корпоративных систем и культуры, обеспечивающих потоку знаний свободное развитие. А это предполагает отказ от устаревших правил, в которых задыхаются новые идеи.

Открытость еще на заре существования *Hewlett-Packard* стала ее девизом и все годы занимала почетное место в риторике компании, но действительность стала другой. К примеру, в 1985 году правила техники безопасности гласили: «Компьютерные системы должны быть устроены таким образом, чтобы максимально сократить число допущенных к ним лиц и масштабы пользования. Необходимость пользования должна быть письменно обоснована». В 1991 году политика изменилась на прямо противоположную. Новые правила звучат так: «Лицам, работающим с информацией, предоставляется доступ к любым данным, способным помочь им в работе, если не последует особый запрет со стороны администрации, обязанной представить обоснование для запрета или ограничения». Директор службы информации *Hewlett-Packard* Роберт Уокер приветствует такие перемены: «Благодаря возможности широко и полно обмениваться информацией мы достигли результатов, о которых всегда мечтали».

Но в компании, где у каждого есть компьютер и все они связаны между собой, информационный взрыв был неминуем. К середине 1994 года 97 тысяч сотрудников *Hewlett-Packard* ежемесячно обменивались двадцатью миллионами сообщений по внутренней электронной почте, в дополнение к 70 000 контактов с «внешним миром». Компания заключила по компьютерной сети более четверти миллиона сделок с заказчиками и поставщиками — не говоря уже о множестве телефонных переговоров и письменной корреспонденции. Говорит Чак Силофф, ответственный за информационное обслуживание специалистов *Hewlett-Packard* во всем мире: «Раньше информация была в дефиците. А теперь ее так много, что мы не знаем, что с ней делать».

ИЗВЛЕЧЕННАЯ, А НЕ НАВЯЗАННАЯ ИНФОРМАЦИЯ

Специалисты из группы информационных систем *Hewlett-Packard* стали усиленно искать способ осушить болото, не трогая реку. Однажды, рассказывает Уокер, кого-то осенило: нужно делать различие между информацией, которую человеку *навязывают*, и той, которую он *извлекает* сам. Большинству из нас информация буквально «сваливается на голову». Всевозможные регулярные отчеты — еженедельные сводки о продажах, ежемесячные отчеты об исполнении сметы — скапливаются на наших письменных столах. Со всех сторон сыплются менее официальные документы — памятные записки и сообщения, поступившие по электронной почте. Информация звучит на совещаниях, по телефону, за чашкой кофе. И всякий раз «навязанная» информация имеет «извлеченного» двойника. Вместо того чтобы вас забрасывали отчетами, вы можете получить к ним доступ; документы могут поступать не в ячейки для почты, а в хранилище типа базы знаний, откуда любой может черпать их по мере надобности.

Hewlett-Packard помогла своим служащим очистить ящики письменных столов, освобождая людей от «навязанной» информации и направляя ее туда, откуда ее легко «извлечь». Полисы, телефонные справочники, описания продукции (20 тысяч наименований) и многие виды внутренней отчетности (не говоря уже о *Yellow Pages)* проходят через компьютеры. Вместо того чтобы заваливать издательства тысячами индивидуальных заявок на специальные журналы, информационные бюллетени и рекламные проспекты, *Hewlett-Packard* вводит в компьютерную память их электронные версии.

Осознав опасность «затоваривания» знаниями, *Hewlett-Packard* старается расширить так называемые зоны сознательного невежества. Вот таблица, составленная Лайэмом Фэйи из колледжа Бабсона:

	Знание	Незнание
Знание	Вы знаете, что у вас есть (выраженное знание)	Вы знаете, чего у вас нет (известные пробелы)
Незнание	Вы не знаете, что у вас есть (невыраженное знание)	Вы не знаете, чего у вас нет (неизвестные пробелы)

Обычно люди стараются расширить область знания о том, что у них есть, путем выявления невыраженного знания, заполнения пробелов благодаря научным исследованиям и тренингу или сканирования областей незнания. «Но в этом ли состоит наша истинная цель? — вопрошает Силофф. — Совсем не обязательно учить всех всему. Задача не в том, чтобы запихнуть как можно больше одинаковых знаний во множество голов, а в том, чтобы увеличить отдачу от интеллектуального капитала. А для этого нужно смириться с существованием «зон сознательного невежества» относительно того, что нам не нужно». Вот почему группа информационных систем *Hewlett-Packard* настаивает на отказе от чрезмерных инвестиций в знания.

СПЕЦИАЛИЗАЦИЯ

Можно сэкономить усилия многих людей, увеличивая знания немногих. Всего лишь двадцать классных специалистов — десять инженеров и десять человек обслуживающего персонала — заботятся о состоянии операционной среды для восьмидесяти тысяч индивидуальных пользователей компьютеров *Hewlett-Packard.* Они отвечают за распределение и обслуживание оперативной памяти (тексты, электронные таблицы, электронная почта), в которой нуждаются все и с которой прежде каждое подразделение справлялось самостоятельно, что не только было напрасной тратой времени и таланта, но и вело к несовместимости.

УПРОЩЕНИЕ И АВТОМАТИЗАЦИЯ

Стоимость содержания обслуживающих компьютерных сетей за пять лет превышает 48 000 долларов на человека. Пользуясь «рабочими столами» с информацией об операциях и командах, системами «поддержки решений» и искусственным интеллектом, можно упростить некоторые данные и процессы. На этом *Hewlett-Packard* рассчитывает сэкономить 10—15 тысяч долларов.

УПРАВЛЕНИЕ ИНФОРМАЦИОННЫМИ ЗАПАСАМИ

Себестоимость интеллектуального капитала может быть снижена благодаря доставке знаний по запросам. «Извлеченное» знание может быть большим, чем просто отчеты, телефонные номера или журналы по подписке. Подобно многим компаниям, *Hewlett-Packard* требует от своих менеджеров умения пользоваться приемами и технологией управления проектами (см. главу 13), но решила не заниматься традиционным «повышением квалификации» в учебных аудиториях. «Начальнику цеха,— говорит Силофф,— нет дела до теории управления проектами, так что мы сами этим занимаемся». Совместно с фирмой *Ernst&Young Hewlett-Packard* разработала серию одно- и двухдневных мини-курсов по конкретным аспектам управления проектами: например, как определить возможности проекта. Тот, кому это понадобилось, может обратиться за помощью и моментально получить ее. «Они формулируют конкретную проблему, с которой столкнулись на практике, — продолжает Силофф, — и платят моим сотрудникам, а те подключают их к модулю. Многие из начальников отнюдь не горят желанием садиться за парты, но готовы платить за получение необходимой информации в срок». Сходным образом торговые работники *Hewlett-Packard* больше не знакомятся с новыми образцами продукции в учебных аудиториях — раньше это отнимало у них недели за неделями рабочего времени. А сейчас информация содержится в компьютерной памяти, и к ней имеется свободный доступ в любое время. В разъездах коммерческие агенты пользуются тем, что получило многозначительное название *Electronic Sales Partner* — «электронный торговый партнер». Эта компьютерная система содержит более 13 000 документов (информация о продукции и ценах, инструменты повышения спроса, такие как презентация, и т.п.). Раньше приходилось пользоваться почтой — на них обрушивались многие тонны ерунды. Руководство компании подозревало, что половина корреспонденции остается непрочитанной.

ИНФОРМАЦИОННЫЙ МЕНЕДЖМЕНТ В УСЛОВИЯХ РЫНКА

Пока одни в *Hewlett-Packard* заняты расширением «зон невежества», другие стараются расширить зоны знаний. *Hewlett-Packard* экономично строит свой структурный капитал благодаря самому надежному средству от бюрократов — рынку. Фундаментальный принцип управления интеллектуальным капиталом гласит: «Знание — ценная штука, так что пусть платят».

Этот принцип в *Hewlett-Packard* чуть ли не насильственно внедрили в начале девяностых. Борясь с балластом, администрация поставила перед собой цель: заставить каждую функциональную ячейку аппарата управления доказать, что она не даром ест свой хлеб с маслом. Среди них оказалась «Организация производственных процессов» (ОПП) — группа советников, в чьи обязанности входили поиски инженерных разработок, разрешение проблем производства, качества и другие функции. Одним словом, это была внутренняя консультация, ответственная за внедрение и распространение передового опыта. Руководитель, Билл Кей, поставил перед собой задачу доказать, что все эти структурные ресурсы необходимы. Говорит одна из помощниц Кея, Джуди Льюис: «Билл должен был раскрыть всем смысл и значение нашего центра. Кое-кому он казался надстройкой, не производящей добавленной стоимости, — и до какой-то степени так оно и было». В числе первых шагов был один, весьма решительный. Кей превратил ОПП из бюджетной организации, стоимость содержания которой равномерно распределялась между подразделениями, в фонд, который стал продавать свои услуги, заключая с этими подразделениями договоры. Проект будет осуществлен только в том случае, если потенциальные потребители сочтут его достаточно ценным, чтобы раскошелиться. Реорганизация принесла плоды, но Кей не собирался останавливаться на достигнутом. По словам Льюис, они «все еще действовали как программы — качества, информационных систем, посредничества — и упускали кое-что существенное». Ни одна другая группа в составе *Hewlett-Packard* так хорошо не знала работу *всех* подразделений компании. ОПП изучала опыт Питера, чтобы затем научить Пола. Но Пол должен был заплатить, а чтобы у него возникло такое желание, ОПП предстояло как можно больше узнать о его невысказанных потребностях и убедить его в необходимости «покупки». То есть заняться производством и маркетингом знаний.

В 1994 году Льюис заглянула к друзьям из отдела испытательной и измерительной аппаратуры *(T&M)*. Поскольку его традиционный рынок (Военно-воздушные силы) из-за сокращения расходов на оборону переживал не лучшие времена, *T&M* жаждал новых идей. Льюис убедила руководство отдела «предпринять совместный поиск путей передачи знаний от одного подразделения *Hewlett-Packard* другому. Команда Льюис сосредоточила свои усилия на процессе создания новой продукции. ОПП особенно интересовали планирование производства и определение продукта — ранние стадии, на которых принимаются ответственные решения относительно его свойств и функций. *T&M* хорошо разбирался в планировании, но из-за своей однородной потребительской базы (главным образом военные и коммерческие компании, занятые освоением воздушного пространства) не овладел искусством и наукой сегментации рынка — то есть умением чуточку добавить или, наоборот, убрать, или минимально изменить свойства продукции — и для нее открылся новый рынок, в частности университеты. Они оказались «неизвестным пробелом» в коллективном сознании *T&M*.

Зато другие подразделения *Hewlett-Packard* прекрасно разбирались в сегментации рынка. Джуди Льюис рассказывает: «Мы стали собирать отзывы, случаи и опыт, о которых *T&M* не имел представления». Лазерные принтеры стали коронной продукцией *Hewlett-Packard* благодаря осознанию того, что для разных сегментов рынка следует разрабатывать разный дизайн продукции. Цех медицинских инструментов (производство, родственное *T&M),* также воспользовался сегментацией рынка, чтобы приспособиться к переменам, вызванным расцветом профилакториев и гигантских больничных сетей. Льюис вспоминает: «Мы собрали великое множество историй болезней. На *T&M* они произвели огромное впечатление — ведь для них это был совершенно новый мир и совершенно новый бизнес».

Одновременно это стало и началом новой жизни для ОПП. Команда Льюис сделала не что иное, как установила связи между знаниями, разработала программу, по которой ОПП стала посредницей между разными подразделениями *Hewlett-Packard.* Она собирала знания одного подразделения и приспосабливала для нужд другого. «Мы убедились в том, что если исходить из процессов и потребностей организации, обмен знаниями приносит огромную пользу». В результате на свет появились «пакеты делового знания» — структурные интеллектуальные источники. Помогая другим, ОПП и сама стала «умнее».

Дальше они задумались о том, как бы повысить отдачу от нового знания. Консультации «один на один» оказались весьма полезными, и гонорары послужили тому подтверждением, но каждый такой договор стал потенциальным источником нового знания, которое могло бы пригодиться и другим подразделениям *Hewlett-Packard.* ОПП стремилась как можно скорее поделиться вновь обретенным богатством. Для этого она выделила главные направления, представляющие интерес для всех подразделений *Hewlett-Packard:* например, разведка интеллектуального потенциала соперников, создание новой продукции, освобождение от излишков, сокращение сроков прохождения товаров до рынка и так далее. Все это стало основой для компьютерной программы «Связи между знаниями» с применением внутренних сетей Web-серверов. Страницы этой системы — это комбинации антологий и каталогов, призванных довести до сведения администрации, чем располагает ОПП и как это следует применить, чтобы получить выгоду. Кто угодно может рыскать по всей программе или выбрать тему — например, управление каналами розничной торговли — и получить на экране компьютера набор документов, историю вопроса и контакты. Специалист в области усовершенствования продукции Гэри Грей делится опытом: «Невозможно хранить информацию буквально обо всем и разной степени глубины, поэтому мы создаем аннотации с кратким изложением сути программы». Менеджер, озабоченный доставкой материалов «со стороны», должен знать, как это делают другие и — главное — кто именно.

Основным достоинством программы «Связи между знаниями» и гарантией от ее превращения в элемент бюрократии является то, что подразделениям *Hewlett-Packard* приходится за нее платить. Знакомя клиентов с прототипом электронной версии «Связей между знаниями», Грей, Льюис и другие подчеркивают: на составление аннотаций, ввод в компьютер, управление системой и получение ответов требуется время; согласны ли клиенты выложить за консультацию лишние 25 процентов? Никто еще не отказался.

Подразделениям *Hewlett-Packard* нет нужды перерывать всю ОПП в поисках структурного капитала: ей в помощь создана так называемая «Сеть обновления производства» — *Work Innovation Network*, сокращенно *WIN*. *WIN* предоставляет каждому подразделению *Hewlett-Packard* возможность выступить в роли устроителя серии презентаций, конференций и семинаров по проблеме, над которой он в данное время ломает голову: например, как справиться со все укорачивающимся циклом жизни их продукции. Как правило, отдел-устроитель готовит тематическую конференцию этак на полдня и по радио приглашает всех работников компании. Если предмет обсуждения актуален и вызывает горячую реакцию на «рынке», он начинает жить собственной жизнью в виде ежемесячных совещаний со спикерами из разных подразделений и непрерывным обменом опытом. Иногда конференции в рамках *WIN* перерастают в новые неформальные практические группы.

Программы, подобные *WIN* и «Связям между знаниями», отражают здоровый баланс между человеческой и технической сторонами структурного капитала. Технологические сети сами по себе не представляют ценности. По утверждению профессора Политехнического университета в Нью-Йорке Мэла Горвича, «сети убеждают в том, что люди по-прежнему важны». Роль технологии — в поддержке подлинной сети знаний как свободного потока информации от одного человека к другому. А вот точка зрения Грея: «Пока компания стремительно растет и расширяется, неформальные сети действуют не слишком активно. Вот тут-то на помощь и приходят информационные системы. Они создают механизм, обеспечивающий доступ к содержанию неформальных сетей».

Это позволяет примирить вроде бы противоречащие друг другу требования человеческого и структурного капитала. Цель систем управления знаниями — будь то университеты при корпорациях, специалисты по работе с кадрами или базы знаний — накапливать знания не ради них самих, а ради «работников интеллекта» и потребителей. «Интеллектуалы», создающие ценности, не очень-то жалуют системы. Они склонны срезать углы, забывать отчитываться перед боссом и игнорировать призывы к командной работе. Работодатели правы в своем стремлении удержать человеческий капитал в компании, но главный критерий оценки любой системы кодирования знаний и управления ими — не то, много ли она «знает», а облегчает ли жизнь служащим и потребителям. И если мы толкуем понятие «потребительский капитал» как «вероятность того, что наши потребители и впредь будут иметь с нами дело», то структурный капитал можно определить как «то, ради чего к нам будут поступать на работу светлые умы и не захотят уходить».

Лучшая организационная структура -- та, что вроде бы и не существует: прозрачная, неуловимая связь между работниками компании и потребителями. Это убедительно доказал Ник Бонтис из университета Западного Онтарио. Он попросил шестьдесят четырех человек — соискателей степени магистра экономики управления — ответить на ряд вопросов о компаниях, где они работают. Ответы должны были помочь вывести рейтинг человеческого, структурного и потребительского капитала этих компаний. Будущих магистров попросили оценить по семибалльной шкале высказывания типа «наши служащие очень умны», «люди учатся друг у друга», «фирма работает продуктивно», «системы обеспечивают легкий доступ к информации», «потребители отличаются постоянством», «фирма ориентируется на рынок» и так далее. Данные обобщили и сопоставили с финансовыми показателями компаний — такими как отдача от средств производства, рост объема продаж и степень новизны. И вот что интересно — Бонтис не обнаружил причинно-следственной связи между высоким уровнем структурного капитала, с одной стороны, и богатым человеческим или потребительским капиталом — с другой. Похоже, структурный капитал не участвовал в создании двух других, а они не участвовали в его создании. Он *соединял.* Более того, не структурный, а человеческий и потребительский капиталы влияли на финансовое положение организации.

В век информации главный критерий оценки эффективности компании — мощь и быстрота, с которой она увеличивает человеческий капитал. Дэйв Ульрих из Мичиганского университета предлагает формулу: способность компании учиться равна способности генерировать новые идеи, умноженной на способность распространять их внутри компании. Но конечная цель этой способности распространять, тождественная со структурным капиталом, — связывать людей с экспертами и информацией, потребителей с компанией, — и затем улетучиться с дороги.

Стен Дэвис, консультант из Бостона, формирует эту мысль еще более энергично: в век информации, говорит он, компании вынуждены организовываться так, чтобы оперативно доставлять нововведения своим клиентам, так что они редко тратятся на шикарные структуры типа отделов и отделений вообще. Они просто *действуют.*

Глава 9

ИНФОРМАЦИОННЫЕ ВОЙНЫ И СОЮЗЫ

Перед постройкой стен одну задачу
Решал я: что спасу и что утрачу?..

Роберт ФРОСТ

Каждый час из аэропорта «Ла Гуардиа» в Нью-Йорке уходит самолет компании *United Airlines,* совершающий посадку в аэропорту *O'Hare* в Чикаго. Его всего лишь на несколько минут опережает — или на несколько минут отстает от него — рейс компании *American Airlines,* также приземляющийся в *O'Hare.* В следующую пятницу, в пять часов вечера, я буду сидеть в одном из этих самолетов, спеша на 75-летний юбилей матери. Оба самолета будут одинаково заполнены пассажирами; пассажирам предложат одинаково малосъедобные закуски; они прибудут в пункт назначения с тем же интервалом в несколько минут; в карманах на задних спинках сидений найдутся сборники кроссвордов примерно одинаковой степени трудности и занимательности. Я мог бы за одну и ту же цену купить билет любой из этих компаний. Но я полечу самолетом *American.* А моя сестра вылетит из Нью-Йорка на следующий день самолетом *United.*

Знаете, почему один из нас выбирает *American*, а другой — *United*? Несколько лет назад мы поразному решили, какую компанию мы будем поддерживать. При прочих равных условиях (как это обычно бывает) я прошу агента из бюро путешествий забронировать мне место в том воздушном лайнере, на котором я однажды остановил свой выбор. Теперь уже не помню, почему я предпочел *American*. В 1996 году благодаря этому предпочтению Боб Кренделл положил в карман 3500 долларов. Если ничего не случится, туда же в 1997 и 1998 годах перекочуют практически такие же суммы.

Такой образ действий делает меня источником богатства для *American Airlines* — не столь ценным, как мой сосед, который ежегодно наматывает по сто тысяч миль, но таким, от которого не откажется ни одна компания, — постоянным клиентом. Чтобы сохранить ценность меня-как-источника, *American* идет на определенные жертвы. Она возвращает мне часть моего капитала в виде бесплатных полетов, заботится о том, чтобы *Citibank*, *MCI* и другие подобные компании обслуживали меня в кредит или по телефону; это позволяет мне немного сэкономить и, по идее, еще больше привязывает меня к *American*. Ради меня компания договаривается с отелями и пунктами проката автомобилей, а также с другими авиакомпаниями. Иногда они даже устраивают меня в салоне более высокого класса, если рядом нет более ценного «источника» и если я догадаюсь спросить, нет ли свободных мест. Всего этого достаточно, чтобы я хранил верность *American Airlines*, хотя и не настолько глубокую, чтобы гарантировать ей предпочтение при изменении условий в пользу других компаний.

Любая компания, имеющая потребителей — заказчиков, покупателей или клиентов, — обладает потребительским капиталом, который Хьюберт Сент-Онж определяет как ценность ее продолжительных отношений с людьми или организациями, которым она продает свою продукцию. Из трех основных категорий интеллектуальных источников богатства — человеческого, структурного и потребительского — значение потребителей особенно бросается в глаза. Они платят по счетам. И поэтому отпечатки их подошв на финансовых документах заметить легче, чем следы других. Хотя финансовая отчетность многих компаний этого не предусматривает, в общем несложно разглядеть признаки присутствия потребительского капитала, такие как удельный вес определенной продукции в общем объеме продаж, постоянство покупателей или клиентов, доля прибыли в расчете на одного потребителя. Неудивительно, что существует обширная литература о том, как представить в денежном выражении, скажем, постоянство потребителей (см. *Приложение)* или верность торговой марке (одно из проявлений потребительского капитала: стремление покупать вашу продукцию, даже если она дороже).

При всем при том, если вдуматься, потребительский капитал — наименее управляемый из всех нематериальных источников. Многие компании — газетные киоски, кулинарии, большинство супермаркетов, автобусные компании, многие продавцы товаров в розницу — даже не знают своих потребителей. *American Express*, — организация, обслуживающая кредитные карточки — знает, что я обычно покупаю у *Bloomingdale*, а сам *Bloomingdale* — нет. *Procter&Gamble* располагает детальной демографической информацией о том, сколько мужчин моего возраста и материального положения покупают его товары, но понятия не имеет, какой пастой я чищу зубы — *Crest* или *Colgate.* Многие компании обращаются со своими потребителями по принципу «бери или убирайся». Универмаги и магазины готовой одежды освоили замечательный защитный маневр, заставляя покупателей подолгу ждать снижения цен, даже в сезон рождественских покупок. Только плохим управлением потребительским капиталом можно объяснить тот факт, что американские компании за пять лет теряют в среднем половину своих покупателей — и это при постоянном совершенствовании товаров, незначительном росте цен и нескончаемых декларациях, как следует дорожить покупателями. Неудовлетворенность американских покупателей постоянно растет.

Возможно, ценность потребительского капитала и очевидна, но это просто поразительно — *насколько* он ценен. По расчетам автомобильной компании *Ford Motor*, каждый процент прироста потребительского постоянства (сколько владельцев «фордов» в следующий раз купят именно «форд») приносит прибыль в сумме сто миллионов долларов в год. Компания *MBNA*, выпускающая кредитные карточки, подсчитала, что если она снизит число людей, отказывающихся в следующий раз покупать ее карточки, всего на пять процентов, то прибыль в расчете на одного покупателя возрастет на 125%! Такая отдача от потребительского капитала убеждает: отношения с потребителем — не просто цепочка более или менее приятных событий, но и источник финансового благополучия. Необходимо понять динамику управления этим источником: от чего зависит его увеличение или уменьшение, что заставляет его дорожать или обесцениваться.

Тех, кто дочитал до этого места, уже не может удивить следующее высказывание: в век информации потребительским капиталом невозможно обзавестись, выуживая факты в потоках товаров и услуг от продавца к покупателю: нужно забрасывать сеть в курсирующие между ними потоки информации и знаний. Будучи важнейшим компонентом ценности экономических сделок, знания в то же время — главный ингредиент потребительского капитала. Здесь будет уместен рассказ о том, как *Merck&Co.* и их конкуренты в фармацевтической отрасли столкнулись и справились с катастрофическим снижением ценности их потребительского капитала.

КРИЗИС ПОТРЕБИТЕЛЬСКОГО КАПИТАЛА В ФАРМАЦЕВТИЧЕСКОЙ ПРОМЫШЛЕННОСТИ

Располагая первоклассными научно-исследовательскими лабораториями, превосходной системой управления финансами и гибкой, динамичной организацией, фирма *Merck&Co.* семь лет подряд оставалась «самой популярной американской фирмой» в списке пятисот компаний с наивысшей деловой репутацией, ежегодно публикуемом журналом *Fortune*. Компанию уважали потребители — врачи и клиники, и она заставила служить им первоклассную рабочую силу — продавцов-провизоров, людей, подкованных в фармакологии. Можно сказать, что это были лучшие продавцы в мире. Представьте себе торговых агентов из двенадцати фирм разного профиля, зашедших в бар после жаркой рабочей недели, чтобы расслабиться. Провизор будет сидеть с самого края стойки, в мокасинах от Гуччи, потягивать «чивас» и рассчитываться «золотой карточкой» *(Gold Card)* под завистливые взгляды прочих посетителей.

Фирма *Merck* добилась успеха за счет интеллектуальных фондов, но лишь в незначительной степени — за счет потребительского капитала. Гораздо большую роль сыграл человеческий и структурный капитал, проявившийся в открытии, разработке и патентовании новых лекарств, а затем в получении лицензий на торговлю ими. В 1990 году чистая прибыль компании *Merck*, отраженная в бухгалтерском балансе, составила 22,2%. В целом прибыль для всех фармацевтических компаний, удостоенных чести войти в перечень *Fortune,* составила 13,1%, а средний показатель для всех компаний вообще — 4,7%. Такой разрыв сразу бросается в глаза и вызывает громы и молнии со стороны политиков, озабоченных стоимостью медицинских услуг. Но стоимость знаний, производящих эти дорогие лекарства, осталась за пределами бухгалтерского баланса. Как правило, разработка нового лекарства обходится так дорого — около четверти миллиарда долларов, — что затраты *Merck* на «исследования и развитие» намного превышают все прочие. Компания справедливо относит их на счет капиталовложений, а не расходов. Если бы можно было эти активы сложить с материальными фондами, говорили руководители *Merck*, то в смысле прибыли «мы бы ничем не отличались от других». (Не дайте себя разжалобить: на самом деле бизнес фармацевтических компаний приносит сказочные доходы).

Почти никто не заметил, как из-за изменений в характере потребительского капитала фармацевтические компании оказались на краю гибели. Корни драмы уходят в начало восьмидесятых годов, когда оптово-распределительная компания *McKesson* установила связи с розничной торговлей через казавшиеся в то время очень сложными компьютерные сети. Имея доступ к складам *McKesson* и ее компьютерной сети, фармацевты получили возможность избавиться от запасов, что привело к солидной экономии средств, а *McKesson* выиграла за счет скидок, так как покупала лекарства крупным оптом. Кроме того, сети оптовиков снабжали потребителей информацией о взаимодействии разных лекарств, что делало их особо ценными для маленьких аптек. Система *McKesson* действовала так эффективно, что доля лекарств, отпускаемых по рецептам, в оптовой торговле за несколько лет удвоилась — выросла с сорока до восьмидесяти процентов. Правда, перемены коснулись главным образом оптовой и розничной торговли, для врачей и больниц ничего не изменилось; что же касается производителей лекарств, то они стали зарабатывать значительно больше, чем прежде.

В конце восьмидесятых в лекарственном бизнесе произошли новые изменения — главным образом в относительной ценности разных частей интеллектуального капитала. Ценнейшим знанием в отрасли была рецептура лекарственных средств, разрабатываемая в лабораториях фармацевтических компаний, но производителям вдруг стало труднее получать «навар» со своих изобретений. Частично дело было в распространении «ходовых», непатентованных медикаментов, но гораздо большее значение имело развитие системы профилактики болезней. И тогда, подхватив знамя *McKesson*, компании типа *Medco Containment* взяли на себя функции «менеджеров по информации для фармацевтической промышленности». Они заключили договоры с органами здравоохранения и существовавшими за счет владельцев группами охраны здоровья на предприятиях, что позволило получить доступ к информации о выписываемых рецептах и доставлять лекарства непосредственно больному, минуя традиционных посредников — аптеки и оптовых торговцев. *Medco* располагала информацией на *индивидуальном* уровне, ранее ревниво охраняемой врачами и провизорами. *Merck* и другие фармацевтические компании считали своими потребителями врачей, больницы, оптовиков и аптеки, — а *Medco* стала ориентироваться на «низовое», главное звено цепочки: больного.

Вооружившись информацией, подразделения *Medco* во всем мире воспользовались ею двояко. Во-первых, они полностью исключили для некоторых хронических больных — тех, что вынуждены постоянно принимать одни и те же лекарства, — контакты с розничной торговлей, то есть с аптеками. А во-вторых, наладили сотрудничество с врачами, убеждая их прописывать непатентованные варианты распространенных лекарств или дешевые аналоги для лечения, скажем, язвы или гипертонии. Эти ребята нанесли огромный ущерб аптекам и производителям. Их знание потребителей оказалось эффективнее знаний в области химии, которыми располагали изготовители, так что прибыль последних оказалась под угрозой. Анализ, проведенный Бостонским объединением консультантов за период 1987 — 1992 гг., показал, что компании охраны здоровья и снабжения фармацевтов информацией, то есть наиболее информационноемкие организации, удвоили свое присутствие на рынке и стали получать вдвое большие скидки от производителей. Двадцать лет назад из каждого доллара, уплаченного за лекарства, отпускаемые по рецептам, 67 центов возвращались к производителю; теперь же, согласно исследованиям консультационной фирмы *Mercer Management*, к нему стало возвращаться только 60%. Право устанавливать цены сосредоточилось в канале сбыта. Подметив эту тенденцию, в 1991 году журнал *Fortune* предсказал конец золотого века фармацевтических компаний: «Мы находимся накануне радикального переворота в сфере рынка».

Но история сделала еще один поворот. В 1993 году компания *Merck* купила *Medco.* В то время ее упрекали за то, что она переплатила. Но при помощи сложного моделирования, снискавшего ей известность в высших финансовых кругах, Джуди Льюент из *Merck* подсчитала не только стоимость покупки *Medco,* но и во сколько им обойдется отказ от покупки. Вот как она это объяснила: «Нас спрашивали: зачем мы приобретаем нечто, принадлежащее к сфере сбыта, если в ней никогда не действовали правила вертикальной интеграции? Они упустили из виду кое-что существенное. А именно — мы купили не систему сбыта, а базу данных и умение обслуживать клиентов. То есть их нематериальные активы».

Обратите внимание на это предложение. «Мы приобрели не систему сбыта», — т.е. не *физический* поток товаров и услуг, — «а базу данных и умение обслуживать клиентов», — то есть получили доступ к потоку *информации*. Таким образом *Merck* признала, что нематериальные фонды, контролирующие рынок, претерпели качественные изменения. Льюент и бухгалтеры-ревизоры из *Merck* подсчитали, что почти половина суммы в 6,6 миллиарда долларов, уплаченной *Merck* за *Medco*, пошла на приобретение «отношений с потребителями». Власть над ценами перешла от изготовителя лекарств к больному — человеку с долларами в руках, — так что, приобретая *Medco*, *Merck* действовала в соответствии с господствующей на рынке тенденцией.

Все это как будто должно было вывести из игры когорту продавцов-провизоров. Однако компания решила оставить их при себе. Прежде их знания и профессиональное мастерство главным образом лежали в сфере фармакологии; теперь же их колоссальный опыт стал использоваться в ценообразовании, лечении некоторых болезней и других видах деятельности на «нижнем» конце цепочки. Вместо того чтобы просто отпускать лекарства согласно рецепту, *Medco* развивает программы профилактики заболеваний, которые, во-первых, способствуют улучшению здоровья, а во-вторых, удешевляют лекарства, употребляемые хроническими больными. Компания не жалеет средств на установление прямых связей с медиками и фармакологами: например, ставит врачей в известность о том, какие лекарства прописали бы такому-то пациенту другие врачи.

Сходные преобразования затронули и другие фирмы — изготовители лекарств. В компании *Pfizer* армия провизоров превратилась в армию «информационных брокеров», устанавливающих информационные связи с потребителями. Ежедневно они делают до десяти звонков пациентам, но не для того, чтобы продать лекарство: это делают другие. Они же охотятся за информацией и бережно накапливают ее. Расцвет служб охраны здоровья побудил *Pfizer* в 1994 году организовать «команды по профилактике болезней», состоящие из медиков, маркетологов, финансовых работников, менеджеров и специалистов в области информации. Среди всего прочего они следят за тем, какие врачи какими планами охраны здоровья охвачены и какие лекарства, выпускаемые компанией *Pfizer* и конкурирующими фирмами, имеют повышенный спрос.

Менее чем за десять лет неузнаваемо преобразилась вся структура фармацевтической промышленности — не из-за новых лабораторных технологий или новых правил отпуска лекарств, а потому что на сцену вышел новый класс потребителей: организации охраны здоровья и менеджеры по информации. Производители лекарств раньше имели прочные деловые связи (потребительский капитал) со своими прежними потребителями. Новички их разрушили. Их власть диктовать цены и влиять на выбор прописываемых лекарств свела эти старые отношения на нет. Пришлось принять решительные и скорые меры по перестройке этих отношений, что и позволило преодолеть кризис.

ИНФОРМАЦИОННЫЕ ВОЙНЫ

Вы, может быть, помните замечательный телевизионный рекламный ролик *Federal Express*, в котором мордастый босс входит в комнату и отчитывает служащую за покупку, не доставленную такому-то покупателю. Пока он осыпает ее обвинениями в некомпетентности, девушка спокойно колдует с компьютером и через несколько секунд отвечает: ничего подобного, покупка доставлена, требовательный покупатель лично расписался в получении. Остальные служащие аплодируют. Так они выказывают свое одобрение одному из важнейших последствий насыщения бизнеса информацией: она изменяет властные отношения внутри компании, на чем мы подробнее остановимся в части III. Однако, на мой взгляд, самая радикальная перемена произошла в отношениях между *FedEx* и покупателями его продукции. Удобно, конечно, что покупатель в состоянии проследить за путем следования своей покупки. Но дело не только в этом. Главное — покупатель получает возможность заглянуть внутрь *Federal Express*. Если *FedEx* дает маху, он не в состоянии это скрыть. Обычная отговорка перед поставщиком — «чек уже отправлен по почте» — больше не действует.

Принцип управления интеллектуальным капиталом состоит в том, что *если информация означает власть, то эта власть переходит к потребителю.* Мы уже приводили пример из области фармацевтики, но этот принцип торжествует и во многих других отраслях. Фред Вирсема, консультант фирмы *CSC Index* в Кембридже, Массачусетс, предлагает «откопать план маркетинга десятилетней давности и сравнить с настоящим. Каналы сбыта перемешались между собой. У потребителей стало гораздо больше власти. Налицо раздробленность в средствах массовой информации и рекламе. Обязанности продавцов стали совершенно другими». В автомобильной промышленности новые, компьютеризованные рынки снабжают покупателей исчерпывающей информацией, давая им возможность сравнивать цены и наличие товаров у разных дилеров. Прибыли дилеров в торговле подержанными автомобилями — ранее самой доходной части бизнеса — оказались под угрозой.

Авиалинии дают нам третий пример того, как торговое преимущество — и, следовательно, ценный потребительский капитал — смещается к потребителю. Сетям компьютерных систем резервирования мест — *Sabre* при *American Airlines*, *Apollo* при *United* и другим — десять лет с малюсеньким хвостиком. До их существования пассажирам, собравшимся лететь из Нью-Йорка в Лос-Анджелес, и агентам бюро путешествий приходилось обзванивать авиакомпанию за авиакомпанией. Сей громоздкий процесс затруднял сравнение цен. Когда *American* установила в кассах компьютеры, чтобы облегчить кассирам продажу билетов на свои рейсы, на нее обрушился поток обвинений в нарушении антитрестовского законодательства. Пришлось использовать компьютерную сеть для бронирования мест и на «чужие» рейсы.

Новая система преобразила отрасль. Во-первых, всякий, кто имел к ней доступ, то есть любой агент бюро путешествий, получил возможность сравнивать между собой цены на билеты и прочие параметры. Это привело к оголтелой конкуренции, настоящим ценовым войнам и — как итог — сегодняшней сложной и запутанной системе цен. Зато люди стали чаще обращаться в агентства: у агента больше информации, стало быть, он поможет сэкономить, и вообще, в этой новой системе черт ногу сломит. За пять лет, прошедших после внедрения *Sabre*, две трети всех билетов были проданы агентами, то есть и здесь, как в торговле лекарствами, произошел серьезный сдвиг в сторону потребителя. Сегодня, когда благодаря системе *Internet* доступ к компьютерной информации расширился, авиалинии пытаются обойтись без агентов. То есть налицо новое перераспределение власти.

Рассмотрим случай с мелким производителем

хозяйственных товаров, отдающим свою продукцию на реализацию сетям магазинов *Wal-Mart, Kmart* или *Target.* Несколько лет назад от всех трех заказчиков поступило предложение, от которого он не смог отказаться: «Нам предложили — или навязали — участвовать в компьютерном обмене данными».

Теперь, когда связь «компьютер — компьютер» заменила телефоны и факсы, крупные магазины вводят заявки прямо в компьютерную систему. Расчеты также производятся через компьютеры. Таким образом и производитель, и продавец избавлены от бумажной волокиты; ошибки исключены, канцелярские расходы значительно сократились. По просьбе заказчиков изготовитель научился наносить штрих-коды: сначала на каждый поддон, потом на каждый ящик и наконец — на любое изделие, экономя таким образом деньги и время торговых работников.

На первых порах магазины разделили с производителем расходы на внедрение системы поровну. Немного позднее он иронически заметил: «Они решили, что, раз экономия велика, я смогу платить за двоих. А требования продолжают расти». Некоторые заказчики заставляют его наносить не только штрих-код, но и снабжать каждое изделие ярлыком, чтобы оно было полностью готово к продаже. Или требуют дополнительных скидок за продажу его изделий во вновь открываемых магазинах.

Чем объяснить смещение влияния «вниз»: от производителей к оптовикам, к продавцам розницы и, наконец, к покупателям? Уж конечно, не штампом — «сильный притесняет слабого». *Medco* была меньше *Merck:* агентства по продаже авиабилетов не сравнить с авиакомпаниями. Если это может утешить нашего производителя предметов домашнего обихода, сила — не в габаритах. Точно так же дело не в том, что покупатели стали более жадными. И не в том, что на первый план вышли интересы покупателя. «Покупатель всегда прав» — это и прежде было непреложной истиной. Просто его не всегда слушали.

Сегодняшний покупатель может заказывать музыку, потому что знает партитуру. В интеллектуальной экономике информация как никогда, в цене, и покупатели располагают сею в гораздо большем объеме, чем прежде. Консультант из фирмы *Gemini* Майкл Стэндинг, специализирующийся в управлении снабжением сетей магазинов, подтверждает: «Раньше информация носила закрытый характер. Теперь она во все большей степени доступна для покупателя, а это радикально меняет баланс сил».

Компьютерный обмен данными, деловое партнерство поставщиков и заказчиков и другие формы управления торговыми отношениями дают покупателю возможность «видеть насквозь» тех, у кого он покупает, а также их соперников. Он может быть в курсе того, каким объемом продукции вы располагаете и когда купленные им товары покинули ваш склад. Если вы выпускаете сложные комплектующие, покупатель может даже знать себестоимость вашей продукции и сколько денег вы тратите на «исследования и развитие». «Компьютерное взаимодействие с поставщиками,— говорит вице-председатель фирмы *Peat Marwick* Роберт Эллиот,— имеет стратегическое значение, так как вы можете прищучить их насчет цены. С покупателями так не получится: это они могут прищучить вас».

Нельзя сказать, что они всегда это делают, или что продавца незаслуженно обижают. В последнее время поставщики все чаще ведут себя с заказчиками, словно влюбленные, открывающие друг другу сердце, потому что близость того стоит, несмотря на те переживания, когда что-то идет не так.

Большое значение имеет общая информация. Эллиот подчеркивает: «Если весь путь прохождения продукции информационно прозрачен, можно добиться большего меньшими силами». Недорогие интеллектуальные фонды — например, компьютерная связь — позволяют сэкономить дорогостоящий рабочий капитал благодаря сокращению запасов и времени выполнения заказа. Партнеры могут избежать дублирования при осуществлении функций управления информацией, таких как оприходование товаров, ревизия, выписка накладных и оформление покупки: их может выполнять то один, то другой партнер, а то и несколько совместно. В книге «Соединенная корпорация» — о союзах между поставщиками и заказчиками — Джордан Льюис подсчитал: в таких союзах экономия составляет от тридцати до сорока процентов.

В самых удачных альянсах экономия достаточно велика, чтобы обеспечить каждому огромный кусок пирога с глазурью и розочкой из крема. Ежегодные управленческие расходы на заключение сделок между предприятиями составляют в Соединенных Штатах около 250 миллиардов. Только в консервной промышленности производители, оптовики, брокеры и продавцы розницы тратят на обслуживание товаро-материальных запасов и оформление документов примерно 30 миллиардов долларов в год. А консультанты по вопросам реорганизации гарантируют сокращение внутренних управленческих расходов на 40% или около того.

Конечно, это все — рассказы об их достижениях, о неудачах они умалчивают. И все же эта цифра дает представление о размерах выгоды для компаний, которые перестают воевать с потребителями и начинают вместе создавать капитал, — около ста миллиардов долларов в год, что приблизительно равняется средней величине валового национального дохода Таиланда и Дании.

БЕСПЛОТНАЯ ЦЕНООБРАЗОВАТЕЛЬНАЯ ЦЕПОЧКА

Чтобы понять потребительский капитал и его способность создавать богатство для покупателя и продавца, следует рассмотреть нематериальную ценообразовательную цепочку. Вспомним: ценообразовательная цепочка показывает, как товар или услуга движется от самого первого продавца до конечного пользователя, от сырья до прилавка. На каждой стадии к продукту добавляется определенная потребительская стоимость. Суть в том, чтобы создать как можно большую стоимость с наименьшими затратами и выразить стоимость в цене.

В наши дни самые ценные звенья — у тех, кто владеет знаниями, особенно знанием о том, что происходит на потребительском конце цепочки — там, где находятся люди, которые оплатят всю эту возню. Власть информации столь велика, что контролирующий информацию контролирует весь бизнес. В тяжелом положении оказываются не поставщики как таковые, а те, кто остался вне информационного потока или не сумел им воспользоваться.

Непонятно? В таком случае немного помедленнее и прочтем следующее за этим. *Во-первых,* нет никаких оснований для того, чтобы информация в обязательном порядке скапливалась в «устье реки» — на потребительском конце цепочки. Забавная штука информация. В отличие от холодильников, заводов или витрин магазинов, она способна в считанные доли секунды переместиться куда угодно. Отвезите ваш маленький спортивный *Nissan 240SX* обратно к дилеру, чтобы оснастить его телефонной связью, и информация о ваших действиях будет передана в компанию *Nissan,* людям в окружении дилера или на местную станцию сотовой телефонной связи — если дилер захочет ею поделиться. *Во-вторых,* хотя информация о потребителях во всех случаях относится к наиценнейшему знанию, особую ценность она представляет у истоков продукта. Тот факт, что вы созрели для ношения контактных линз, способен принести несколько долларов окулисту, но у «истоков» — для фирмы *Johnson&Johnson* — гораздо важнее то, что это дает компании шанс сделать вас своим постоянным покупателем.

Умный менеджер ищет информацию на всем протяжении ценообразовательной цепочки и помещает туда, где она сулит наибольшую отдачу. Таким образом, менеджерам приходится постоянно задавать себе три вопроса:

1. Какая информация лежит в основе данного бизнеса?
2. Кто ею располагает?
3. Для кого она имеет наивысшую ценность?

В зависимости от рода деятельности компания может убедиться в том, что если она хочет извлечь выгоду из интеллектуального капитала, ей следует переместиться либо вверх, либо вниз по течению — туда, где «клев» лучше.

Компания *MicroAge* так и поступила, переместившись «вверх», подальше от конечного пользователя. Эта быстро набирающая обороты компания (объем продаж за 1995 год составил 2,9 миллиарда долларов, на 32% больше, чем в 1994 году) была основана в Фениксе, штат Аризона, в 1976 году. Послушаем ее главу Джеффри Маккивера: «Мы только пять лет назад перестали быть в первую очередь оптовиками». Через своих дилеров *MicroAge* продавала корпорациям компьютеры, в свою очередь купленные ею у *Apple, Compaq, Hewlett-Packard* и *IBM.* Компания создавала добавленную стоимость так, как обычно делают оптовики: покупала крупные партии компьютеров, создавала запасы, сводила покупателей и продавцов и, пользуясь дилерской сетью, доставляла электронное оборудование корпорациям по всей стране и обеспечивала помощь специалистов при наладке.

Но в наше время открытых систем и раскинутых по всему миру сетей обслуживания появился новый источник добавленной стоимости. Сегодня потребители хотят иметь не стандартные компьютеры, а индивидуальные компьютерные системы. В создании таких систем могут участвовать десятки производителей: один выпускает процессор, другой винчестер, третий клавиатуру; добавьте к этому всякие устройства передачи данных, модемы, прочие периферийные устройства и программное обеспечение. Если бы автомобильная промышленность работала по такому же принципу, вы бы купили машину с кузовом от «кадиллака», двигателем от «форда», коробкой передач от *BMW* и глушителем от «мерседеса» — и все это было бы собрано в дилерском агентстве фирмы *Toyota.*

В этих условиях, говорит Маккивер, «сам компьютер — всего лишь часть продукта». Обладание материальными товарами относительно понизилось в цене, зато увеличилась ценность знания, как собрать систему.

В 1982 году из каждого доллара, который покупатель платил за товар, 85 центов возвращались к производителю; остальное шло сбытовикам и мастерам техобслуживания. К началу 1992 года эта сумма снизилась до 55 центов, а доходы мастеров сбыта и сервиса соответственно возросли. Еще более радикальные изменения произошли в сфере распределения прибыли: согласно данным консультационной фирмы *Mercer Management,* доля прибыли производителя упала с 71 до 25%. Сегодня главное — информация о том, как собрать систему для пользователя.

Вот *MicroAge* и перенесла центр тяжести своей деятельности туда, где создается главная добавленная стоимость. Освободила один из складов и приспособила под мастерскую, где из мониторов, материнских плат и других частей, поступающих от пятисот различных фирм, собирают готовые системы по специальному заказу. Чтобы черпать выгоду из ценнейшего бассейна информации — знания пожеланий пользователей, стоимости, мощности и совместимости изготовленных разными фирмами блоков, *MicroAge* полностью перестроила свою работу. По выражению Маккивера, «переместилась на другой участок ценообразовательной цепочки».

ОТ ВОЙН К СОТРУДНИЧЕСТВУ: КАК ИНВЕСТИРОВАТЬ В ПОТРЕБИТЕЛЬСКИЙ КАПИТАЛ

Поскольку информация и ее экономическая власть перемещаются «вниз по реке», жизненно необходимо, чтобы предприятия по-новому строили отношения с потребителями. Они должны делать вклады в потребителей точно так же, как в своих сотрудников и структуры.

Потребительский капитал имеет много общих черт с человеческим капиталом. Мы уже видели, что, хотя сотрудники вам не принадлежат, вы можете вкладывать в них средства, чтобы не только повысить их ценность как личностей, но и создать для всей компании фонды знаний. Точно так же компания и не принадлежащие ей потребители ее продукции имеют возможность увеличить интеллектуальный капитал — их общую и в то же время раздельную собственность. Пусть у вас не останется ни капли сомнения: это именно инвестиции, сделанные в расчете на будущую выгоду.

Если толково вложить средства, они создадут ценность, которая будет принадлежать как акционерам, так и сотрудникам. Способов делать вклады — пруд пруди.

СОЗДАВАЙТЕ НОВОЕ СОВМЕСТНО С ПОТРЕБИТЕЛЯМИ

Удачная новинка, даже не защищенная патентом, всегда была лучшей защитой от падения прибылей. Ранее мы рассматривали новизну как производное от человеческого капитала, но она также является компонентом потребительского капитала. Это очень важное обстоятельство, но о нем часто забывают. Любой дилер, покупающий вашу продукцию, заинтересован в вознаграждении от *своих* потребителей. Новинка помогает вам обоим получить такое вознаграждение. Алюминиевый гигант *Alcoa* и его потребитель, автомобильная фирма *Audi*, более пяти лет совместно трудились над созданием принципиально нового алюминиевого кузова. Оба партнера были кровно заинтересованы в новинке. Для *Alcoa* она означала более широкое применение алюминия в автомобилестроении, создание новых сплавов и технологий, которые можно было бы использовать не только на рынке автомобилей, и дальнейшее завоевание европейского рынка. Но и *Audi* выиграла. Технические новшества всегда высоко ценились в Европе сами по себе, а в данном случае прибавилась еще и чисто денежная экономия, потому что по немецким законам старые машины должны идти в переплавку. Разработка новинок совместно с потребителями имеет и еще одно преимущество. Капиталовложения в исследования и развитие (ИР) быстрее окупятся, если у вас уже есть потребитель, а он выигрывает, поскольку первый пользуется плодами этих капиталовложений.

СОЗДАВАЙТЕ ДЛЯ ПОТРЕБИТЕЛЕЙ БЛАГОПРИЯТНЫЕ УСЛОВИЯ

Уильям Блустайн, директор по изучению вычислительных стратегий массачусетской фирмы *Forrester Research*, утверждает: «Создание благоприятных условий для потребителя — самая что ни на есть прогрессивная тенденция». Добиваясь, с одной стороны, снижения себестоимости, а с другой — более тесных отношений, поставщики и заказчики шарят друг у друга в компьютерах, свободно вводят заявки, проверяют наличие ресурсов и каналы доставки. В то время как часть информации скрыта за электронным щитом, остальная часть — значительно большая — совершенно доступна. Вот что говорит вице-президент по технологии и стратегическому планированию фирмы *Goodyear* Фредерик Ковач: «Не за горами тот день, когда заказчик будет получать сведения об испытаниях новых покрышек практически одновременно с изготовителем. Он увидит все без исключения — в том числе и камуфляж». Это даст потребителю возможность осуществить обратную связь с вами прежде, чем вы наделаете дорогостоящих ошибок. «На месте Ральфа Нейдера, — продолжает Блустайн,— я бы создал специальную линию, чтобы потребители могли трепаться: пусть потенциальный покупатель «сатурна» спросит у тех, кто его уже купил, как он работает. Будь у *General Motors* больше ума, они бы уже давно запустили такую линию». Это именно то, чем занимается компьютерная программа *Lotus*. Сотни компаний имеют прямой доступ к ее базам данных, потребители получают помощь не только от компании *Lotus*, но и друг от друга. В итоге — более качественное обслуживание и солидная экономия.

ИНДИВИДУАЛЬНЫЙ ПОДХОД К ПОТРЕБИТЕЛЮ

При наличии благоприятных условий потребители способны в огромной степени увеличить объем информации о рынке. Но чтобы превратить эти знания в потребительский капитал — устойчивый фонд, ценность которого превышает простую сумму сделок, — необходимо максимально удовлетворить индивидуальные потребности покупателей, клиентов или заказчиков. Компании должны полностью отрешиться от психологии массового производства и массового сбыта, несовместимой с работой в новых условиях. Вроде бы теоретически все это понимают, но на практике продолжают упорно цепляться за отжившие представления. Слепая, безудержная погоня за увеличением объема продаж приносит куда менее значимые результаты, чем сознательное, с открытыми глазами, стремление к увеличению вашего участия в делах главного потребителя. Мой почтовый ящик битком набит конвертами от изготовителей кредитных карточек, мечтающих увеличить сбыт своей продукции. Однако каждый экономический спад, когда часть их клиентов разоряется, убеждает их в том, что не все клиенты стоят того, чтобы за ними гоняться. По мнению консультанта из Северной Каролины Джеймса Мура, средний банк даром тратит деньги на обслуживание трех из пяти кредитных счетов розничной торговли. (Если вы редко пользуетесь своей кредитной карточкой и не платите проценты, вы — один из них). Для создания потребительского капитала имеет значение не рост числа потребителей «вообще», а углубление и расширение деловых контактов с *постоянными* клиентами. Подумайте, какие дополнительные услуги вы им можете оказать: возможно, обслуживать не только кредитные карточки, но и лицевые и сберегательные счета, закладные, пенсионный план и так далее.

Индивидуальный подход к потребителям в сочетании с человеческим и структурным капиталом может вылиться в счастливую способность «массового индивидуального подхода». Завод *Motorola* в Бойнтон Бич, штат Флорида, с большой выгодой выпускает 29 тысяч разновидностей пейджеров. Торговый агент фирмы *Motorola* совместно с вами спроектирует на портативном компьютере («ноутбуке») ваш будущий пейджер: запишет все нужные параметры, и на заводе в тот же день изготовят пейджер специально для вас. Технология «массового индивидуального подхода» и гибкое производство — не проблема. Проблема в следующем.

КАК РАЗДЕЛИТЬ ВЫИГРЫШ С КЛИЕНТАМИ

Если бы тонкости отношений с потребителями не имели реальной ценности, они бы не приносили прибыли, ибо рынок не платит за красивые глаза, а вознаграждает по заслугам. Однако случается, что большая часть выгоды от повышения продуктивности компании достается клиенту (экономисты называют это «потребительской наценкой»). Примером может служить компьютерная промышленность, где стремительный рост производительности труда привел к резкому снижению цен и сокращению размеров прибыли. В то же время большинство потребителей предпочитают не класть сэкономленные деньги в карман, а тратить на новые машины.

Потребительский капитал — это богатство, которое накапливается, когда производитель и потребитель его продукции не спорят из-за надбавки (полученной, например, за счет снижения себестоимости), а гласно или негласно договариваются владеть ею сообща. Чем теснее узы делового партнерства между покупателем и продавцом, тем выше надбавка. Хьюберт Сент-Онж из канадского коммерческого банка *Imperial* приводит степени близости покупателя и продавца и рост человеческого, структурного и потребительского капитала, сопровождающий переход каждой из сторон от одной стадии к другой, на следующем графике.

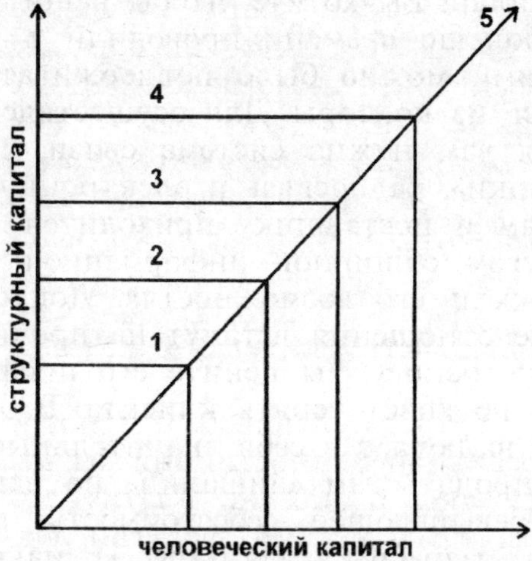

Рис. 2. 1 — сделки, 2 — решения по продуктам, 3 — деловые решения, 4 — развитие партнерства, 5 — потребительский капитал.

Внизу расположены сделки, когда продавцы только продают, а покупатели просто покупают. Если вы покупаете для своих торговых агентов «пищалки» (устройства, сигнализирующие, что им нужно подойти к ближайшему телефону), вам всё равно, у кого покупать, лишь бы «пищалки» хорошо работали и были не слишком дороги. Знания, профессиональное мастерство, структуры — ни при чем; все, чем вы «озадачиваете» поставщика, — это дешевизна. Но предположим, вы хотите, чтобы вам изготовили пейджеры с характеристиками, представляющими особую важность для ваших сотрудников. Тут уже вы ищете решение по продуктам. Чтобы найти его, вам приходится делиться с поставщиком — а ему с вами — кое-какой информацией. Между вами возникает более тесная связь. Не всякий сможет полностью удовлетворить ваши пожелания или быстро оказать услугу; возможно, вам придется заплатить «сверху» за подбор товаров специально для вас.

На уровне делового решения продукт отходит

на второй план. Вы хотите, чтобы ваши торговые агенты побольше времени проводили в пути, но чтобы с ними можно было поддерживать постоянную связь из конторы. Для осуществления этого желания вам нужна система связи, включающая «пищалки», радиосвязь и электронную почту. Тут уже вам и поставщику приходится делиться друг с другом обширной информацией о ваших потребностях и его возможностях. Допустим, ваши деловые отношения встанут на прочную долговременную основу: вы цените его профессионализм, а он не хочет терять клиента. В этом случае оплата включает в себя значительные чаевые: он может продать вам «пищалки» по цене, лишь немного превышающей себестоимость, но взять гонорар за разработку системы. И наконец, на стадии развитого партнерства поставщик может взять на себя создание вашей системы связи и управление ею, образуя словно бы придаток вашей фирмы, а вы — его. Вместо того чтобы вести переговоры о покупке, вы заключаете контракт, и поставщик принимает на себя финансовую ответственность за снабжение вас «пищалками» и всем необходимым оборудованием.

Переходя от простой сделки к развитому партнерству, поставщик увеличивает свою прибыль, степень участия в бизнесе потребителя, стабильность своего бизнеса, т.е. свой потребительский капитал. Это — глубокие, требовательные отношения. И невероятно выгодные для обеих сторон.

ИЗУЧИТЕ БИЗНЕС КЛИЕНТА И ПРОСВЕТИТЕ ЕГО НАСЧЕТ ВАШЕГО СОБСТВЕННОГО БИЗНЕСА

Чем больше вы знаете о бизнесе потребителя, тем полнее сможете удовлетворить его нужды. Деловые люди всегда это знали, но в наше время эта истина приобрела еще большее значение: ведь интеллектуальная работа все чаще имеет индивидуальные особенности. Не менее важно и другое: познакомить клиента с вашим собственным бизнесом. К примеру, в компании *Minnesota Mining and Manufacturing (3M)* седая мудрость испокон веку наставляла молодых продавцов: идите туда, где видны столбы дыма над трубами: там, а не в отделах снабжения, настоящие покупатели.

В наши дни *3M* стала еще «агрессивнее». Она создает интеллектуальный капитал, разрешая потребителям знать о своем бизнесе столько, сколько они позволяют *3M* знать о своем. В результате происходит взаимное обогащение. Вот недавний пример: ткань, которая пропускает пар, но задерживает жидкости, была создана после того, как медики сказали *3M*, что хотели бы иметь хирургические халаты, которые предохраняли бы их от крови пациентов, но не давали свариться в собственном поту.

Традиционные отношения покупатель—продавец можно изобразить в форме «бабочки» (рис. 3):

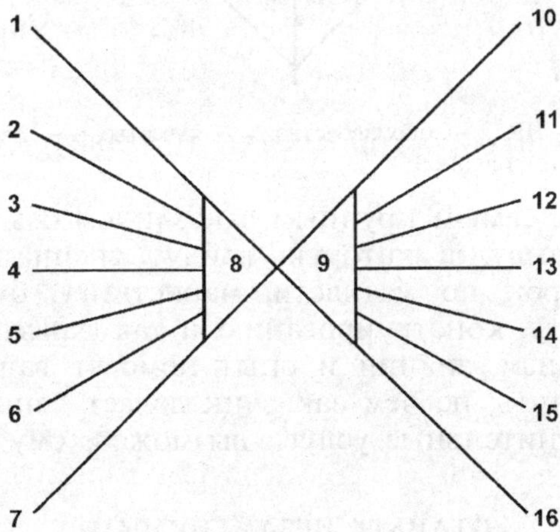

Рис. 3. 1 — продавец, 2 — ИР (исследование и развитие), 3 — производство, 4 — доставка, 5 — качество, 6 — поступления средств, 7 — планирование, 8 — продажи, 9 — закупки, 10 — покупатель, 11 — ИР, 12 — сборка, 13 — приемка, 14 — качество, 15 — платежи по счетам, 16 — планирование.

Но вы не сможете учиться вместе с потребителем или создавать потребительский капитал, если целиком передоверите ваши отношения торговым агентам — вашему и потребителя. Так что подумаем лучше о ромбе (рис. 4).

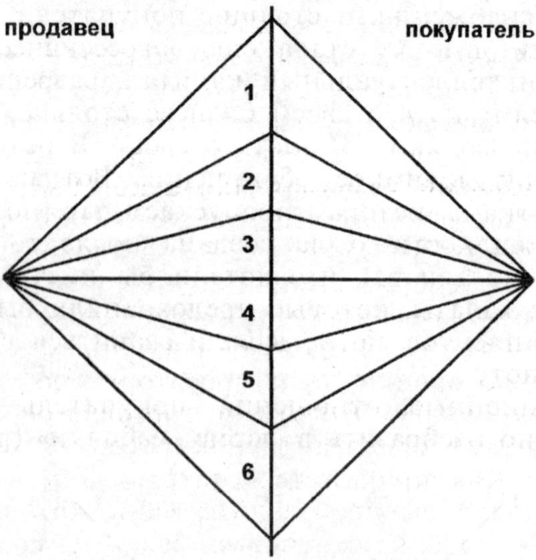

Рис. 4. 1 — ИР, 2 — производство, 3 — качество, 4 — поставки, 5 — учет, 6 — планирование.

Вместе с самым крупным заказчиком создайте общую команду, в которую войдут специалисты от обеих сторон по матчасти, маркетингу, бухгалтерскому учету, конструированию и так далее. Их профессионализм, знания и опыт помогут вашей компании понять, на чем заказчик делает деньги и какие дополнительные услуги вы можете ему оказать.

СТАНЬТЕ НЕЗАМЕНИМЫМ

Воспользуйтесь этой информацией, чтобы оказать заказчику серьезную услугу: тогда он не переметнется к другому поставщику. К примеру: сам по себе склад не имеет ценности, но если вы вызоветесь не просто хранить, но и обслуживать товарные запасы клиента, вы приобретете огромную ценность в его глазах. При более тесных отношениях можно пойти еще дальше. Такие компании, как *Procter&Gamble* и *Newell*, фактически хранят свою продукцию в торговых залах *Wal-Mart*, таким образом становясь частью этой компании. Благодаря зависимости потребителя от нематериальных ценностей продавца — обслуживания, технологии и так далее — достигается равновесие сил.

Если когда-либо и существовала компания, в высшей степени уязвимая для ценового давления со стороны покупателей, так это *W.W.Grainger* (объем продаж в 1995 году — 3,3 миллиарда долларов). Подразделение компании в Скоки, штат Иллинойс, реализует разные инструменты и приспособления: электролампочки, защитные очки, небольшие моторчики, пульверизаторы для краски, туалетную бумагу. Это вам не торговля сложными компонентами вроде антиблокировочной системы тормозов. Как прикажете делать вклады в потребителей, если вы производите вещи, которые, даже будучи предметами первой необходимости, относятся к чисто расходным и не участвуют в создании добавленной стоимости?

Вот как компания *Grainger* решила проблему. Она стала продавать товары «в пакете» с услугами. Это могут быть производимые через компьютер заказы и платежи, консультации по оборудованию рабочей комнаты (у самого покупателя вечно «не доходят руки») и так далее.

(Перед искушением сэкономить невозможно устоять. Одно время я работал в небольшом книжном издательстве, где в кастеляншах подвизалась неукротимая курица по имени Роза. Однажды она заменила бумагодержатели в туалетах новыми, на которые можно было повесить рулоны более дешевой бумаги больших размеров. С учетом стоимости обоих сортов бумаги и бумагодержателей, я подсчитал, что экономия лишь через семь лет компенсирует расходы на приобретение новых бумагодержателей, не говоря уже о потерянных процентах от истраченных денег. Но Розу это не остановило).

По словам Джордана Льюиса, «умные клиенты не попадаются на крючок заведомо заниженных цен, потому что не могут позволить себе содержать отдел исследований и развития, а смена поставщика в конечном счете обходится очень дорого». Поразительные примеры в этом смысле дает международная торговля. Одним из способов улучшить свои балансы в части международной торговли является согласование государствами курсов валют. Если центральный банк снижает курс доллара по отношению к иене, импорт в Соединенные Штаты из Японии дорожает, то есть изменение валютного курса вызывает рост цен без участия экспортера. Но в последнее время влияние курсов валют стало менее ощутимым. Причины анализирует профессор Гарвардской школы бизнеса Деннис Энкарнейшн в своей книге «Соперники вне торговли». Энкарнейшн установил, что добрых 56% торговли между Соединенными Штатами, Евросоюзом и Японией носит внутренний характер, то есть комплектующие и готовые изделия поступают в подразделения той же компании или дочерние заморские фирмы. А внутренняя торговля чувствительна к цене гораздо меньше торговли между независимыми компаниями. И вот почему. Внутренняя торговля располагает значительно большим объемом знаний. Это и дизайн, и ИР, и системы управления, и планы, и стратегии, и личные отношения. А так как все эти компоненты большей частью не имеют денежного выражения, то они не столь чувствительны к колебаниям валютного курса. Кроме того, поскольку отношения компании с ее филиалами и дочерними предприятиями носят долгосрочный характер, она готова пожертвовать сиюминутной выгодой ради сохранения прочных связей.

ДЕСЯТЬ ПРИНЦИПОВ УПРАВЛЕНИЯ ИНТЕЛЛЕКТУАЛЬНЫМ КАПИТАЛОМ

Близкое знакомство с человеческим, структурным и потребительским капиталом позволяет сформулировать некоторые принципы.

1. Компании не владеют правом собственности на человеческий и потребительский капитал, а являются их совладельцами наравне с сотрудниками компаний (в случае с человеческим капиталом) или заказчиками и поставщиками (в случае с потребительским капиталом). Только признав факт равноправного владения, компания может управлять и получать выгоду от этих нематериальных источников. Обращаясь со служащими или поставщиками и заказчиками как с конкурентами, компания может сэкономить несколько долларов, но при этом уничтожить источник будущего богатства.

2. Для создания полезного человеческого капитала компания должна поощрять групповую работу, поддерживать неформальные практические группы и другие социальные формы обучения. Таланты индивидуумов — большое дело, но они всегда могут хлопнуть дверью. «Звезды» корпорации, как «звезды» экрана, — публика капризная. Работа в команде позволяет выявить, оформить и капитализировать талант, потому что он становится общим достоянием и меньше зависит от отдельного человека. Даже когда члены группы увольняются, остаются их знания. Если компания заслуживает названия центра обучения, питомника идей, именно она первой пожинает плоды этих идей, пусть даже часть знаний «просочилась» в другие компании.

3. Чтобы эффективно управлять человеческим капиталом и развивать его, компания должна четко и без сантиментов осознать: сколь бы умны и одарены ни были некоторые служащие, они могут и не представлять ценности для ком-

пании. Богатство создается теми, чьи таланты и професиональное мастерство являются: а) собственными, то есть никто не сделает их работу лучше, и б) стратегическими, в смысле создания добавленной стоимости — того, за что покупатели платят деньги. Только в таких людей следует вкладывать капитал. Остальные — всего лишь расходная статья, по крайней мере в вашем бизнесе. Возможно, их талант послужил бы источником богатства в другой компании.

4. Структурный капитал является нематериальным активом, которым компания непосредственно владеет. Его легко контролировать. Парадокс, однако, состоит в том, что потребителям — а ведь они-то и платят деньги — нет до него никакого дела. Если верно, что лучшее правительство — то, которое меньше правит, то и из структур предпочтительнее те, что не бросаются в глаза. Вместе с тем старайтесь организовать свою компанию так, чтобы потребителям легко работалось с вашими сотрудниками.

5. Структурный капитал выполняет две задачи: накопление знаний как основы деятельности, представляющей ценность для потребителя, и ускорение движения информации внутри компании. Промышленники убедились в том, что доставка материалов в срок эффективнее, чем хранение всего, что нужно и не нужно, «на всякий пожарный случай». Так же и со знаниями. То, что действительно *необходимо*, должно быть под рукой; то, что *может понадобиться*, должно находиться там, откуда его легко извлечь.

6. Информация и знания способны и должны заменять собой дорогостоящие физические и финансовые ресурсы. Каждой компании было бы полезно проверить свои затраты на основной капитал и спросить себя: нельзя ли заменить их более дешевыми нематериальными источниками?

7. Интеллектуальная работа — работа на заказ. Решения в духе массового производства больше не приносят высоких доходов. Даже на тех участках, где долгое время царила массовая продукция, существуют возможности — например, путем оказания управленческих услуг — создать особые отношения, выгодные для вас и для потребителя.

8. Никакой компании не повредит заново проанализировать ценообразовательную цепочку в своей отрасли — на всем ее протяжении, от сырья до конечного пользователя — с целью определить самую насущную информацию. Как правило, для интеллектуальной работы она находится «внизу», на потребительском конце цепочки.

9. Ориентируйтесь на поток информации, а не на движение материалов. С каким бы капиталом — человеческим, структурным, потребительским или их сочетанием — вы ни имели дело, не путайте «реальную» экономику с «экономикой неосязаемого». Это раньше информация обслуживала «реальные дела». Сегодня она и есть — реальное дело.

10. Человеческий, структурный и потребительский капитал взаимодействуют друг с другом. Недостаточно делать вклады в людей, системы и потребителей отдельно. Эти составные части способны усилить или ослабить друг друга. Приведем некоторые виды их взаимодействия.

Человеческий капитал и структурный капитал укрепляют друг друга, когда:

— у сотрудников общая цель, а в компании царит дух инициативы;
— администрация старается взять и выдерживать быстрый темп;
— администрация уповает скорее на пряник, чем на кнут.

В то же время человеческий капитал и структурный капитал могут уничтожить друг друга, если многое из того, что делается в компании, не представляет ценности для потребителей или если руководство стремится *контролировать режим* работы за счет *разработки стратегии.*

Человеческий капитал и потребительский капитал увеличиваются, когда люди чувствуют ответственность за свой участок работы, напрямую контактируют с потребителями и знают, каких знаний и умений те от них ожидают. Тот, кто не соответствует требованиям покупателей или клиентов, снижает ценность как человеческого, так и потребительского капитала организации. Снижение происходит и в том случае, если организация «зациклилась» на своих внутренних делах. Стало хорошим тоном рассуждать о «внутреннем потребителе»: дескать, это побудит сотрудников обращаться друг с другом так же уважительно, как с «посторонними». Чепуха. Нет такого феномена, как «внутренний потребитель», это оболочка без содержания. Вместо того чтобы культивировать иллюзии, заставьте подчиненных более качественно обслуживать настоящих потребителей.

Потребительский капитал и структурный капитал растут, если компания и сотрудники учатся друг у друга, активно стремятся сделать это взаимодействие неформальным — «чтобы легче было вести дела». Если вас упрекают в том, что вы уделяете заказчикам больше внимания, чем подчиненным, вы на правильном пути. В то же время, если взаимодействие с потребителями ограничено выпиской ордеров и отписками по поводу жалоб, ваши потребительский капитал и структурный капитал разрушают друг друга. В каждом деле есть свой «тертый калач» — может быть, и не официальный лидер, но человек, который лучше других разбирается в делах и не прочь поделиться опытом с поставщиками и заказчиками. Он-то и остается в выигрыше.

ЧАСТЬ III

ИНФОРМАЦИОННАЯ СЕТЬ

Каждая цивилизация начинается с теократии и заканчивается демократией... Всякое великое народное движение, независимо от его причины и цели, всегда дает как бы отстой, из которого возникает дух свободолюбия... Власть расшатывается, единовластие раскалывается... Из-под духовенства начинает пробиваться дворянство, из-под дворянства — городская община...

Виктор ГЮГО. «Собор Парижской богоматери».

Глава 10

НОВАЯ ЭКОНОМИКА ИНФОРМАЦИИ

Нет тут никаких правил! Просто мы стараемся чего-нибудь добиться!

Томас ЭДИСОН

С 1985 года объем международной торговли вырос вдвое по сравнению с объемом мирового производства товаров и услуг. А объем международных финансовых сделок вырос вдвое по сравнению с объемом мирового производства. Рынок производных финансовых инструментов (фьючерсы, опционы, разные экзотические ценные бумаги) увеличивался более быстрыми темпами, чем рынки акций. Бывший глава банка *Citicorp* Уолтер Ристон выразился так: «Информация о деньгах стала важнее самих денег». «Экономика неосязаемого» по размаху сравнялась или даже обогнала «реальную экономику».

Я чуть было не написал: «реальную экономику, на которой она основана», но это не соответствовало бы истине. Конечно, области материальной и нематериальной экономик сосуществуют, связаны между собой, накладываются одна на другую, переплетаются, взаимодействуют. Они дышат одним и тем же экономическим воздухом. Удовлетворяют одни и те же человеческие потребности в пище, крове, одежде, любви и искусстве — во всем, что относится к сохранению рода и порывам души. Нематериальные активы — интеллектуальный капитал в его человеческой, структурной и потребительской ипостасях — способны оказать существенное влияние на добычу нефти, так же как и на торговлю финансовыми инструментами, которых не существует в природе; и наоборот, владельцы и работники самых «нематериальных» предприятий прекрасно осведомлены о том, что вы не можете питаться байтами*.

И все же сегодня будет неправильно сказать, что «нематериальная» экономика «основана» на «материальной». Как бы тесно ингредиенты, источники и конечная продукция интеллектуального труда ни были связаны с ресурсами труда физического, все же они часто и отличаются от них. Многие аспекты производства, распределения и продажи знаний доступны для тех же аналитиков и подчиняются тем же законам, что и купля-продажа баклажанов или автомашин. Однако другие аспекты так же сильно отличаются от экономики осязаемого, как квантовая физика от физики Ньютона. Новые правила и являются предметом рассмотрения в этой главе. Если вам покажется, что я чересчур ударился в теорию, вспомните: экономика информации может иметь серьезные и вполне практические последствия для вашей карьеры, о чем в следующих двух главах будет рассказано более конкретно. Экономика — тот самый плацдарм, на котором разворачивается стратегия. Пока не поймешь, почему новая экономика такова, как она есть, вряд ли удастся додуматься, как в ней выжить.

---

* Байт — единица количества информации ЭВМ.

ИНФОРМАЦИЯ: ЗАГАДОЧНЫЙ РЕСУРС

Информация и знания сильно отличаются от денег, природных ресурсов, труда и техники. Прежде всего, знания — это то, что экономисты называют «всеобщим достоянием». Ими можно пользоваться без того, чтобы потреблять. Они практически не убывают: если мне достался кусок знаний, это ни в коем случае не уменьшает ваши шансы на получение такого же куска. Это вам не эскимо или место в автобусе. В то же время на стоимость производства знаний не влияет то, сколько людей им воспользуется; работа над этой книгой, если ее прочтут 5000 человек, обойдется мне во столько же, во сколько обошлась бы, если бы ее прочли 500 000. Конечно, этот конкретный экземпляр, который вы сейчас держите в руках, не прочтет дюжина человек одновременно, а типографские расходы зависели от тиража, но эти экономические факты относятся к материальной оболочке, а не к *знаниям*. Как было показано во второй главе, знание и его материальная оболочка — не одно и то же. Более того, зачастую средства воспроизведения знаний: магнитофонные приставки, *Xerox*, телевизоры, компьютеры — контролируются потребителями, а не производителями. Производственные мощности практически неограниченны — скажем, ежегодную процедуру вручения «Оскара» одновременно смотрят несколько миллиардов человек, и это стоит Киноакадемии столько же, сколько стоило бы, если бы аудитория была ограничена только теми, кто поместился в павильон Дороти Чандлер.

Знание существует независимо от пространства. Подобно квантовым частицам, оно может находиться в нескольких местах одновременно. Вы продаете мне пирожное — и лишаетесь его сами. Но если вы продаете рецепт, мы оба становимся его владельцами. Там, где речь идет об интеллектуальных фондах и нематериальной продукции, можно владеть «пирожным» и есть его. Но нельзя отобрать. Продавец может вновь завладеть автомобилем, но не фактом. В информационной экономике существует своя «Ловушка-22»* — и для покупателя, и для продавца. Покупателю трудно судить о том, стоит ли информация денег, до ознакомления с ней, но ознакомившись — и таким образом став обладателем, — он уже не видит необходимости ее покупать.

Еще одно противоречие заключается в следующем. То, что вы продали мне информацию, не мешает вам продать ее кому-нибудь еще — точно так же, как профессор колледжа год за годом читает одну и ту же лекцию. А мне ничто не мешает — если только я не нарушаю закон об охране интеллектуальной собственности — перепродать узнанное от вас. Не на этом ли держится журналистика?

Но если знание не ограничено пространством, то некоторые его виды исключительно чувствительны ко времени — гораздо чувствительнее физических ресурсов. Вещи тоже устаревают (пишущая машинка у меня в чулане — наглядное подтверждение), но это медленный процесс. Эта чувствительность ко времени может послужить объяснением тому, как случилось, что возникли целые отрасли, занимающиеся прогнозами, то есть предсказанием будущей информации: бюро погоды, определение политических рейтингов и т.д.

Изобилие — вот еще одна область различий между знаниями и другими экономическими ресурсами. Из учебников мы знаем: высокая цена определяется редкостью вещи. «Покупайте землю, — советовал юморист Уилл Роджерс. — Другой не будет». А знания мы приобретаем каждый день, и, как мы еще убедимся, иногда чем их больше, тем они дороже.

---

* «Ловушка-22» — название известного романа Джозефа Хеллера, ставшее нарицательным.

Пусть нет надежного способа измерить мировые запасы знаний, но все говорит за то, что их объем непрерывно растет. К примеру, количество заявок на патенты в Соединенных Штатах в 1993 году возросло в 2,5 раза по сравнению с 1953 годом. Знания, в том числе научные, нередко устаревают, но не исчезают без следа. Вот что говорит Шарль Гольдфинжер, французский финансист и мыслитель, чья книга «Полезное и бесполезное. Экономика неосязаемого» представляется мне одним из лучших исследований в этой области: «Информации всегда слишком много. Любая экономическая деятельность порождает больший объем информации, чем потребляет». Скажем, процесс очистки нефти *расходует* химикалии, но всего лишь *пользуется* химией, к тому же порождая новую информацию: свойства нефтепродуктов, их стоимость, откуда они взялись и на что годятся. Таланты редки, но знания — ни в коем случае. Сегодня человечество знает как никогда много.

Если что-то в интеллектуальной экономике и является редкостью, так это невежество. Глава Центра телекоммуникаций и исследований в области информации при Школе бизнеса Колумбийского университета Эли Ноэм считает, что в условиях информационных перегрузок «добавленная стоимость — это изъятая информация». Ноэм имеет в виду следующее: отбор и «стирание» знания — это критическое извлечение нужных единиц из массы информации, выбор лучшего шоу на развлекательном канале. Поскольку информация стремится быть свободной, люди приплачивают, чтобы «закупорить» ее — например, освобождаясь от регистрации телефонного номера.

В-третьих, большая часть информационноемких товаров и услуг («твердого знания») имеет стоимостную структуру, в корне отличающуюся от ценовой структуры «твердого материала». Стоимость особенно высока на старте — при создании первого экземпляра. В книгоиздании первичные расходы — оплата труда автора, художественного дизайна и набора — гораздо выше расходов на бумагу, печатание и переплетные работы. Чем менее «материален» продукт, чем ближе он к чистому знанию, тем больше несоответствие между начальной и предельной стоимостью; стоимость производства и передачи электронной копии документа — всего лишь электрическая вспышка. То же самое относится к компьютерным программам, изготовлению лекарств по рецептам, тиражированию кинолент и так далее. Концентрация стоимости на начальной стадии производственного процесса прослеживается и в промышленных товарах, когда возрастает их насыщенность информацией; в производстве самолетов, автомобилей и многих других видов продукции доля стоимости разработки и научных исследований растет по сравнению с прямыми производственными расходами. *Fuji Electronic*, четвертая по величине японская компания электрических машин, пользуется гибкой системой изготовления магнитных соединителей для испытания двигателей. Эти универсальные приборы очень дороги, но теперь компания изготавливает 8 000 типов соединителей, не тратя практически ничего для разработки новой разновидности; все вклады в новую продукцию относятся к ИР.

И наконец, когда дело доходит до творческого труда, нет никакой существенной экономической связи между знаниями на «старте» и на «финише». Поскольку стоимость интеллектуального капитала не обязательно сводится к стоимости его получения, по тому, *что* вы делаете, невозможно понять, *как* вы это делаете. Исследования, проведенные фирмой Артура Д. Литтла, показали, что продуктивность отделов ИР фармацевтических компаний не зависит от затрат: к примеру, соперничающие между собой *Eli Lilly* и *Merck&Co.* с

1980-го по 1988 год вложили в ИР примерно одинаковые средства, но результаты *Lilly* значительно скромнее. Точно так же не существует прямой зависимости между пользой от обучения и затратами на него. «Стационарный» капитал, такой как техника, гораздо более предсказуем — вот почему бухгалтеры договорились считать цену оборудования минус износ законным выражением его стоимости и гордо заносят эту цифру в баланс — в то время как средства, вложенные в нематериальные источники, чья конечная стоимость не поддается исчислению, по мнению бухгалтеров, недостойны того, чтобы их отнесли к капиталовложениям.

КОГДА НАРУШЕНИЕ ЗАКОНА СХОДИТ С РУК

Неисчерпаемое, существующее в изобилии, сосредоточенное «на старте» и непредсказуемое... Если главный экономический ресурс характеризуется такими эпитетами, не приходится удивляться, что информационно насыщенные виды деятельности, такие как финансы и разработка компьютерных программ, славятся изменчивостью. Иногда они даже нарушают фундаментальные законы экономики.

Закон спроса и предложения, например, гласит: существует определенное, поддерживаемое при помощи цены равновесие между тем, что продается и покупается. Этот закон по-прежнему занимает свое место в учебниках экономики, но звучит уже не столь категорично. К примеру, ликвидные финансовые рынки должны были бы отличаться идеальным равновесием, однако на самом деле становятся все более изменчивыми, по мере того как материальная продукция (акции, выражающие стоимость физических ресурсов) уступает место нематериальной (прогнозам на будущее и информации об интеллектуальном капитале корпорации). Вот одна из причин, почему нарушается соответствие между спросом и предложением. Многие нематериальные товары и услуги (консультации, учеба, образование, развлечения) создаются производителями и потребителями сообща; кто в таком случае покупатель, а кто продавец? Лишние мощности, бич рынка физических товаров, только укрепляют рынки нематериальной продукции.

Интеллектуально насыщенные виды бизнеса нарушают еще один базовый экономический закон, а именно закон *убывающих возвратов,* или перенасыщения, — нарушают так же часто, как пешеходы — правила уличного движения. Томас Мальтус и Давид Рикардо, авторы этого закона (ровесника Конституции Соединенных Штатов), утверждают: в любом деле наступает такой момент, когда каждая новая инвестиция оказывается менее эффективной, чем предыдущая. Двое рабочих на мусоровозе справляются вдвое быстрее, чем один, но посадите на ту же машину еще двоих — нового удвоения не получится. Соперничество из-за редких ресурсов сокращает возврат от капиталовложений, поэтому компании уменьшают капиталовложения настолько, чтобы прибыли оставались на среднем уровне, и ситуация стабилизируется. Одной из причин, почему закон перенасыщения сохраняет силу, является тот вроде бы противоречащий здравому смыслу факт, что капитализм питает отвращение к прибылям и лезет из кожи вон, чтобы их уничтожить. Высокоприбыльное дело привлекает конкурентов, стремящихся приложить меньше усилий или сбить цену: ведь они ступают по тропе, протоптанной первооткрывателем, пользуются его инвестициями в технологию и его рынками. Чем выше успех, тем уязвимее компания.

Вместе с тем экономика информационного века

все чаще демонстрирует недонасыщение, чем перенасыщение. Вот мнение экономиста из Стэнфордского университета и института в Санта-Фе Брайана Артура:

«Области экономики, имеющие дело с природными ресурсами (сельское хозяйство, добыча полезных ископаемых), и сегодня во многом испытывают на себе действие закона перенасыщения. Здесь по-прежнему сильны позиции традиционной экономики. Те же области экономики, в основе которых лежит знание, подвержены закону *нарастающих возвратов.* Такую продукцию, как компьютеры, рецептура приготовления лекарств, ракеты, воздушные суда, автомобили, компьютерные программы, телекоммуникационное оборудование или стекловолокно, сложно разрабатывать и выпускать. Они требуют научных исследований, сложных производственных процессов и сложных инструментов, но едва дело доходит до продажи, эта продукция оказывается относительно недорогой. Мало того, что себестоимость производства продукции высоких технологий понижается с ростом объема этой продукции, но еще и возрастает выгода от ее применения. Когда торговая марка завоевывает известность на рынке, у людей возникает сильное желание покупать как можно больше такой же продукции, чтобы иметь возможность обмениваться информацией с теми, кто уже пользуется ею».

Там, где стоимость первых экземпляров высока, а последующих — гораздо ниже, начинает действовать экономика прогрессивной шкалы. Немного математики. Представьте себе две компании, каждая из которых затрачивает 5000 долларов на разработку пользующихся большим спросом товаров, продающихся по 10 долларов при себестоимости 2,5 доллара (включая производство, рекламу и распределение). Первая компания продает 2000 штук и получает прибыль $20 000 – ($5000 + $5000) = $10 000. Вторая компания продает 1000 штук и получает

$10 000 — ($5 000 + $2 500) = $2 500. Соотношение объемов проданной продукции 2:1 дает соотношение прибыли 4:1.

Теперь изменим ситуацию: увеличим наполовину — до $7 500 — стоимость разработки и так же, наполовину, снизим предельную стоимость одной штуки — до $1,25. Первая компания по-прежнему получает прибыль $10 000: $20 000 — ($7 500 + $2 500). Вторая же получает прибыль всего лишь $1 250: $10 000 выручки от продажи минус ($7 500 + $1 250). Разница в размерах прибыли 2:1 теперь уже дает соотношение 8:1. С увеличением соотношения между стоимостью первого экземпляра (изделия) и предельной стоимостью прибыль увеличивается в геометрической прогрессии.

Еще один фактор увеличения возврата на капитал в бизнесе, основанном на интеллекте, — это сетевые окружения. Ценность знаний растет, потому что ими широко пользуются. Самый убедительный пример — операционная система *Microsoft Windows*. Поскольку *Windows* используются во многих компьютерах, программисты толпами рвутся писать для них приложения и все реже возвращаются разрабатывать версии для *Apple Macintosh* или *IBM OS-2*. В свою очередь, изобилие популярных программ делает *Windows* привлекательными для покупателей; начинается самостимулирующий цикл положительной обратной связи. То, что многие ваши друзья и сослуживцы пользуются *Windows*, побуждает вас включиться в ту же сеть — начинается новый цикл. Сходным образом видеомагнитофоны *VHS* в широком масштабе вытеснили *Betamax* фирмы *Sony*: когда *VHS* вырвались вперед, кинокомпании стали записывать свои фильмы чаще на видеокассетах *VHS*, чем *Sony*, и это сделало *VHS* еще желаннее. Вот вам принцип «богатые богатеют» в действии.

Ценность может внезапно проявляться — и исчезать буквально за одну ночь, как произошло, когда факс покончил с телексом. На картах полно городов, опустевших после того, как реки, каналы, железные дороги, вдоль которых они располагались, уступили место автострадам и воздушным трассам.

Сетевые окружения — одна из форм структурного капитала. Их ценность создается сообща и приносит обоюдную выгоду поставщику и заказчику. К примеру, *Microsoft* извлекает выгоду из сетевого окружения *Windows,* но она — далеко не единственный и даже не самый крупный потребитель. Общий объем продаж того, что можно назвать «царством *Windows*» — доходы всех производителей компьютеров, микропроцессоров и программ на базе *Windows,* — составляет около 66 миллиардов долларов, из которых на долю *Microsoft* приходится лишь 4 процента.

В играх, где прибыль идет по нарастающей, неудачники оказываются заточенными в рыночных нишах, как игрок на завершающем этапе японской игры «го». Победителей становится невозможно столкнуть с завоеванных позиций, даже если другая продукция превосходит его продукцию. Клавиатура *QWERTY*, названная так по первым букам верхнего ряда, — классический пример такого «эффекта заклинивания», когда люди «зацикливаются» на популярных фирмах или продукции и «не замечают» остальных. Специально разработанная так, чтобы предотвратить заедание клавиш на механической пишущей машинке, эта клавиатура стала считаться образцовой с легкой руки компании пишущих машинок *Remington,* первой одобрившей дизайн *QWERTY:* ведь *Remington* была лидером рынка. Вот подавляющее большинство машинисток и стало предпочитать эту конфигурацию всем остальным. С тех пор появлялось немало других, более удобных конфигураций, но на них не обращали внимания: восприятие пользователей «заклинило». Сетевое окружение обернулось структурным капиталом: вклад машинисток в успех *QWERTY* оказался бесценным.

НОВАЯ ЭКОНОМИКА ОЗНАЧАЕТ НОВОЕ СТРАТЕГИЧЕСКОЕ МЫШЛЕНИЕ

Загадочная экономика информации выдвигает перед организациями соответствующий набор новых стратегических и управленческих сложностей. Они не могут игнорировать закон спроса и предложения либо закон убывающих возвратов — эти законы никто не отменял, хотя в их броне и пробито немало брешей, — но и не могут считать старые правила незыблемыми. Вот одна новая проблема: необходимость как можно раньше делать ставки. Мы уже видели, что бизнес высоких технологий характеризуется высокими затратами на старте — вложениями в исследования и разработки, в создание сетей. Добавьте к этому принцип «богатые богатеют», тесно связанный с эффектом «заклинивания». Едва он вступает в действие, как вы чувствуете, что есть только один выход — начать сначала. Смысл сказанного заключается в следующем: тот, кто надеется оседлать волну нарастающих возвратов, должен обладать темпераментом игрока плюс туго набитым кошельком крупной компании — нечасто встречающееся сочетание!

Компании, рассчитывающие извлечь выгоду из информационной экономики, должны четко представлять себе, каким оружием они располагают. Существует три основных вида оружия.

ИСПОЛЬЗОВАТЬ ДРУЗЕЙ – В ТОМ ЧИСЛЕ ИЗ ЛАГЕРЯ КОНКУРЕНТОВ, – ЧТОБЫ КАК МОЖНО РАНЬШЕ УТВЕРДИТЬСЯ НА РЫНКЕ

Информационная экономика породила новый вид странного делового «сожительства». К примеру, компания *Matsushita* сочла целесообразным не утверждать право собственности на технологию производства видеомагнитофонов *VHS,* а широко и дешево продавать лицензии конкурентам. Благодаря этому компания вырвалась вперед, потеснив детище *Sony* — *Betamax.* В отличие от нее, *Apple* годами придерживалась вроде бы рациональной стратегии защиты своих прибылей — не позволяла другим компаниям копировать свою операционную систему, созданную для компьютеров *Macintosh.* Газета *The Wall Street Journal* задним числом назвала эту стратегию «одной из грубейших ошибок в истории бизнеса».

В области программирования *Netscape* и *Sun Microsystems* пошли еще дальше *Matsushita:* они *раздают* экземпляры своих программ. Конечные пользователи бесплатно, через сеть *Internet,* загружают в свои компьютеры созданную компанией *Netscape* поисковую программу *Navigator,* но у них тотчас возникает потребность разработать на ее основе программы, а их можно писать, лишь купив официальную версию программы. Детище *Sun* — язык программирования *Java,* производящий приложения, которыми можно пользоваться в любой операционной системе — *Windows, Unix* и т.д., — достается конечным пользователям и разработчикам приложений совершенно бесплатно, но если вы хотите использовать его в своей продукции, вам придется заплатить за лицензию. Вот как по этому поводу высказался главный технолог Эрик Шмидт: «Мы думаем в первую очередь о том, чтобы стать незаменимыми, а уж потом — о прибыли».

Союзы — прежде всего со сбытовиками и поставщиками — приносят огромную пользу в любом виде предпринимательской деятельности. Без поддержки нефтепромышленников и государственной системы строительства железных дорог *General Motors, Ford* и *Chrysler* недалеко ушли бы от паровых автомобилей и локомотивов. Еще более мощным оружием союзы стали в информационно-насыщенных отраслях, потому что близкая к нулю стоимость воспроизводства информации способствует их быстрому образованию, а эффект «фокусировки» делает их еще сильнее. (О союзах и виртуальных корпорациях см. подробнее в следующей главе.)

СТРАТЕГИИ СОТРУДНИЧЕСТВА, НАПРАВЛЕННЫЕ НА УДЕРЖАНИЕ ПЕРЕДОВЫХ ПОЗИЦИЙ

В условиях, когда накладные расходы незначительны, лидеры обладают большим пространством для маневра в том, что касается цен. Они могут широко распространить фиксированные цены, серьезно «прищучивая» соперников, которым при более узком рынке сбыта приходится вкладывать почти такие же суммы в исследование и развитие. Давление производится по всей ценообразовательной цепочке, от поставщиков до потребителей. Таким образом компания снижает себестоимость для всех участников — но лишь при условии, что она использует свой вес и все доступные ей рычаги, чтобы создать потребительский капитал, а не просто оказать давление на поставщиков и тех, кто занимается сбытом с целью увеличения собственных прибылей. Могущественная организация, всего лишь очищающая свои склады от товарно-материальных запасов, перебрасывая их на баланс поставщиков или заказчиков, просто возделывает землю, на которой может появиться еще один конкурент; но если она действует совместно с поставщиками и заказчиками, стараясь освободить от балласта систему в целом, снизить себестоимость для всех и поделиться экономией, она подключает их к своей сети. Один из способов проверить, оседлали ли вы рыночную волну или безуспешно сражаетесь с ней, состоит в том, чтобы исследовать не только свою часть рынка, но и ту, которую занимают ваши поставщики и клиенты. Играют ли ваши самые крупные клиенты такую же роль в своей отрасли? Развивается ли ваша доля в их бизнесе такими же темпами, что этот бизнес в целом? Если да, значит, закон нарастающих возвратов работает на вас.

СОВМЕСТНАЯ УЧЕБА – НЕПОБЕДИМОЕ ОРУЖИЕ

Так же, как сотрудничество и стратегически важные позиции на рынке, знание рынка, потребителей, технологий и процессов способствует росту организации, но лишь в том случае, если оно является первичным ингредиентом бизнеса и, стало быть, предметом обмена. Между компаниями, которые учатся совместно с потребителями (каждый учит другого и учится сам), устанавливаются отношения взаимозависимости. Их сотрудники и системы — человеческий и структурный капитал — успешно взаимодействуют друг с другом.

Как ни странно (и замечательно), сама бесплотность и изменчивость информации делает ее долговечной; ее устойчивость — результат ее способности просачиваться через границы, поставленные на пути этого нематериального ресурса. Виктор Гюго писал в «Соборе Парижской богоматери»: до изобретения Гутенбергом книгопечатания человечество старалось увековечить знание, высекая его в камне. Памятники архитектуры, такие как соборы, были «гранитной книгой человечества»; на их порталах и статуях было запечатлено интеллектуальное и духовное наследие предков — в прочной и, казалось бы, нерушимой форме. Однако, освобождаясь от этого багажа, знание становится еще прочнее. «В виде печатного слова,— продолжает Гюго,— мысль стала долговечной как никогда: она крылата, неуловима, неистребима. Она сливается с воздухом. Во времена зодчества мысль превращалась в каменную громаду и властно завладевала определенным веком и определенным пространством. Ныне же она превращается в стаю птиц, разлетающихся на все четыре стороны, и занимает все точки во времени и в пространстве... Утратив прочность, она приобрела живучесть... Разрушить можно любую массу, но как искоренить то, что вездесуще?»

И вот, почти окончательно лишившись материальной оболочки в результате электронной революции, знание стало еще доступнее — и неистребимее.

Глава 11

СЕТЕВАЯ ОРГАНИЗАЦИЯ

Мы спешно строим телеграф между штатами Мэн и Техас. Но вполне возможно, что штатам Мэн и Техас нечего сказать друг другу.

Генри Дэвид ТОРО

Какова организационная структура стаи птиц? Гуси в полете образуют букву V, но вожак не обладает какой-то особой властью и легко уступает место в случае усталости или смены направления.

Никакая иерархия не влияет на направление или порядок расположения уток или голубей в летящей стае. В ответ на какой-либо раздражитель — дуновение ветра, звук выстрела, резкое движение наблюдателя, появление беркута — стая может встрепенуться и резко изменить курс, следуя за другим вожаком, который, в сущности, за собой двигаться не призывал.

Изучая горы отснятого материала, ученые установили, что птицы в стае меняют направление относительно друг друга за одну семидесятую долю секунды — это гораздо быстрее их индивидуальной реакции. Крейг Рейнольдс, разработчик программ для производства мультфильмов на студии *Silicon,* построил модель, демонстрирующую, что для создания «совсем как живой» искусственной стаи нужно задать компьютеру три основных параметра: дистанцию, направление и сцепление. Благодаря этим правилам Рейнольдс создал «совсем как живые» стаи летучих мышей и пингвинов в фильме «Бэтмен возвращается».

У всякого, кто наблюдал за поведением птиц в стае, говорит Рейнольдс, «возникает стойкое ощущение наличия сознательного централизованного управления.

Однако факты говорят за то, что поведение стаи обусловлено совокупными действиями отдельных особей на основе их восприятия окружающей обстановки».

В компьютерных образованиях, так же как в природе, нет ни лидера, ни приказа, ни попытки контроля. Вместо этого налицо что-то вроде общего мозга, довольно-таки свободной сети отношений и импульсов.

Создание сети — не метафизическая идея, не технологический феномен или модное занятие. Это — величайшее достижение в развитии организации производства с тех пор, как после второй мировой войны *Du Pont, General Motors* и другие оформились в нынешние корпорации — с администрацией и служащими, многочисленными филиалами и функциональными отделами. Где раньше были пирамиды, боссы, отделы, команды, теперь мы имеем сети, соединения, образования, коллективы.

Для компаний, чье главное богатство — интеллектуальный капитал, именно сети, а не иерархии являются правильными организационными конструкциями. В этой главе мы покажем, что несут с собой новые формы организации и каким образом они кардинально изменяют природу и задачи управления.

КАК ТЕХНОЛОГИЯ УПРАЗДНИЛА ИЕРАРХИЮ

Сети существовали и до компьютеров: например, сеть «своих людей» — сложный клубок отношений, помогающих сделать карьеру; или причудливое макраме обратных связей в неформальном коллективе, дающее возможность сначала выполнить задание, а уж потом оформить все на бумаге. Но как бы ни были важны эти сети, они оставались неофициальными. Другое дело — сознательная организация по сетевому принципу, ставшая возможной благодаря компьютеру на каждом письменном столе. Технологическая сеть влияет на характер социальных сетей. Они больше не придатки иерархии, а ее замена. Орудия труда. Все чаще и чаще главные, ключевые виды деятельности: биржевая торговля, операции с товарными запасами в *Wal-Mart,* разработка и усовершенствование новой модели «Боинга» — осуществляются через компьютеры.

На заре компьютеризации никто и подумать не мог, что они свергнут централизованную власть, — наоборот. В 1958 году, то есть тридцать девять лет назад, в *Harvard Business Review* появилась статья Гарольда Левитта и Томаса Уислера под названием «Менеджмент в восьмидесятые». Предсказания будущего, особенно в прессе, всегда были рискованным делом. Левитт и Уислер пошли дальше всех. Всего лишь через два года после того, как Уильям Г. Уайт в своей работе «Человек организации» описал расцвет профессии менеджера, они предсказали ее падение: мол, компьютер будет для руководителей среднего звена тем же, чем стала «черная смерть» (чума) для Европы четырнадцатого столетия. Так и случилось. Разного рода менеджеры составляют от пяти до восьми процентов всей рабочей силы, а доля увольнений в этой среде в последние годы составила двадцать процентов. Отныне менеджеру не рекомендуется входить в кабинет босса без охраны.

Но в одном Левитт с Уислером ошиблись. В то время существовал только один вид компьютеров: так называемые большие, или стационарные ЭВМ — вот они и представили себе, как немногими уцелевшими менеджерами руководят «сверху» при помощи этих громоздких, гудящих «шкафов» — очень похоже на то, как в «1984» Оруэлла жители Океании безропотно подчиняются «Телеэкрану» — той же ЭВМ с подсоединенными к ней безмозглыми терминалами. В 1968 году в ставшем пророческим фильме «2001» видение Оруэлла приняло обличье зловредного Хэла. Помните: «Я — человеческое существо. Не гнусь, не складываюсь, не вытягиваюсь и не ломаюсь»?

В январе 1984 года — настоящего, не оруэлловского 1984-го — *Apple* представила обществу *Macintosh.* В знаменитом рекламном ролике, показанном во время Суперкубка, компания отдала дань видению Оруэлла, взорвав его. Пророчество основателя *Apple* Стивена Джобса, что персональные компьютеры неузнаваемо преобразят мир, оказалось точнее. Вице-президент по технологии и стратегическому планированию шинной компании *Goodyear* Фредерик Ковач говорит: «Персоналки покончили с иерархией». На вопрос «почему» следует ответ: «Потому что для этого их и купили».

Вообще говоря, Джобс оказался прав только наполовину. Первого января 1984 года, за три недели до того, как *Apple* сделала компьютер доступным для простых смертных, вступило в силу соглашение между *AT&T* и министерством юстиции Соединенных Штатов, положившее конец монополии *AT&T* на телефонное обслуживание по всей стране. Это событие по значению можно приравнять к взятию Бастилии, так как до него по закону было запрещено подключать к телефонной сети какие-либо устройства без разрешения и участия компании. В том же году правительство

Великобритании приватизировало *British Telecom.* Сегодня сети персональных машин, соединенных телефонными проводами, являются главной технологией, при помощи которой компании управляют знаниями, — фактически *правят.*

КАК СЕТИ ИЗМЕНИЛИ ПРОФЕССИЮ МЕНЕДЖЕРА

Невероятна экономическая власть сетей — дорогих в производстве, дешевых и быстрых в работе, доступных в любой точке и в любое время для любой организации, которая хочет получать высокие дивиденды от своего интеллектуального капитала. Главная — и очень трудная — задача менеджеров в век информации — наладить распространение знаний. Сети же выполняют функцию связи — людей с людьми и людей с данными. Прежде информация распространялась по иерархии: от меня к моему начальнику, потом к его начальнику, далее к вашему начальнику и наконец к вам. Теперь же благодаря компьютерным сетям мы с вами общаемся напрямую. Информация — великая сила, значительно ускоряющая процесс раздела старого доброго пирога бюрократии. Говорит директор отдела информации *Sun Microsystems* Билл Рейдучел: «Электронная почта — культурное событие первостепенной важности, в корне изменившее управление организацией».

Во-первых, сети окончательно и бесповоротно упразднили власть менеджеров. Они устанавливают демократический стиль общения; им никак не «идет» прежний «начальственный» стиль. Люди, общающиеся через компьютеры, не столь почтительны к тем, кто находится на более высоких ступеньках служебной лестницы, и не стесняются прямо, без обиняков, высказывать свое мнение.

Во-вторых, в мире проводов главные служебные

обязанности руководителя среднего звена — планирование, исполнение сметы и контроль — осуществляются по-другому. Благодаря таким новшествам, как электронная почта, телесовещания и общие компьютерные программы, люди могут работать, находясь на значительном расстоянии друг от друга, не обращая внимания на границы между отделами и корпорациями. Человек может целый день работать с командой специалистов из других подразделений той же компании, под руководством кого-то, кто находится в другом полушарии, над проблемой, в которой его босс почти ничего не смыслит. Ради Бога — кто тут кому подчиняется? Сьюзен Фальцон, руководитель научно-консультационной службы *CSC Index* в Кембридже, Массачусетс, в 1993 году обследовала сетевую организацию более чем семидесяти пяти организаций. И пришла к выводу: когда провода соединяют юристов с другими юристами и базами данных, они гораздо реже обращаются за помощью к боссам. Роются себе в компьютерных файлах или ищут совета у коллег в других подразделениях. И они, и боссы могут уделять больше времени юриспруденции. «Контроль, — говорит Фальцон, — касается уже не столько содержания работы, сколько ее исполнения и карьеры служащего». Глава информационной службы *General Electric* Хеллен Рантаг высказалась еще категоричнее: «Деловое общение через сеть абсолютно несовместимо со строгой, местнической субординацией».

Сама природа знаний такова, что заставляет отдавать предпочтение сетям перед пирамидальной, то есть иерархической, организацией труда. «При разработке сложной продукции, — говорит вице-президент *Pitney Bowes* Джон Манцо, — требуется множество людей со специальными знаниями, работающих сообща (но не обязательно рядом)». Функциональные организации «выращивают» превосходных специалистов, но не могут связать их с превосходными специалистами в других областях. Главное преимущество сетей состоит в том, что они помогают получить нужную информацию в нужный срок, а не запасаться ею «на всякий пожарный случай». Сети создают добавленную стоимость — причем самую ценную, информационную — гораздо быстрее и точнее, чем бюрократические системы. Это происходит по двум причинам. *Во-первых,* проходя по иерархической цепочке вверх, в сторону, а затем вниз, информация фильтруется. Ее подправляют, откладывают, политизируют и нередко уничтожают. Новости теряют свежесть. Двустраничный отчет торгового агента ужимается до одного абзаца. Конечно, «наверх» должны поступать обобщенные сведения, но фильтрация сопряжена с большим риском. Критические замечания приглушаются, идеи подгоняются под точку зрения босса — часто необъективную.

Не следует забывать: иерархии тоже увеличивают знание — например, опыт администрации. «Инфократия» должна создать перспективы своего развития. Бывший руководитель отдела информации *Monsanto* Джеймс Несбит рассказывает:

«В первые двадцать лет работы в компании я больше полагался на аппарат специалистов — по общественным связям, закону о труде, антитрестовскому закону, производству. Человек продвигался вверх по служебной лестнице, и за его работой зорко следило множество других людей. С отменой централизации все эти возможности исчезли, а ничего равноценного не появилось. В штатах компаний больше нет ни одного классного спеца».

И все-таки «классный спец» существует — где-то там, в сети.

Парадоксальный секрет успеха сетевой организации — в ее громоздкости: чтобы как можно меньше «классных спецов» оставалось «за бортом».

В этом случае, по мнению Билла Рейдучела из *Sun,* «светлые умы просто не могут не принять участия в обсуждении проблемы: кто-нибудь где-нибудь обязательно втянет их в дискуссию». К примеру, консультанты из фирмы *Booz Allen&Hamilton* прежде были организованы в три функциональных отдела: стратегии, производства и информационной технологии, — что позволяло работать «медленно, но верно». Для ускорения фирма «перестроилась». Новые отделы стали создаваться по областям рынка: финансовых услуг, нефти, телекоммуникаций, производства и так далее. В то же время фирма защитила свои профессиональные знания, создав «команды интеллектуалов», сохранившие функциональную ориентацию. Структура не носит характера застывшей формы. Право принимать решения принадлежит не всем, зато информация является всеобщим достоянием. Если сеть носит громоздкий характер — что с того? Глава *General Electric* Джек Уэлч заявляет: «Мы не гоняемся за чистотой и порядком. Наша цель — связать информацию и тех, кто знает что с ней делать».

Сетевая организация не всегда такова, как она представлена в официальных отчетах. Она сохраняет некоторые черты иерархии, так как промышленная организация нуждается в ком-то, кто задает направление и ненавязчиво следит за тем, чтобы компания не уклонялась от курса. На бумаге *Minnesota Mining and Manufacturing (3M)* — аккуратная вавилонская башня со множеством расположенных один над другим ярусов: секторов, групп и подразделений. Но это — фикция, призванная натаскать администрацию в искусстве управления и объединить все предприятия компании, обслуживающие одних и тех же потребителей. Главная функция *3M* — создание инновационной продукции — осуществляется в условиях болотистых, закутанных, засоренных сетевых джунглей. Компания барахтается в обилии информации. Ее научные кадры — 8300 человек — разбросаны по стольким лабораториям и подлабораториям, что никто даже не знает их точного количества. Существует центральный отдел науки и развития, а кроме него — лаборатории при каждом секторе и каждом предприятии, а также одиннадцать центров, «привязанных» к так называемым «технологическим платформам» — ведущим технологиям, таким как клейкие вещества и оптические волокна. Исследователь, которому не удалось получить деньги на разработку проекта от «своего» предприятия, ищет других спонсоров, а если не найдет, может обратиться в фонд научных исследований *Genesis Grant*. А бывает и так, что настырный, доведенный до белого каления исследователь врывается в кабинет главы организации — «кошелек или жизнь!» — и уходит с набитыми карманами.

Громоздкость наблюдается и на другом конце «трубопровода новаций». Идеи оцениваются с точки зрения их коммерческого потенциала не только администрацией, но и научными работниками (так называемой «группой технического контроля»), производственниками, маркетологами, причем ни один из них не состоит в штате организации-спонсора. Проверка преследует двоякую цель: во-первых, нейтрализовать возможную необъективность иерархических структур, а во-вторых, представить идею другим организациям на случай, если от нее откажется спонсор. Кроме того, *3М* дважды в год устраивает «ярмарки технологий»: одна для ученых, охотящихся за спонсорами для своих новинок, а другая — для производств, стремящихся заявить о себе на рынке. По признанию руководителя центра технологии адгезивов Моргана Тамски, «одна из непостижимых черт *3М* — неимоверно запутанный клубок взаимосвязей. Порядком там и не пахнет».

Однако система оказывается в высшей степени эффективной — «излишества без отходов». Одно из свидетельств достижений компании — стремительный рост продуктивности. В 1984 году годовой объем продаж в расчете на одного рабочего составлял 88 814 долларов, а в 1994-м — уже 177 019 долларов, то есть на 99% больше. Реальный рост еще больше — 101%, — так как за это же десятилетие средняя цена на продукцию *3M* снизилась на 2%. Для сравнения — прирост производительности труда в американской промышленности в целом составил за тот же период 39%.

Благодаря организации по сетевому принципу *3M* остается стройной, хотя как будто и не следит за весом. Глава фирмы Л.Д. Десаймон уверяет: «Производительность никогда не сходит с повестки дня», — но *3M* добивается ее роста не за счет обычных мер — модернизации и рационализации, смены направлений, устранения дублирования. Вместо этих терминов с механическим оттенком в кабинетах *3M* звучат другие, имеющие отношение к живой природе:

«Мы работаем в условиях первозданного хаоса — это лучшие условия для работы»;

«Мы помогаем формировать — но не формируем»;

«Главное — климат»;

«Все, что нужно, это создать окружение. Оно почти живое: приливы следуют за отливами»;

«Я тружусь над созданием среды обитания»;

«Смысл в том, чтобы обеспечить условия для свободного полета фантазии».

Обратите внимание, советует профессор Миннесотского университета Эндрю ван де Вен, «какая разница между механистическими и экологическими метафорами. В океане каждая капля содержит все элементы всего океана — но изобилие капель не назовешь расточительством». Окружение, созданное *3M,* полезно для сотен предприятий. Как любая птица в стае знает правила, которым подчиняется стая в целом, каждое предприятие *3М* содержит все существенные элементы компании в целом и, обладая индивидуальностью, в то же время не является полностью независимым. Каждое предприятие подпитывается от корпорации и само подпитывает корпорацию, потому что большая, разнообразная экологическая система дает ей простор для роста, совершенствования, развития».

Конечно, изобилие предполагает расходы, но и создает условия для экономии. Во-первых, знание является всеобщим; *3М* экономит время, приспосабливая идеи одного подразделения к другим, вместо того чтобы бесконечно изобретать велосипед. Опять же, плавая в одном и том же море, менеджеры легко переходят с одного предприятия на другое или из лаборатории в цех; переход происходит гладко, без потери темпа и с минимальными бюрократическими процедурами. «Налицо постоянная самореорганизация, не нуждающаяся в координации в масштабе всей компании».

Как мы уже видели, наилучший структурный капитал — тот, благодаря которому организация действует почти рефлекторно. Осенью 1980 года, на той же самой неделе, когда Артур Фрай предложил широкой публике свои «постеры», Леон Ройер, формально ведавший в *3М* поставками, получил срочное задание — принести в отдел, разрабатывающий товары для досуга, новую удочку для ловли на мушку, поскольку новинка конкурентов «зарезала» соответствующую продукцию *3М*. Ройер вызвал из другого подразделения специалиста по фторуглероду, и тот предложил «покрутить» формулу, придуманную третьим подразделением. Ройер лично провел не одно воскресенье, забрасывая удочку в университетских гимнастических залах: только там холодной миннесотской зимой было достаточно тепло и просторно. К началу сезона ловли форели новая удочка была готова и произвела сенсацию. Она появилась в результате общих усилий, без какой бы то ни было формальной организации, не создав никаких новых структур. Подобно птичьей стае, *3M* просто сменила направление.

Прежде обязанности руководителей среднего звена в основном сводились к плану, организации, исполнению и контролю. В сетевой организации они уступили место определению, подкормке и распределению.

Определение. Кто мы такие? Почему занимаемся бизнесом и каким? Каковы наши миссия и видение, и какую ценность мы надеемся предложить потребителю? Сеть способна к самоорганизации: люди группируются вокруг проектов, которые нужно осуществить. Не дело администрации — «управлять» такими коллективами и проектами. Ее задача — определить, что нужно сделать, чтобы люди не отвлекались на каждую попутно возникающую проблему, то есть постоянно и ненавязчиво напоминать им общее направление компании. Творческие работники с идеями — не какие-нибудь несмышленыши, об этом не следует забывать.

Подкормка. Человеческий, структурный и потребительский капитал, от которого зависит благополучие организации, нуждается в поддержке, подпитке и заботливом уходе. Какие именно люди и знания нам нужны? Какие профессиональные навыки важны для дела? Как развить их и сохранить в отличной форме? В каком окружении талантливые сотрудники смогут наиболее полно раскрыть свой потенциал? Какие системы способны максимально уберечь их от столкновений с бюрократическими препонами? Как установить такие отношения с потребителями нашей продукции, чтобы они стали частью нашей судьбы, а мы — их?

Распределение. Руководить — значит постоянно выбирать из десятков возможностей. Какую из множества дорог следует предпочесть и с какой скоростью двигаться? Какие ресурсы могут нам понадобиться? Что выгоднее: сделать то, что нам нужно, самим, купить «на стороне» или взять в аренду у компаний-союзников? Установить строгий или мягкий режим расходования этих ресурсов творческими коллективами? Как подсчитать результаты?

ПОЧЕМУ СЕТИ ПОБЕЖДАЮТ

История сетевых организаций типа *3M* или *Sun* содержит свою «мораль» — мораль века информации. «Горизонтальная», разветвленная организация торжествует потому, что лежащая в ее основе экономика связей и контроля изменилась в пользу небольших, гибких организаций. Здесь нам не обойтись без теории — ничего не поделаешь. Разные организационные структуры требуют разных издержек — менеджеры иногда упускают это из виду. Понимание этой разницы дает нам в руки мощное оружие анализа решений. К такому выводу пришли приверженцы все более влиятельной экономической школы, называемой экономикой стоимости сделок. Родоначальником метода стал нобелевский лауреат Рональд Коуз; его идеи развили Оливер Уильямсон из Беркли и другие. По традиции микроэкономика сосредоточена главным образом на производственных факторах, таких как труд и материалы. Уильямсон доказал, что при таком подходе от нашего внимания ускользает гораздо более важный элемент — стоимость сделки. Не просто труд, а все, что с ним связано, включая стоимость поиска и найма рабочих, обучение, замена уволившихся и так далее. Не просто стоимость материалов, а и стоимость их доставки туда, где они нужны. Традиционная микроэкономика никогда всерьез не подсчитывала величину управленческих расходов — внутренних и внешних. Их относят к накладным расходам и попросту списывают. А ведь это немалые суммы!

Упрощенно подход Уильямсона сводится к следующему. Дело можно сделать двумя способами: вы либо покупаете то, что вам нужно, либо производите сами. Назовем первый способ рынком, а второй — иерархией. (Существуют гибридные формы, но мы договорились упрощать.) «Вертикальные» организации, в которых сделки осуществляются между подразделениями, относятся к иерархиям. Рынок же имеет «горизонтальную» структуру; участников организует предложение цены — основной мотив покупателя и продавца заниматься бизнесом.

У каждой системы — свои стратегии. Рынок, как правило, дешевле благодаря соперничеству между конкурентами. Иерархия, со своей стороны, имеет более низкую координационную стоимость, так как выходить на рынок — дело хлопотное. Это и поиск покупателей, и создание систем купли-продажи, и процедура выписки и оплаты счетов, реклама и так далее. От того, как выстраивается соотношение между себестоимостью и прибылью, зависит выбор — в пользу «вертикальной» или «горизонтальной» интеграции, — размеры компании и стиль управления — бюрократический, основанный на подчинении, или деловой, предпринимательский, с ярко выраженным элементом сотрудничества.

Купите компьютер, организуйте сеть — и все стоимости изменятся. С 1985-го по 1995 год стоимость передачи данных по сети снизилась на 90%. Причина — обвальное удешевление компьютеров. При прочих равных условиях (вообще-то так не бывает, но допустим) иерархии начинают терять свое преимущество в деле регулирования цен. Продавцам и покупателям становится легче находить друг друга. Бумаготворчество сходит на нет; на порядок снижается число мелких служащих. Заказы и платежи осуществляются при помощи электроники. Это резко сокращает объем безнадежных долгов. Ширится круг сделок, которым больше подходит рыночная, а не иерархическая структура. Растет число компаний, предпочитающих покупать «на стороне» то, что раньше производилось «у себя дома».

Влияние информационной технологии на стоимость сделки, в частности, помогает понять, почему провалилась попытка *United Airlines* организовать «вертикальную» компанию для более полного обслуживания пассажиров, включая воздушные перевозки, аренду автотранспорта и бронирование мест в гостиницах. В 1985 году *United* купила *Hertz,* а в 1987-м — *Hilton,* и назвала новую компанию *Allegis.* Год спустя сделка была расторгнута. Искомое единство не состоялось. Почему? *Allegis* появился на свет одновременно с компьютеризованными системами резервирования, позволившими добиться слаженной работы трех служб, связанных с путешествиями, при помощи рынка — делясь информацией с агентствами и при этом не устанавливая с ними бюрократических отношений, которые привели бы к неэффективному ценообразованию.

Главное в этой теории то, что она поощряет дробление. Крупные компании распадаются, торжествует принцип «достать на стороне»; во многих отраслях падают барьеры на пути создания новых компаний; компании тяготеют к узкой специализации; плодятся «виртуальные корпорации», а внутренние иерархии, утратив ценообразовательное преимущество, оседают, как воздушные пирожные на сквозняке. Компании стали меньше. Судя по итогам переписи, число работников, занятых на среднем американском производстве, сократилось на 8% по сравнению с 1980 годом. Сокращение особенно значительно в отраслях, где велики расходы на информационную технологию. В век информации «маленькое» стало синонимом «красивого».

Одно дело — и вполне разумное — пойти на рынок и купить бумаги и карандашей вместо того, чтобы делать их самому. И совсем другое — но еще более разумное — приобрести важные корпоративные услуги. Образование союзов и следование принципу привлечения со стороны ведут к тому, что часть капитальных затрат относится на баланс другого участника. Компания, которой вы передаете часть своих функций, наверняка имеет не одного клиента и сможет распределить между ними стоимость фондов. Несколько лет назад, например, фирма *General Electric Capital* взяла на себя кредитные счета *Montgomery Ward,* то есть *Montgomery Ward* передала ей свое дело обслуживания кредитных карточек. Компьютеры *General Electric Capital* напрямую связаны с системами учета розничных продаж; *General Electric* дает разрешение на выдачу и выпуск кредитных карточек *Ward,* рассылает их и собирает деньги по счетам. Это позволяет *Ward* экономить на стоимости владения, обслуживания и развития собственной системы обработки данных. *General Electric* распределяет эту стоимость — весьма значительную — между несколькими линиями кредитных карточек.

Финансовый капитал — еще не главное. Благодаря такому сотрудничеству обе компании могут в еще большей степени влиять на свой интеллектуальный капитал. Ключевые умения и навыки *Montgomery Ward* лежат в области купли-продажи, а не кредита, сбора долгов или информационных систем. Объединившись с организацией, чей интеллектуальный капитал дополняет ее собственный, компания *Ward* избавилась от необходимости вкладывать средства не только в машины, но и в освоение «чужих» видов деятельности. Ясно, что компания, которая «отдает на сторону» свои жизненно важные функции, рискует утратить самый смысл своего существования. Но та, которая держится за эти жизненно важные навыки и «отдает в аренду» все, что может отдать, получает гораздо больший рынок для использования своего интеллектуального капитала, чем могла бы получить в противном случае.

ТРИ НОВЫЕ ОРГАНИЗАЦИОННЫЕ КОНСТРУКЦИИ

Из экономики информации и стоимости сделок вытекают три новые формы организационной архитектуры: внутрисетевая организация, виртуальная корпорация и экономическая сеть. Каждая является богатейшим источником повышения эффективности и, что важнее, механизмом быстрого роста благодаря увеличению интеллектуального капитала. Выше уже рассматривалась внутрисетевая организация. Виртуальные же корпорации и экономические сети требуют более подробного разговора.

Подразделение фирмы *Skandia* «Страхование и финансовое обслуживание» (СФО) называет себя виртуальной корпорацией. СФО специализируется не на традиционном страховании жизни, а на сберегательно-страховых операциях, таких как разные виды ежегодной ренты; иногда это называют страхованием премией. Эти «премии» вкладываются во взаимные фонды по указанием обладателей полисов. В результате конечная сумма страховки увеличивается в зависимости от деятельности фондов. За пять лет (1991 — 1995) доход от премий достиг фантастической величины — 45%. Ныне *Skandia* — один из крупнейших в мире продавцов ежегодных рент.

Столь быстрый рост стал возможен благодаря созданию так называемой виртуальной, или мнимой организации. СФО вкладывает деньги и интеллект в развитие страховых продуктов, функционирование внутренней и внешней сети и открытие новых рынков по всей планете. (Обратите внимание: эти три вида деятельности соответствуют человеческому, организационному и потребительскому капиталу). В 1995 году *Skandia* открыла офис в Юго-Восточной Азии со штаб-квартирой в Малайзии; при этом операционные сотрудники сидят в своем офисе в Швейцарии.

Однако СФО не управляет общими фондами и не работает непосредственно с населением. Это делают ее партнеры по виртуальной сети. На нижнем, потребительском конце цепочки этим занимаются местные продавцы финансовых услуг: банки, брокерские конторы, финансовые советники, — которые заинтересованы в том, чтобы продавать страховки, и высоко ценят знания и опыт СФО. На верхнем же конце цепочки — управляющие фондами, такие как *J.P. Morgan, Invesco* и *Fidelity*. Эти видят в СФО стабильный источник долгосрочных фондов, поступающих по недорогому распределительному каналу. Сеть продавцов и управляющих фондами увеличивает интеллектуальный капитал, обеспечивая СФО инфраструктурой, которую она за такой короткий срок не смогла бы создать самостоятельно. В 1991 году СФО насчитывала 1169 служащих; сегодня — 2086, всего лишь на 917 человек больше. Но число тех, кто продает и управляет продуктами СФО, за этот период более чем утроилось (46000 человек против 15000), а стоимость фондов СФО выросла еще значительнее: с 25 до 116 миллиардов шведских крон.

Многие компании, подобно СФО, начали специализироваться в своих ключевых видах деятельности и освобождаться от остальных. В электронном окружении, где знания — наиважнейший источник богатства, все ценообразовательные цепочки обнажены и реорганизованы. Возьмем сбыт. Промышленник, сосредоточившись на производстве, передает товар тем, кого прежде называли отправителями грузов. Вместо того чтобы обзаводиться флотилией торговых судов и караванами грузовиков, он арендует необходимый транспорт, связываясь по компьютерной сети с арендной компанией, знающей, где есть свободный транспорт. Каждая сторона — производитель, агентство по сбыту, компания, ведающая арендой, — более эффективно, чем прежде, использует свои финансовые и интеллектуальные ресурсы.

Вот ключ к успешному функционированию виртуальных корпораций — сосредоточенность на управлении интеллектуальными фондами. Говорит Д.Дж.Крейн, вице-президент службы информации *General Electric*, работающий с *General Electric Capital* (главным организатором аренды самолетов, грузовиков и товарных поездов) и ее потребителями точно по такой же схеме: «Это в корне меняет суть работы руководителей среднего звена. Прогрессивные компании привлекают их для работы с информацией, а не товарами».

Консультант *McKinsey* Джон Хэйгел пользуется термином «экономическая паутина» для описания конечного способа, которым логика сетей проявляет себя в организационной архитектуре. Экономическая паутина — это «кластеры компаний, которые объединяет приверженность к определенной технологии... которые используют общесетевую архитектуру, чтобы стать независимыми элементами некоего общезначимого для всех замысла, эффективность реализации которого тем выше, чем больше компаний образуют кластер». Мы уже встречались с одним таким образованием, когда я говорил о «царстве *Windows*», но существуют и другие: автомобилестроители, их поставщики и дилеры; кабельные телевизионные компании и компании, создающие для них программы, такие как *CNN*... Паутина может создаваться и вокруг групп потребителей — вспомните дополнительные услуги, оказываемые *American Express* владельцам кредитных карточек, или то, как компьютеры обеспечивают доступ к журналам, услугам бюро путешествий и компаниям, разрабатывающим программы. Вся индустрия финансовых услуг замышлялась для обслуживания групп потребителей и продавцов, которые прежде, в средние века, собирались на рыночной площади.

Компаниям, участвующим в экономической паутине, приходится решать две сложнейшие проблемы: конкуренции и кооперации. Внутри паутины могут вестись ожесточенные бои: вспомните хотя бы соперничество между *Compaq, Gateway* и *Packard Bell*. Эти схватки способны даже оттеснить инициатора и изменить характер сети. Так случилось в бизнесе персональных машин, когда *Microsoft* с помощью *Intel* оттеснила *IBM* на периферию сети, которую та же и создала; теперь уже *Netscape* и *Sun* при помощи программ *Java* пытаются сделать *Microsoft* вторым, а не первым пауком, плетущим паутину на основе *Internet*. Одновременно одна паутина соперничает с другой: великий *Microsoft* с *Apple, Ford* с *Honda*, — и каждый участник готов к исходу «или пан, или пропал», если его сети будут функционировать хуже сетей соперника.

Путь к успеху по обоим направлениям — расширение сети и захват ключевых позиций — зависит от того, о чем вы уже подумали: от информации. Чем полнее и быстрее поток информации в сети, тем успешнее участники могут воспользоваться новыми возможностями, делая предложение цены приемлемым для покупателей. Что же касается внутреннего соперничества, то и оно зависит от доступа к информации — о том, каковы установки ведущих компаний сетевой паутины.

Ядром, или геномом всех этих новых форм организационной архитектуры является интеллектуальный капитал. Внутрисетевые компании, виртуальные организации и экономические сети пользуются одной и той же логикой века информации, сводящейся к тому, что идеи, знания, обработка информации и другие интеллектуальные проявления — человеческий, структурный, потребительский капитал — способны создавать богатство намного быстрее и дешевле, чем традиционные физические и финансовые источники. В основе экономики товаров — сложение, а экономики знаний — умножение.

Вот восхитительный пример прохождения информации в иерархических структурах, оказавшийся в моем распоряжении благодаря электронной почте. Это — действительно имевшая место переписка между персоналом одного лондонского отеля с одним постояльцем. Тем, кто читал «Пятую дисциплину» Питера Сенджа, этот доводящий до исступления эпизод может показаться знакомым.

«Уважаемая горничная!

Пожалуйста, не оставляйте больше в ванной эти крохотные кусочки мыла. Я прихватил с собой свой собственный солидный кусок *Dial*. Уберите, пожалуйста, шесть кусочков мыла с полки под аптечкой и еще три — из мыльницы в душе. Они мне мешают.

Спасибо. *С. Берман*»

«Уважаемый номер 635!

Я не ваша постоянная горничная — она выйдет на работу после выходного завтра, в четверг. Я вынула из мыльницы в душе три кусочка мыла, как вы просили. Те шесть кусочков, что были на полке, я поместила над держателем *Kleenex* на случай, если вы передумаете. Остается только три кусочка — ваша сегодняшняя норма. В мои служебные обязанности входит каждый день оставлять в номере три кусочка мыла.

Кэти, подменная горничная»

«Уважаемая горничная!

Надеюсь, вы постоянно обслуживаете мой номер. Очевидно, Кэти не рассказала вам о моей просьбе насчет этих крохотных кусочков мыла. Вечером, вернувшись в номер, я обнаружил, что вы положили мне на полку под аптечкой еще три кусочка *Camay.* Я собираюсь пробыть в отеле две недели и прихватил с собой собственный солидный кусок *Dial,* так что эти шесть кусочков *Camay,* что сейчас находятся на полке, мне не понадобятся. Они мешают мне, когда я бреюсь, чищу зубы и так далее. Уберите их, пожалуйста.

С. Берман»

«Уважаемый мистер Берман!

Так как в среду у меня был выходной, Кэти, подменная горничная, оставила вам три кусочка мыла, как требует инструкция. Я убрала с полки шесть кусочков мыла, которые вам мешали, и поместила в мыльницу, где был ваш *Dial.* Его я для вашего удобства убрала в аптечку. Я не стала убирать из аптечки три кусочка мыла, предусмотренные для вновь въезжающих, так как вы не возражали против них в понедельник, когда вселялись в номер. Дайте мне знать, если вам еще что-нибудь понадобится.

Ваша постоянная горничная *Дотти»*

«Уважаемый мистер Берман!

Заместитель управляющего, мистер Кенседдер, сказал, что вчера вечером вы позвонили ему и пожаловались на работу горничных. Я назначила в ваш номер другую горничную. Надеюсь, вы примете мои извинения за причиненное беспокойство. Если у вас возникнут еще жалобы, прошу дать мне знать, чтобы я лично приняла меры. Звоните по номеру 1108 с восьми часов утра до пяти вечера.

Элейн Кармен, старшая горничная»

«Уважаемая мисс Кармен!

Не могу связаться с вами по телефону, так как я ухожу по делам в 7.45 и возвращаюсь в отель в 5.30 — 6 часов вечера. Вот почему я позвонил вчера мистеру Кенседдеру. Ваш рабочий день уже кончился. Я всего-навсего спросил мистера Кенседдера, нельзя ли что-нибудь сделать с этими крохотными кусочками мыла. Должно быть, новая горничная решила, что я только что въехал, и оставила в аптечке три кусочка мыла, плюс ежедневная норма три кусочка, которые она положила на полочку в ванной. За каких-то пять дней пребывания в отеле у меня скопилось двадцать четыре кусочка мыла. За что?!

С. Берман»

«Уважаемый мистер Берман!

Ваша горничная Кэти получила указание больше не оставлять вам мыла и убрать все лишние кусочки. Если вам еще что-нибудь понадобится, звоните по внутреннему телефону 1108 с 8 часов утра до пяти вечера.

Элейн Кармен, старшая горничная»

«Уважаемый мистер Кенседдер!

У меня пропал кусок банного мыла *Dial.* Из моего номера убрали все мыло, и его тоже. Вчера вечером я поздно вернулся в номер и был вынужден просить помощи у коридорного, который принес мне четыре кусочка *Cashetere Bouquets.*

С. Берман»

«Уважаемый мистер Берман!

Я ознакомил старшую горничную Элейн Кармен с вашей проблемой. Не понимаю, как могло случиться, что у вас в номере нет мыла: ведь горничным вменяется в обязанность ежедневно оставлять в номерах по три кусочка. Я немедленно приму меры. Примите мои извинения за причиненное беспокойство.

Мартин Кенседдер, заместитель управляющего»

«Уважаемая миссис Кармен!

Кто, черт возьми, подкинул мне 54 крохотных кусочков *Camay?* Мне не нужны 54 кусочка *Camay.* Я хочу мой кусок банного мыла *Dial.* Вы представляете — 54 кусочка *Camay!* Отдайте мне мой *Dial!*

С. Берман»

«Уважаемый мистер Берман!

Вы пожаловались, что у вас слишком много мыла, так что я его убрала. Потом вы пожаловались мистеру Кенседдеру, что вас лишили мыла, и я лично его вернула: 24 убранных кусочка плюс положенные три кусочка в день.

Мне ничего не известно насчет четырех кусочков *Cashemere Bouquets.* Очевидно, ваша горничная Кэти не знала, что я вернула вам мыло, поэтому тоже принесла 24 плюс три кусочка *Camay.* Не представляю, с чего вы взяли, будто наш отель выпускает мыло *Dial.* Мне удалось отыскать банное мыло *Ivory,* которое я оставляю в вашем номере.

Элейн Кармен, старшая горничная»

«Уважаемая миссис Кармен!

Хочу сообщить вам самые последние сведения о наличии у меня мыла. На данный момент в моем распоряжении имеются:

На полочке под аптечкой — 18 *Camay* (4 пачки по 4 куска и одна — по два).

На держателе *Kleenex* — 11 *Camay* (2 пачки по 4 куска и одна — по 3).

В спальне на тумбочке — 1 пачка из 3-х кусочков *Cashemere Bouquets,* 1 кусок банного мыла *Ivory* и 8 *Camay* (2 пачки по 4 куска).

В аптечке — 14 *Camay* (3 пачки по 4 и одна по 2).

На дальнем правом углу ванны — 1 *Cashemere Bouquets,* частично использованный.

На дальнем левом углу ванны — 6 *Camay* (2 пачки по 3).

Попросите, пожалуйста, Кэти, когда она будет убирать в моем номере, протереть на них пыль и постараться не рассыпать. Обращаю ваше внимание на то, что пачки более чем из четырех кусочков не держатся. Подоконник в спальне свободен — предлагаю занять его под будущие поступления мыла. И еще: я купил новый кусок банного мыла *Dial* и во избежание новых недоразумений сдал в камеру хранения.

С. Берман»

10 Зак. 326

Глава 12

ВАША КАРЬЕРА В ВЕК ИНФОРМАЦИИ

Главная посылка образцового современного администратора... состоит, попросту говоря, в том, что цели отдельного человека и цели организации начинают совпадать. Молодежь относится к «системе» без цинизма и лишь с небольшой долей скепсиса: эти люди настроены не свергать, а сотрудничать с «системой»... В глубине души они верят, что организация не меньше их самих заинтересована в том, чтобы они проявили себя с лучшей стороны, и поэтому смело вручают ей свою судьбу... Типичный молодой человек счастлив сознавать, что его отношения с организацией — всерьез и надолго.

Уильям Г. УАЙТ. «Человек организации», 1956 г.

Для начала усвоим следующее. Если относительно хоть одного аспекта экономики века информации и существует единодушное мнение, то оно гласит: вы скорее получите золотые часы от уличного торговца, чем от корпорации.

Было время — и совсем недавно, — когда служащие знай себе карабкались по служебной иерархической лестнице — элегантной и монументальной, как культовые постройки ацтеков.

Ступеньки были отчетливы, путь на вершину ясен — мало ли что его проложили либо жрецы, либо человеческие жертвы. А в наши дни рабочий, управляющий, директор зигзагообразно мечутся по схеме, больше похожей на электронную плату, чем на пирамиду; где провода передачи энергии и контроля бегут во всех направлениях, где полно крутых подъемов и спусков и мало лестниц, которые к тому же очень коротки; где главный принцип организации — непрерывная реорганизация; где трудно понять, что такое карьера, не говоря уже о том, чтобы ее сделать. Когда президента консультационной фирмы *CSC Index* Дэвида Робинсона спросили о судьбе наиболее уязвимой категории служащих — среднего звена управления, — он ограничился одним-единственным, наводящим тоску словом: «Вымирание».

За прошедшее десятилетие, в течение которого тысячи корпораций и миллионы судеб коренным образом изменились — уменьшились в размерах, отдали «на сторону» второстепенные виды деятельности, сменили «вертикальную» структуру на «горизонтальную», подверглись реорганизации, — и те, и другие уже усвоили, иногда страшной ценой, новые клише. «Мы не можем гарантировать постоянную работу, но, справившись с одним, другим, третьим заданием, можно приобрести умения и навыки, пользующиеся спросом на рынке труда»; «Поступайте так, словно вы сами себя наняли и работаете на «Я энд компани»; «Любая должность — временная»... На первых порах это, как молоко матери, имеет питательную ценность. А потом?

Одно дело — вещать новые истины, и совсем другое — жить в соответствии с ними. Как можно говорить, что ваша карьера движется по правильному пути, — в условиях сплошного бездорожья? Как разработать и придерживаться определенной стратегии, когда корпоративные нравы и институты — за гранью экономической реальности? Вот что сказал по этому поводу глава нью-йоркской фирмы по найму руководителей среднего звена Гэри Найсли: «В отличие от наемных работников, компании еще не свыклись с принципом временного найма. Вам будут обещать «великолепный шанс сделать карьеру в нашей большой, процветающей компании». Они искренне верят в то, что предлагают добрую старую работу, а соискатель по другую сторону стола думает: «Знаем мы эти штучки!»». Если не верите, задайте себе следующий вопрос в духе Гоббса: «Как бы я себя чувствовал, если бы мой ведущий специалист пришел ко мне и простодушно спросил: «Раз пожизненных должностей больше не существует, мне бы хотелось поговорить о том, как бы изменить характер моей работы, чтобы я стал привлекательнее для той компании, которая будет во мне нуждаться».

Не принимайте близко к сердцу. Лучше примите успокоительное. Ибо уже существует новая модель карьеры в век информации. Не спорю, путаницы еще хватает; руководитель, который на одном дыхании вымолвит, что ему нужны менеджеры-универсалы широкого профиля, в следуюший момент со вздохом признается, сколь жизненно необходимы инженеры «от Бога» и как их трудно удержать. Действительно, «постоянная» работа канула в Лету — вероятно, навсегда. «Даже если дефицит на рынке труда и повысит шансы служащих, — объяснил президент *Raychem Corp.* Роберт Солдич, — мы никогда больше не вернемся к прежнему положению — «тишь да гладь, да Божья благодать». Действительность подтвердила его правоту: согласно данным, полученным ассоциацией «Американский менеджмент», за год, предшествовавший июню 1995 года, 50% крупных и средних компаний упразднили огромное количество рабочих мест. Правда, в то же самое время эти же компании создали новые рабочие места: одной рукой увольняли, другой принимали на работу. В итоге количество рабочих мест в среднем сократилось всего на 1,1%.

По морю сегодняшней экономики нельзя плыть, по старинке ориентируясь на звезды, — здесь нужны внутренний компас и внутренний гироскоп. Сегодняшний лозунг — не «стабильность», а «приспособляемость». Важны результаты, а не должность. Отныне для карьеры будет иметь значение не компания («Я работаю в *IBM!»),* а специальность («Я разрабатываю микросхемы *RISC»).* Она — карьера — будет определяться не иерархией, а законами рынка. Существуют новые средства добиться успеха и новые сигналы бедствия. Чем выше риск, тем больше плата за риск.

НОВЫЕ СИГНАЛЫ БЕДСТВИЯ

Старые признаки успеха — кожаное кресло, личная секретарша — ушли в прошлое, так же как и старые признаки неблагополучия. По свидетельству Ричарда Морана из консультационной фирмы *Price Waterhouse,* «раньше существовала практика повышения по службе раз в один-два года. Если подходил срок, а вас не повышали, это становилось сигналом бедствия. Нынешние признаки неблагополучия — тоньше, неуловимее; первым их улавливаете вы, а не начальник или коллеги. И если таких признаков несколько, вам самое время задуматься». Вот эти признаки:

1. *Как насчет учебы?* Если вам трудно ответить, чему вы научились за последние полгода и чему надеетесь научиться в следующие шесть месяцев, — берегитесь! Профессор Гарвардской школы бизнеса Джон Коттер советует: «Как только вы поймете, что вам больше нечему учиться на своем рабочем месте, уходите, даже если вам обещают повышение». Если работа стала слишком легкой, ее сделает кто-то другой за меньшую плату.

2. *Если бы ваша должность была вакантной, получили бы вы ее по конкурсу?* Просматривайте объявления о найме в вашей отрасли. Если там фигурируют требования, которым вы не соответствуете — например, знание программы *Lotus Notes a plus*, — постарайтесь срочно ликвидировать пробел.

3. *Не доят ли вас?* Если вы жертвуете интересами долгосрочного развития ради сиюминутной выгоды работодателя, вы попусту растрачиваете ваш интеллектуальный капитал. Продавец, который хочет научиться маркетингу, но внимает уговорам: «Вы такой прекрасный работник, вы нужны нам на прежнем месте», или банкир, которого уговаривают придерживаться системы расчетов, в то время как другие осваивают новые компьютерные программы, — они оба дождутся, что компания перестанет оказывать им финансовую поддержку.

4. *Как вы оцениваете свой вклад в общее дело?* Если вы не можете ответить на этот вопрос, значит, не задумывались о своей профессиональной рыночной стоимости. Ваша участь — вновь и вновь продавать себя внутри данной компании.

5. *Что бы вы стали делать, если бы вашу должность внезапно упразднили?* Если вы об этом еще не думали, значит, не прикидывали рыночную стоимость ваших профессиональных знаний и навыков. Чем дальше, тем больше вы зависите от компании.

6. *Вы по-прежнему получаете удовольствие от работы?* Если у вас к ней не лежит душа, вам будет все труднее справляться со своими обязанностями.

7. *Вы боитесь потерять свою работу?* «Если да, — считает Моран, — то, по всей видимости, вы ее потеряете».

НОВАЯ МОДЕЛЬ КАРЬЕРЫ

Изменившийся характер труда обусловил появление новой модели труда; понять ее можно, только осознав первостепенную важность и динамику развития интеллектуального капитала, — не только человеческого, но и структурного, и потребительского. В своей книге «Сдвиг в профессии» консультант Уильям Бриджес пишет: «Работа в прежнем понимании — что-то вроде постоянного задания — уходит в прошлое по мере автоматизации нетворческой канцелярской и заводской работы».

Сегодня мы имеем дело не с работой, а с проектами. Это может быть разработка дизайна крыльев нового авиалайнера, создание нового вида продукции, подготовка дела к слушанию в суде, совершенствование телефонной системы. Попросту говоря, проект — это задание, имеющее начало, четкие очертания и конец: инсталляция компьютерной программы, презентация новой продукции и так далее. По словам Уоррена Бенниса из Калифорнийского университета, такая работа требует «гибких, постоянно меняющихся современных систем, целевых объединений почти незнакомых между собой специалистов с разной профессиональной биографией и разными умениями, направленными на решение определенной задачи. Людей станут оценивать не по вертикальной системе — соответственно рангу и должности, — а по компетентности. Штатное расписание организации будет состоять из проектных групп, а не функциональных отделов разных уровней».

Это не так уж и ново. Беннис воспользовался будущим временем, потому что написано это было в 1968 году.

А вот каковы три элемента новизны.

«Прежде всего, — говорит Джин Далтон, руководитель группы нововведений консультационной фирмы из Юты, специализирующейся в вопросах карьеры, — у вас больше нет выбора», старый способ делать карьеру бесследно канул в прошлое. Компании воспользовались реорганизацией, чтобы сломать служебную лестницу руководителей среднего звена и поручить компьютерам выполнение их функций по сбору и анализу информации, а также представлению начальству. По итогам исследования ассоциации *American Management* должности, связанные с организацией труда и надзором, сокращаются почти вдвое быстрее, чем создаются. В то же время профессиональных и технических должностей создается на 50% процентов больше, чем упраздняется. Человек в сером фланелевом костюме стал человеком в сером тренировочном костюме, бегающим вокруг озера в пол-одиннадцатого утра.

Во-вторых, предприятия по-новому очертили свои границы. Они стали «уже» (благодаря настроенности на ключевые процессы и технологии) и «пористее» (отдавая на сторону второстепенную работу, создавая внутренние сети и мнимые корпорации и участвуя в экономических сетях). Точно так же, как создаваемые организацией ценности в большей степени зависят от знаний, чем от физических источников, ценность карьеры определяется не положением в иерархии, а умением добывать и мобилизовать знания на службу компании. Как диктует экономика стоимости сделки, работа и рабочая сила все в большей степени относятся к рынку подряда и субподряда, нежели к вертикальной интеграции.

Третье изменение относится к прогрессивной шкале. Труд на проектной основе уже несколько десятков лет назад стал нормой в строительстве и проектировании, кинопроизводстве и некоторых других отраслях. Директор отдела проектной технологии компании взрывчатых веществ *Asea Brown Boveri* Дэвид Миллиган говорит: «Компания работала на основе проектов уже тридцать лет назад, когда я начал там свой трудовой путь». А в наши дни не выдержали даже оплоты бюрократического карьеризма. Пример — *Chrysler,* поручивший разработку новой модели команде, специально созданной под этот проект, а не спуская задание по иерархической цепочке функциональных отделов. Эти отделы продолжают существовать, но больше походят на классные комнаты, где собираются участники команд, чем на организаторов работы. Можно было бы ожидать, что в ассоциации *Federal National Mortrage,* заключающей больше финансовых сделок, чем любая другая частная организация на земле, тон будут задавать управляющие операционных отделов. «Ничего подобного, — парирует директор отдела информации Уильям Келви.— Автоматизация и делегирование полномочий избавили нас от необходимости содержать штат менеджеров для наблюдения за жесткими структурами. У нас теперь сплошь проекты».

КАК НОВАЯ МОДЕЛЬ КАРЬЕРЫ ВЛИЯЕТ НА ВАС

Проектная форма работы таит в себе массу возможностей. Президент корпорации *GTW* Фрэнк Уокер выделяет четыре основных уровня и четыре этапа карьеры. Подразделение *GTW* в Сиэттле продает консультационные услуги по управлению проектами и — совместно с *Microsoft* — программное обеспечение для той же цели. Среди прочих фирма помогла компании *Boeing.* По схеме Уокера, верхний уровень определяет стратегию. Это вотчина президентов, исполнительных директоров и прочих высоких начальников. Их немного. Дальше идут поставщики ресурсов. Их функция — находить и пускать в дело таланты, денежные средства и другие ресурсы. Это финансовые дирижеры, менеджеры по человеческим ресурсам, владельцы обслуживающих фирм или главы традиционных функциональных отделов, таких как отделы конструирования и маркетинга. Далее идут менеджеры проектов. Они покупают или берут в аренду у «поставщиков» необходимые ресурсы, согласовывают смету, собирают специалистов и сажают за работу. И наконец, уровень «талантов», — химиков, финансистов, торговых агентов, кондитеров, изготовителей подсвечников.

Хорошенько присмотритесь к своей работе. Может быть, эта схема из четырех частей — стратег, снабженец, руководитель проекта, талантливый исполнитель — подходит вам больше, чем старая система карабкания по стремянке, когда одна ступенька проходилась в год или два? Возьмите консультационную фирму *Andersen,* где около 80% служащих консультируют один проект или больше, продолжительностью от нескольких недель до нескольких лет. (Большинство заняты долгосрочными договорами, особенно те, что создают информационные системы для компаний, предпочитающих отдавать эту функцию «в чужие руки»). Новичков направляют в один из районных офисов. Так называемая «вспомогательная группа» (поставщик ресурсов) помогает будущему консультанту опериться. Группа работает в тесном контакте с ведущими консультантами (менеджерами проекта), рекомендуя поручить новичку выполнить то или иное задание, организует обратную связь и помогает будущему консультанту развить аналитические, технические навыки и умение общаться, от которых зависит его профессиональный рост. Вскоре, по завершении периода профориентации и ученичества, новичок присоединяется к какой-нибудь производственной группе, например, финансовых услуг или телекоммуникаций; там тоже есть вспомогательная группа, выполняющая обязанности поставщика ресурсов и покровителя талантов; в дополнение к основным навыкам, приобретенным новичком в районном отделении фирмы, он осваивает специфику той или иной отрасли. Его мастерство растет. И вот бывший новичок уже возглавляет проект, руководя командой специалистов, выполняющих все более важные и сложные задания. Не всякий стремится подняться или поднимается на этот уровень; некоторые так и остаются «кочевниками» — программистами или аналитиками, словом, узкими специалистами, а не руководителями проектов.

Несомненно, в *Andersen Consulting,* как и везде, есть «карьеристы» в традиционном смысле слова — люди, чье честолюбие простирается не дальше карабкания по служебной лестнице, даже если это всего лишь стремянка. Вот мнение Джина Далтона из группы новаций: «В Экссоне шутили, что компания занимается двумя вещами: ищет нефть и президента компании — не обязательно в такой последовательности. Любой менеджер считался потенциальным кандидатом». Такой подход к карьере будет и дальше встречаться в отраслях, где ураган перемен не спешит смести с лица земли профессиональные навыки и рынки, или где преграды на пути новичков (к примеру, телефонных компаний) ставит недостаток капитала.

Нам же, остальным, повезло. Насколько приятнее для самолюбия и разнообразнее стратегии, зовущие нас вперед! Но, выбирая карьеру, не забудьте шесть новых принципов.

Карьера — это ряд пируэтов, а не последовательных шагов в одном направлении. Привычные признаки успешной карьеры — продвижение от техника до инженера, старшего инженера, начальника цеха и так далее — безвозвратно канули. Вот что говорит Дэниел Бернем, президент *Allied Signal's:* «Успех вашей карьеры зависит от того, насколько богата содержанием ваша работа и какое значение она имеет для компании». Вы можете менять профессиональные роли: сегодня вы менеджер проекта, завтра — талантливый исполнитель. Как выразился автор телесценариев Терри Куртис Фокс: «Тот, кто работал на вас в одном сериале, в другом может оказаться вашим боссом».

На небосклоне фирмы звезду отличает от тусклой лампочки не высота положения, а сложность и ценность проектов, над которыми человек трудится. «Наша цель — рост в своей профессии, а не переход в надзиратели»,— объясняет консультант и писатель Майкл Хаммер, чей уход в «технари» наделал шуму как яркий пример крушения карьеры «белых воротничков». Хаммер приводит такой пример: «Выдающийся юрист типа Джо Флома из *Skadden Arps Slate Meagher&Flom* не мог позволить себя тратить время на то, чтобы быть управляющим партнером. Выдающиеся коммерсанты не хотят быть менеджерами — они хотят иметь солидные счета в банке. Менеджеры — уходящая профессия».

Хаммер предсказывает: в ближайшем будущем главным критерием оценки работника будет не малое число мест работы при большом числе должностей и званий, а малое число должностей и званий при большом числе мест работы. Линда Димелло, исполнительный директор некоммерческой службы занятости *Alumnae Resources*, выразила это по-своему: «Тех, кто отождествляет себя со своими должностями и званиями, увольняют первыми. Им не хватает гибкости расти вместе с организацией. Мое резюме должно отражать то, *что* я делала для потребителя. *Где* это происходило — дело десятое».

Руководство проектом — горнило, в котором выплавляются удачные карьеры. В середине восьмидесятых у меня был босс, который, услышав, что кому-то поручили «специальный проект», словно бы в шутку осенял себя крестным знамением — «Чур меня!» Крупный специалист по улучшению организации труда из *Chevron Products Co.* Крис Холт отмечает: «Раньше «специальный проект» считался поцелуем смерти. А сегодня такое назначение свидетельствует о том, что вам доверили нечто важное».

Проекты «упаковывают» и продают знания. Нетворческая работа не нуждается в менеджерах: если ее нельзя автоматизировать, она может регулироваться самими исполнителями. В отличие от нее, нескончаемый поток проектов — для внутреннего совершенствования или обслуживания потребителей — создает новую ценность. Он собирает информацию и что-то с ней делает, а именно — придает ей форму, фиксирует и увеличивает ее объем, чтобы создать более ценный источник продукта.

Если сравнить традиционных работников управления среднего звена с динозаврами, можно сказать, что оставленную ими нишу занял новый класс млекопитающих из числа менеджеров — менеджеры проектов. Их отличает большая гибкость и приспособляемость; они полагаются главным образом на свой ум, а не на габариты. По словам консультанта из *Price Waterhouse* Уильяма Дофине, «в будущем десятилетии проекты получат широчайшее распространение. Менеджер проекта — стержень организации, которую мы создаем».

Как я уже говорил, корни менеджмента проектов — в строительстве и конструкторской деятельности. (Фактически его техника и искусство стары, как мир. Первый практик в этой области — Господь Бог, назначивший себе шестидневный срок, чтобы превратить пустоту во вселенную, а затем передавший полномочия Адаму, который гордо превратил ее в хаос. Правда, в отличие от корпоративных менеджеров проектов, Бог сам определял, что значит «шесть дней», и обладал неограниченными ресурсами). С этих редутов он быстро распространился и продолжает распространяться на авиацию и оборонную промышленность, банковское дело и страхование, создание компьютеров и программного обеспечения. Роджер Глейзер из *San Diego Gas&Electric* высказался так: «Менеджмент проекта — это менеджмент перемен. Мы здесь. Но мы стремимся — туда».

Люди, которые руководят или являются исполнителями перспективных проектов, первыми получат следующее престижное задание. Лучшие менеджеры проектов ищут самых талантливых исполнителей, а самые талантливые исполнители — при наличии выбора — подписывают договор с лучшими менеджерами. Субординация значит гораздо меньше, чем «то, что вы для меня сделали». По словам Энтони Майлса из *Boston Consulting Group,*— «это система, поощряющая сильных. Она устанавливает договорные отношения между нанимателем и работником». Это — рыночная сделка, а не иерархический «свершившийся факт», раз и навсегда установленный порядок вещей. Рыночное преимущество имеет тот, кто лучше знает дело и людей, способных выполнить его наилучшим образом. Говорит глава *Sun Microsystems* Скотт Макнили: «Вы должны быть в состоянии прийти и сказать: «Я выполнил кое-какую работу для *AT&T»,* или «Я был главным разработчиком такой-то новой продукции», или «Я руководил производством и повысил производительность в десять раз». Вот какие люди мне нужны».

Не каждый годится в менеджеры проектов, но тот, у кого это получится, окажется в выигрыше. Когда отличительной чертой организации становится не совокупность функциональных отделов, а портфель проектов и описаний процессов, гораздо легче сделать заявку на карьеру: ваши заслуги налицо. Но, с другой стороны, в случае неудачи труднее сваливать вину других.

В организации нового типа силу дает не должность, а профессиональное мастерство. Позорный секрет «плоской» организации заключается в том, что она все-таки нуждается во властной руке — ком-то, кто может рявкнуть: «Делайте, как говорят, черт бы вас побрал!», — но такого человека нет. Менеджеры проектов жалуются, что их работа наперед расписана в матрицу пересекающихся функций. С равным успехом они могли бы жаловаться на то, что их упорядочивают по ранжиру. Джанин Коулмен десять лет промучилась на этом поприще, работая менеджером проекта в отделении стратегических возможностей *Lucent Technologies',* занимавшейся установкой систем связи стоимостью многие миллионы долларов, главным образом для крупнейших корпораций. И вот ее мнение (выраженное вполне жизнерадостным тоном): «Компания говорит клиенту: «Назначаем вас менеджером проекта, будете за все отвечать». То есть, если проект провалится, виновата буду я». Но есть ли у нее достаточная власть — под стать ответственности? — «Отнюдь. Если вице-президент с чем-либо не согласен, менеджер проекта обязан его убедить». Он как коробка передач — преобразует энергию двигателя в поступательное движение автомобиля. Это нелегко. «Как правило, — говорит Коулмен, — я не располагаю бюджетными средствами». Так же, как исполнители, деньги берутся из отделов, руководители которых жаждут их вернуть. В компаниях с хорошо поставленной работой проектов существуют разные каналы материальной поддержки. Босс Коулмен, государственный директор проектов Дэниэл Оно, руководит командой из двадцати пяти менеджеров и отчитывается перед правительственными органами. Теоретически (и практически тоже, хотя это не афишируется, особенно перед журналистами) эта структура позволяет замученному менеджеру проекта выколачивать дополнительное финансирование.

Менеджер века информации черпает силу не в занимаемой должности или в бюджете, а в таких неуловимых и незримых источниках, как фонды, создающие стоимость. Первый из них — высокий профессионализм, причем для менеджера проекта он значит даже больше, чем для специалиста в какой-то технической области. А профессионализм, помимо всего прочего, предполагает ясное представление о том, каким способом компания зарабатывает деньги. В отличие от фининспектора, менеджер проекта не обязан досконально разбираться в денежных вопросах, но он должен знать, какова роль денег в переходе от беспорядочных метаний по игровой площадке к уверенным попаданиям в цель. В его распоряжении — богатейший инструментарий: от компьютерных программ планирования до курсов в школах бизнеса и обзорных материалов о новых открытиях в самых разных областях, регулярно публикуемых Институтом менеджмента проектов. Еще раз послушаем Коулмен, которой довелось возглавлять самые разные проекты: от разработки компьютерных программ и строительных сооружений до установки систем связи — и которая помогает теперь своей церкви в создании «кредитного союза»: «Мне не нужно быть шибко подкованной в технических вопросах. Но, получив правдивую информацию, я должна компетентно сказать, перспективен ли проект».

Второй источник силы — репутация. Повесьте на стену шкуру енота, и лучшие дизайнеры и инженеры компании загорятся желанием сопровождать вас на следующую охоту. А это значит — меньше проблем и больше поддержки при выполнении ваших служебных обязанностей.

Третий источник силы можно назвать честным торговым партнерством. Опираясь на неофициальные данные, Уильям Дофине подсчитал, что менеджеры проектов тратят 75% времени на работу языком. В любом консультационном проекте он предписывает членам своей команды регулярно наведываться ко всем, имеющим в деле интерес, и знакомить их с ходом работ, чтобы у них было ощущение «мы в одной упряжке». Ключ к успеху — сосредоточиться на делах, а персонал сам о себе позаботится. Говорит Дэниел Оно из *AT&T*: «Начальству нужны подробности, а прослойка, снабжавшая его ими, исчезла. Теперь это — наша функция».

И четвертое. Менеджеры проектов должны обладать организаторскими способностями и умением вести переговоры. Главный же авторитет для хорошо поставленной компании — разумеется, клиент. Расторопные менеджеры подкатывают свои повозки и размахивают составленными по всей форме контрактами: «Предоставляю в ваше распоряжение таких-то, чтобы они работали на вас за столько-то, колокольчики и свистки — за дополнительную плату». Менеджеры проектов не делают одолжений — они заключают сделки. Одноразовый характер их деятельности («работа на один выстрел») приводит к тому, что от них пахнет бездымным порохом, как от наемного убийцы. Так что нынешний руководитель среднего звена — полная противоположность тому бездельнику, который наслаждался синекурой при иерархической системе.

Мир менеджеров проектов, как и всякий рынок, — непредсказуемое, опасное место; голова трещит от предложений цены и последующего торга. Джанин Коулмен, двадцать шесть лет проработавшая в *AT&T*, признается: «Раньше я имела постоянную работу. А теперь каждое задание имеет начало и конец — и что дальше? Если я хорошо справилась, меня ждет более интересное и трудное задание, а следующее может снова отбросить меня назад. Так или иначе, но это и есть наша работа».

Большинство ролей в организации могут быть исполнены как штатными работниками, так и «посторонними». Кем бы вы ни были — стратегом, поставщиком ресурсов, менеджером проекта или специалистом-исполнителем, — чтобы работать в компании, вам не обязательно состоять в штате. Да, это относится и к стратегам: не они ли первыми оказываются за дверью? Профессор Гарвардской школы бизнеса Джон Коттер отмечает: только высшие корпоративные стратеги остаются в штате. «Наши лучшие кадры сделали ручкой и стали инвесторами либо консультантами, что дало им намного больше возможностей для продвижения». Засилье временных работников началось задолго до экономического спада 1990—1991 годов, подтолкнувшего этот процесс. С 1983-го по 1994 год число временных рабочих мест в Соединенных Штатах выросло с 619 тысяч до 2,25 миллиона.

Среди этих людей становится все больше «свободных художников», а не машинисток и вахтеров. Немало и таких, что официально состоят в штате компаний — независимых поставщиков ресурсов. Эта категория получила меткое название «гильдии талантов».

«Гильдии талантов» играют все большую роль в деловой жизни страны. По данным за 1994 год, 37% дизайнеров, конструкторов и представителей других профессий считают принадлежность к «контрактникам» своим свободным выбором. 23% признаются: «Подрабатываю в ожидании постоянной работы». Вот Билл Уикем — администратор, который предпочел «вольную жизнь». Время от времени он устраивается куда-нибудь менеджером проекта. Уикему сорок шесть лет, в настоящее время он занимается программой сбыта кока-колы в Нью-Йорке. «Терпеть не могу рутину,— признается Билл.— Я люблю джаз, суету, веселье». По завершении программы его место займет штатный сотрудник компании *Coca-Cola,* а Уикем устремится на поиски чего-нибудь новенького. Проработав в *Occidental Petroleum, Xerox* и *Amax,* он прослыл крупным специалистом по нововведениям. В 1992 году Уикем основал собственное дело и теперь сам набирает временных участников проектов. Он с удивлением обнаружил в своей «вольной жизни» элемент стабильности. Повидавший немало гостиничных люксов, он тем не менее хвастается, что не обязан «каждые пять минут перетаскивать семью с места на место».

Карьера делается не в иерархии, а на рынке. Независимо от того, «свой» вы или «чужой», полезно считать себя автономным участником рынка труда. Внутреннее ощущение «самонайма» — отличная психологическая защита, подстраховка на случай неожиданного увольнения и неизбежных поисков работы. Но дело не только в этом. «Штатникам» все чаще приходится соперничать между собой и с «контрактниками» за участие в проектах. *Allied Signal, Andersen Consulting, Chevron* и *Lotus Development,* наряду с другими, уже сегодня заняты созданием баз данных о работниках и их деловых качествах — моделируют рынок, на котором поставщики ресурсов и менеджеры проектов могли бы «покупать» таланты. Не помешает, знаете ли, вывесить и ваше объявление на рыночной площади.

Рынки труда не смогут эффективно работать, пока продавцы (то есть вы) не будут иметь к ним такого же свободного доступа, что и покупатели. Горстка прогрессивных компаний уже предприняла кое-какие шаги в этом направлении. Люди, поступающие на работу в *Sun,* получают «ориентировочные» пакеты информации о «Центре профессиональной реабилитации». Он открылся в 1991 году как служба трудоустройства, а теперь предлагает информацию и услуги квалифицированных советников, чтобы помочь людям сориентироваться на внутреннем рынке корпорации.

А желающих вообще уволиться из компании знакомят с деятельностью «Центра карьеры» неподалеку, в Пало-Альто. Этот центр — своего рода биржа труда интеллектуалов. Здесь они могут общаться с себе подобными, получать консультации, рыться в библиотеке или просматривать рекламные клипы о местных компаниях, изучать списки вакантных должностей или посещать семинары по правильному составлению резюме. Подобно своему брату-близнецу (вернее, сестре-близнецу) — *Alumnae Resources* в Сан-Франциско, — «Центр карьеры» замышлялся, чтобы помочь с трудоустройством женскому полу, а теперь работает со всеми, независимо от половой принадлежности. Его залы всегда переполнены людьми, желающими сменить место работы или побольше узнать о рынке их профессий. 95% клиентов *Alumnae* — выпускники высших учебных заведений; каждые семеро из десяти в настоящее время работают.

Там, где давно перешли на работу по методу проектов, на рынках труда жизнь бьет ключом. Директор фирмы *Russell Reynolds* Джефф Лион подчеркивает: «В Голливуде действует целая индустрия подбора актеров и тьма-тьмущая «охотников за головами». Наблюдая за распространением мнимых корпораций, Мел Уорринер из компании *Walt Disney* говорит: «Если вы не часть ядра компании, вы кончите свободным художником, и вас будут обслуживать брокеры по человеческим ресурсам. Брокеры талантов — для двадцать первого века — это аналог финансовых дилеров восьмидесятых годов нашего века».

Главный выбор карьеры — не между компаниями, а между специализацией и многосторонностью. Психологи говорят, что, обретая свое «я», люди проходят через три стадии (некоторые останавливаются на полпути). Вот как это представляет Карл Слоун, ведущий вместе с Шошаной Зубофф семинары по теме «карьера руководителя среднего звена» в Гарвардской школе бизнеса:

1. Отождествление себя с другими личностями. Вы учитесь быть взрослым, подражая родителям и сверстникам. Молодой магистр экономики управления, чья мечта — разводить пчел, поступает в банк, потому что так принято.

2. Отождествление себя с организацией. Вы даете обет верности компании и меняете студенческий «прикид» на «смирительную рубашку» — строгий костюм в тонкую полоску.

3. Индивидуальная стадия. Вы определились со своим «я». Наш банкир не просто разводит пчел, но еще и хвастается этим перед коллегами: «Банкир, пчеловод, отец, любовник — это все я один!»

Во времена «человека организации» мы смотрели на наших нанимателей снизу вверх. Они не только платили нам за работу, но и формировали наш внешний и духовный облик. Мы были людьми *IBM* в белоснежных рубашках, людьми *Alcoa* в черных узконосых штиблетах, людьми *Ford*... Кризис карьеры стал для многих кризисом личности.

Так что уж лучше отдавайте сердце профессии. Как говорит высокоуважаемый глава отдела человеческих ресурсов компании *Pepsico* Дан Хэтч, «преданность профессии важнее преданности компании».

«Я — продавец»,— отвечает Уильям Пейн, двадцати семи лет, на вопрос о его работе.— «А где вы работаете?» — «Калифорния-стрит, 600».— «И что же вы продаете?» — «Ценные бумаги». И только после четвертого вопроса: «Вы работаете в какой-нибудь компании?» — он называет место работы: *Gruntal&Co.* в Сан-Франциско. Не думайте, что Пейну незнакомо чувство преданности компании. «Я предан — и буду предан до тех пор, пока она дает мне все, что мне нужно. Компания должна мне телефоны, компьютер, кое-какой инвентарь и решение организационных вопросов. А я ей — добросовестное исполнение служебных обязанностей». Самохарактеристика Пейна: «Вы — то, что вы делаете для ваших клиентов» — самое точное определение карьеры в современном понимании, то есть карьеры как контракта.

Это подводит нас к роковому для вашей карьеры выбору: узкая специализация или многосторонность? Доводить ли свое профессиональное мастерство до совершенства или развивать на его основе самые разные навыки? Майкл Хаммер предлагает взять для примера организационную структуру футбольной команды (имеется в виду американский футбол). Существует два вида тренеров: «широкого профиля», координирующие защиту и нападение в целом, и «узкие специалисты», натаскивающие полузащитников, защитников на линии, принимающих пас... «Проект» — та же игра, менеджер проекта — главный тренер, осуществляющий общее руководство. Не то что в традиционной организации, где за исполнением задания следят узкие специалисты.

Принято считать, что «универсалу» легче прожить. «Специализируйтесь в людях»,— шутя советует Скотт Макнили. Ему вторит Дэниэл Бернем из *Allied Signal:* «Проектировщик не может быть просто проектировщиком. Он должен обладать самыми разными умениями и навыками: регулярно читать *The Wall Street Journal,* разбираться во взглядах Питера Дракера», чтобы иметь представление обо всем деле, а не только о своем узком участке. «Оказавшись перед развилкой — необходимостью выбирать между двумя проектами, один из которых расширит, а другой углубит ваши познания, — выберите тот путь, на котором у вас разовьется гибкость», — советует «охотник за головами» Гэри Найсли. И тотчас поясняет: «Не ограничивайте пространство для маневра. Если узкотехническая специализация сужает ваш рынок, значит, вы сделали неправильный выбор. В настоящее время компания дорожит этим вашим качеством, но загляните в будущее — и срочно уходите с этой работы и займитесь собой». Человек, избравший узкую специализацию, подобен инвестору, вложившему все свои деньги в одно предприятие.

А с другой стороны, эти акции могут оказаться акциями компании *Microsoft.* Дэн Хэтч из *Pepsico* предупреждает: «Рискованно принадлежать к кругу избранных, однако компании обращаются со специалистами бережно, как с редкими ископаемыми, предпочитая их тем, кого легко заменить». Растет число корпораций, следующих примеру компании *Du Pont,* построившей особую «служебную лестницу» для научных работников, чтобы они получали достойную оплату без перехода в менеджеры. К примеру, консультационная ветвь *Price Waterhouse* по-новому организовала карьеру более чем трех тысяч своих сотрудников, отказавшись от своего обычного принципа «вверх или вон» — рассчитанной на двенадцать лет программы прохождения от рядового консультанта до компаньона. Новая структура предусматривает три уровня: консультант, старший консультант — директор, исполнительный директор — компаньон фирмы. И никаких сроков, чтобы это не довлело над сотрудниками и они оставались в компании. Старая модель превосходно действовала в обстановке стабильности. Теперь же потребители требуют более глубокой и тщательной экспертизы — например, в создании компьютерных сетей. Говорит Фран Энгорон: «Нельзя начинать совместное дело с «талантами вообще» — нужно еще, чтобы у них были соответствующие знания и опыт. Раньше мы выгоняли людей за дверь как раз тогда, когда они начинали представлять наибольшую ценность для клиентов».

Довольно часто, отмечает Энгорон, специалисты — принадлежащие к так называемой «гильдии талантов» — уходили в консультационные фирмы или создавали свои собственные. Ничего удивительного. Независимых поставщиков ресурсов легче всего встретить в специфических отраслях, таких как юриспруденция, программирование, архитектура и так далее. Людям «одной профессии» имеет смысл дать о себе знать более чем одному «потребителю». Жертвуя постоянным окладом, они стремятся компенсировать его долей в небольшой мастерской или своем собственном деле. В тех видах деятельности, где интеллектуальный капитал является единственным по-настоящему ценным источником (литература, актерское ремесло, адвокатура, нотариат, дизайн), разрыв между высоко- и низкооплачиваемыми работниками бывает очень велик, причем на обоих полюсах преобладают «свободные художники», а «штатники» помещаются посередке. Так что если говорить о выборе между специализацией и многосторонностью, ему должен предшествовать честный и беспристрастный самоанализ. Специалист должен ориентироваться на долгосрочную ценность своей профессии, стараться стать в ней одним из лучших и, памятуя о риске, учиться извлекать выгоду из предпринимательской деятельности.

Интеллектуальный капитал — источник богатства для отдельного человека и организации, их общее достояние. Не только содержание, но и структура интеллектуальной работы лишний раз подтверждает тот очевидный факт, что ценности создаются благодаря знаниям и профессиональному мастерству. Людям, переходящим от одного проекта к другому, нельзя платить за труд, исходя из количества официальных рапортов: это как если бы разъездной коммивояжер похвалялся числом окошек в своем офисе. Подлинные критерии успешной карьеры — это компетентность и полный набор профессиональных качеств, включающий организационные способности и умение налаживать отношения с клиентами, ну и, конечно, как увеличивать человеческий капитал.

Интеллектуальный капитал — это общий расчетный счет: ваш и вашего нанимателя. Все, что было сказано и написано об экономике века информации (в том числе и мной), замалчивает (может быть, невольно) главное противоречие. С одной стороны, мы имеем «Я, инкорпорейтед» — мир личной инициативы и индивидуального вознаграждения, где «контракт» между работником и работодателем носит характер флирта, а не супружества; а с другой — команду, которая может сама нанимать работников, организовывать свою работу, получать одно вознаграждение на всех и распределять его в зависимости от личного вклада каждого (менеджер не всегда может быть в курсе). Экономика интеллектуального капитала объясняет это противоречие, хотя и не может устранить. Труд, основанный на знаниях, так же как и сами знания, — продукт сотрудничества, общая и в то же время отдельная собственность всех участников. Я владею тем, чем поделился с командой, и тем, что создала команда. И, стало быть, правильно, что команда служит посредником между мной и заказчиком, мной и организацией в целом.

В то же время мы сами — свои собственные агенты, с портфелем интеллектуальных фондов. Мы вольны уйти туда, где мы получим наибольшую отдачу от этого капитала. В той экономике, чьи главные активы — не земля или заводы, а мы и наши соседи в лифте, у нас становится еще больше возможностей искать свое счастье. Полтора века назад в провидческом очерке «Уверенность в себе» (резкой критике «человека организации») Ралф Уолдо Эмерсон писал: «Если наши молодые люди терпят фиаско в первом предприятии, они впадают в уныние. Если молодые торговцы разоряются, их считают «погибшими». Если молодой гений оканчивает высшее учебное заведение и целый год не может устроиться на службу..., он сам и его друзья полагают, что он вправе до конца жизни предаваться отчаянию». Есть другой путь, восклицает Эмерсон. «Мужественный молодой человек, который по очереди, год за годом, пробует разные профессии: запрягает лошадей, обрабатывает землю, торгует в розницу, открывает школу, читает проповеди в церкви, выпускает газету, выставляет свою кандидатуру в конгресс, покупает поместье, и при этом всегда, словно кошка, приземляется на лапы, — стоит сотни изнеженных манекенов... У него не один-единственный, а все сто шансов!»

ПОСЛЕСЛОВИЕ

В 1990 году, когда я только начинал вникать в проблему управления интеллектом корпорации, вопрос о способах измерения знаний и управления ими по-настоящему еще не стоял на повестке дня. А сегодня это стало деловой реальностью, чем-то таким, что может быть сделано — и уже делается — менеджерами, вкладчиками и людьми, планирующими свое служебное будущее. Надеюсь, основная заслуга этой книги — в том, что она предлагает схему, пользуясь которой предприниматели могут создавать полезные и ценные стратегии для увеличения своего интеллектуального капитала и возврата от него. Эта сфера еще слишком молода, чтобы иметь свои причуды, не говоря уже о надежных теориях, однако созрела для того, чтобы обзавестись своей лексикой. Человеческий капитал, структурный капитал и потребительский капитал не имеют вещественной формы, а отражают знания как источник богатства — и в то же время касаются вещей, которые можно потрогать и даже заключить в объятия.

Тогда, в начале своего исследования, я знал наперечет почти всех интересовавшихся проблемой интеллектуального капитала; теперь же почта каждый день приносит вести о людях и компаниях, о которых я никогда не слышал, но которые внесли заметный вклад в ее изучение. Не далее как сегодня (в июле 1996 года) я получил по факсу годовой отчет Celemi, шведской многонациональной фирмы, разрабатывающей учебные программы для корпораций и, в частности, придумавшей дополнительный бухгалтерский баланс, отражающий нематериальные активы. В моем редакционном кабинете меня ждет пухлая расшифровка стенограммы двухдневного симпозиума, проведенного Американской комиссией ценных бумаг и биржевой деятельности на тему «Финансовая отчетность и нематериальные активы». Мне также предстоит ознакомиться с дюжиной интернетовских Web-страниц, принять участие в двух-трех конференциях и еще две пропустить. Не претендуя на доскональное владение предметом, я уверен лишь в том, что он развивается слишком быстро, чтобы я мог за ним угнаться.

Лавина новостей не должна заслонить от нашего внимания кое-что существенное. Как я отметил в пятой главе, существует только два вида интеллектуального капитала. Первый — полупостоянная совокупность знаний и профессионального опыта, сопутствующих любому заданию, человеку или организации. А второй — инструменты увеличения совокупности знаний. Работая над этой книгой, я перечитал все, что успел написать в Fortune на эту тему. Это принесло мне по крайней мере одно удовлетворение: оказалось, что многое из того, что я публично излагал пять лет назад, до сих пор остается в силе, даже стало более очевидным. К примеру, в 1991 году в короткой заметке об интеллектуальном капитале я бегло коснулся странной экономики увеличивающихся возвратов. Пять лет спустя это вызвало новый шквал откликов от моих коллег и многих других людей. Я также коротко писал о сетях и сетевом окружении, но не употреблял термина Internet, я тогда попросту не знал такого слова. В то время система объединяла всего 3000 локальных компьютерных сетей, главным образом в оборонной промышленности и академических учреждениях. А сегодня к Internet подключено около девяти миллионов только узловых ЭВМ, большей частью коммерческого характера, и всякому, кто не провел последние пять лет в лачуге без электричества, ясно: этой сети сетей суждено преобразить мир бизнеса. Не то чтобы я хвастался своей прозорливостью (мои биржевые маклеры могут подтвердить: для этого у меня мало оснований), просто я хочу сказать, что завидное упорство, с каким эти принципы и тенденции за-

являют о себе, подтверждает: «полупостоянная совокупность знаний» об интеллектуальном капитале действительно существует и ждет, чтобы ее увеличили при помощи новых инструментов и опыта реальной жизни. Надеюсь, что и вашей.

Перечитывая свои и чужие статьи, я обратил внимание на тот факт, что не все приведенные в качестве примеров истории имели счастливый конец. В некоторых компаниях-энтузиастах дела пошли хуже. Например, Polaroid вынужден сражаться с низкими прибылями и стабильно низкой курсовой стоимостью своих акций. Hewlett-Packard, о котором я с восторгом и воодушевлением поведал в восьмой главе, летом 1996 года потерпел поражение на бирже. Возможно, к тому времени, когда вы станете читать эти строки, это окажется «нормальным» летним спадом в компьютерной промышленности, а возможно, и чем-нибудь еще.

Несколько неудачных примеров не должны повлиять на общий вывод. Некоторые компании, упомянутые Томом Питерсом в очерке «В поисках совершенства», не нашли этого самого совершенства, а кое-какие алмазы оказались стекляшками, но это не значит, что их идеи и технические средства были негодными. Бизнес — сложная штука. Ничто не проходит без сучка без задоринки. Управление человеческим, структурным и потребительским капиталом — всего лишь часть (крупная и очень важная, но все-таки часть) робкой попытки сразиться с конкуренцией, сформулировать стратегию и заключить пари на базе ненадежной информации. И пусть это пойдет на пользу самому что ни на есть бесплотному, не поддающемуся описанию источнику богатства — доброму старому деловому здравому смыслу. Никакая книга не заменит лидера организации. Но она способна помочь лидерам стать чуточку зорче.

ПРИЛОЖЕНИЕ

СПОСОБЫ ИЗМЕРЕНИЯ ИНТЕЛЛЕКТУАЛЬНОГО КАПИТАЛА И УПРАВЛЕНИЯ ИМ

Обожаю дурацкие эксперименты.
Сам их вечно ставлю.

Чарльз ДАРВИН

Вопрос об измерении фондов приобретенных знаний и отдачи от них вызывает огромный интерес и не меньший скепсис. Даже ярые критики бухгалтерского учета озабочены тем, как вставить в годовой отчет непроверенные, возможно субъективные, «нефинансовые» данные. Годовые отчеты компаний настолько изобилуют попытками выразить в точных цифрах такие понятия, как «престиж», «стоимость реструктуризации» и другие, что многие жалуются: они больше не в состоянии внятно отразить свою финансовую деятельность. От признания финансового директора *Microsoft* Майкла Брауна так и вовсе голова идет кругом: «Чем больше прибавляют бухгалтеры, тем больше отнимают аналитики».

И все же, даже если это и ошибка — смешивать параметры интеллектуального капитала с финансовыми показателями, — еще большей ошибкой было бы вообще отказаться от попыток измерения. В конечном итоге управление интеллектуальным капиталом зависит от нахождения точных способов его отслеживания и соотнесения с финансовыми показателями. Нам нужны такие данные, которые, во-первых, позволили бы администрации оценить результаты хозяйственной деятельности за разные годы — измерять «степень прогресса», — а во-вторых, что еще труднее, дали бы возможность сравнивать между собой разные компании. Конечно, результаты будут неточными, но разве, имея дело с материальными объектами, не приходится иногда довольствоваться догадками? Если бы процесс оценки материальных активов имел «защиту от дураков», компаниям не приходилось бы прибегать к их списанию или доказывать налоговому инспектору, что срок службы такого-то оборудования (и, стало быть, норма начисления износа) — пять, десять, двадцать или более лет. И вообще, эксперименты с измерениями — лучший способ повысить их точность.

Существует немало испытанных способов измерить составные части интеллектуального капитала. Верность торговой марке и постоянство клиентов, например, могут быть выражены в долларах. Не всегда удается прямо определить денежное выражение материальных фондов, но можно оценить процессы или результаты которые зависят от них. В компаниях *3M, Hewlett-Packard* и многих других выводят процент новой продукции в общем объеме продаж и таким образом измеряют способность к нововведениям — важнейшую характеристику человеческого капитала.

Далее будет предложен набор различных подходов к определению стоимости нематериальных активов и к их применению. Я не надеюсь исчерпать тему. Моя цель — поделиться идеями, которые я нахожу интересными, и побудить компании к экспериментам с их собственными идеями. Как сказано в предисловии, сфера интеллектуального капитала слишком нова для написания подобия поваренной книги. Будет ошибкой со стороны компаний слепо принимать на веру нижеследующие выводы и рабски им следовать. Вместо этого им нужно поломать голову над собственными источниками и способами использования интеллектуального капитала. Надеюсь, изложенные в книге мысли побудят вас к действию. Я сгруппировал способы измерения невещественных фондов по четырем областям: интеллектуального капитала в целом, человеческого капитала, структурного капитала и потребительского капитала — и закончил изложением метода, который никогда не видел в действии, но который, по-моему, способен дать представление о размерах интеллектуального капитала и послужить «лоцманом», ведущим компании к успешному использованию знаний как источников богатства.

ИЗМЕРЕНИЕ ИНТЕЛЛЕКТУАЛЬНОГО КАПИТАЛА В ЦЕЛОМ

СООТНОШЕНИЕ МЕЖДУ РЫНОЧНОЙ И УЧЕТНОЙ СТОИМОСТЬЮ

Цену диктует покупатель, а не продавец. Вещь стоит столько, сколько за нее готовы заплатить. И, стало быть, стоимость компании равна рыночной стоимости ее акционерного капитала: цене акции, умноженной на количество акций. Простейший и далеко не худший способ определить стоимость интеллектуального капитала — подсчитать разницу между рыночной стоимостью компании и учетной стоимостью основных фондов. Учетная стоимость, фигурирующая во всех годовых отчетах, равна сумме капиталовложений в основные фонды: землю, здания, технику, оборудование и так далее — минус начисленный износ. (Если вы потратили на приобретение компьютеров миллион долларов, через год они будут стоить 800 000 долларов, через два года — 600 000 долларов и так далее, исходя из установленного срока службы в пять лет). Если *Microsoft* оценивается на рынке в 85,5 миллиарда долларов, а учетная стоимость ее основных фондов 6,9 миллиарда, значит, стоимость интеллектуального капитала составляет 78,6 миллиарда долларов.

Как говорится, дешево и сердито. Но остаются три проблемы. *Во-первых,* рыночная стоимость — непостоянная величина, реагирующая на неподвластные администрации факторы. Когда Федеральный резервный совет поднимает процентные ставки и акции компании *Microsoft* на 5% падают в цене, значит ли это, что и стоимость ее интеллектуального капитала понизилась? Если компания продается по цене ниже учетной стоимости, следует ли считать, что она вообще не располагает интеллектуальным капиталом?

Во-вторых, есть немало свидетельств тому, что как учетная, так и рыночная стоимость часто искусственно занижаются. Чтобы поощрить капиталовложения в новое оборудование, правила внутренней налоговой службы США разрешают компаниям устанавливать более высокие нормы начисления износа. Так что компании могут в пределах дозволенного манипулировать этими нормами, чтобы прибыли выглядели выше или ниже чем на самом деле. Занижение рыночной стоимости бывает выгодно при покупке компании. К примеру, 11 сентября 1996 года за акцию *Duracell International* давали 49 долларов, а на следующий день *Gillette* предложила купить компанию из расчета 60 долларов за акцию.

А *в-третьих,* приятно, конечно, знать, что *Microsoft* обладает интеллектуальным капиталом стоимостью 78,6 миллиарда долларов. Но что мне —

менеджеру или вкладчику — делать с этой информацией?

Чтобы повысить ее достоверность и полезность, нужно смотреть не на абсолютные величины, а на соотношение двух величин. Тогда можно будет сравнивать между собой однотипные компании или финансовые показатели одной и той же организации за разные годы. А так как внешние факторы типа процентных ставок или биржевой игры влияют на все компании одинаково, этот «фон» не мешает грубо подсчитать, насколько одна компания опережает другую. Уменьшающийся разрыв между рыночной и учетной стоимостью должен послужить для руководства компании сигналом бедствия.

КОЭФФИЦИЕНТ ТОБИНА *(q)*

Приложив усилия, можно вычислить и другую величину, более надежную, чем разница между рыночной и остаточной стоимостью. «Коэффициент Тобина» *q* был предложен лауреатом Нобелевской премии в области экономики Джеймсом Тобином. Чтобы быть в состоянии предсказывать инвестиционную политику компаний независимо от макроэкономических факторов, таких как процентные ставки, Тобин предложил сравнивать рыночную стоимость фонда со стоимостью его замены. Если *q* меньше единицы, то есть объект стоит дешевле, чем его замена, компания вряд ли станет тратить деньги на покупку другого такого же. И наоборот, она наверняка раскошелится на покупку, если замена обойдется дешевле.

Коэффициент Тобина не замышлялся как способ измерения интеллектуального капитала, но он довольно эффективен для этого. Председатель Федерального Резерва Алан Гринспан заметил, что высокий *q* и солидная разница между рыночной и учетной стоимостью отражают ценность вложений в технологию и человеческий капитал. Помимо всего прочего, *q* кое-что говорит об эффекте перенасыщения. Например, *q*=2 (фонд вдвое дороже стоимости потенциальной замены) свидетельствует о том, что компания извлекает из этого вида собственности большую выгоду и не ощущает на себе действия закона убывающих возвратов. В этом смысле, сказал мне Тобин, *q* является показателем того, что экономисты называют монопольной рентой, то есть способностью компании получать необычайно высокую прибыль благодаря тому, что у нее есть нечто такое, чего нет у других. Неплохое определение могущества интеллектуального капитала! Вы и ваши конкуренты обладаете примерно одинаковыми материальными ресурсами, но при этом один из вас владеет чем-то уникальным: сотрудниками, организационными системами или клиентами,— что позволяет ему зарабатывать больше денег.

Коэффициент Тобина можно рассчитать как для индивидуальных источников — например, транспортного средства или здания, — так и для компании в целом. Это рыночная стоимость, деленная на стоимость замены основных производственных фондов. Использование *q* Тобина вместо разницы между рыночной и учетной стоимостью нейтрализует искажения, связанные с разными системами начисления износа.

РАСЧЕТНАЯ СТОИМОСТЬ НЕМАТЕРИАЛЬНЫХ АКТИВОВ

Элегантный способ выразить невещественные фонды в долларах был разработан фирмой *NCI Research* в Эвансоне, штат Иллинойс, объединившейся со Школой бизнеса Келлога при Северо-Западном университете. *NCI* столкнулась с проблемой измерения нематериальных фондов, когда решила помочь городам создать новые, информационно-насыщенные предприятия. Инвесторы, особенно банки, не очень-то склонны вкладывать деньги в предприятия с небольшим объемом материальных фондов в качестве финансового покрытия. По мнению президента *NCI* Джеймса Петерсона, если бы удалось найти способ денежного выражения невещественных активов, можно было бы надеяться, что банкиры пустят в дело свои чековые книжки.

Возглавил проект *NCI* Томас Паркинсон, глава инвестиционного фонда, поддержавшего несколько компаний высоких технологий, главным образом начинающих. Так же как и мы, Паркинсон предположил, что «рыночная стоимость компании отражает не только физические источники продукта, но и некий компонент, имеющий отношение к нематериальным источникам». Для выявления фондов, создающих добавленную стоимость, его группа применила метод, используемый для подсчета стоимости торговой марки. Торговые марки наделяют компанию определенными преимуществами: это и право диктовать цены, и облегченный доступ к рынкам сбыта, и лишние возможности запускать новую продукцию, и, в конечном итоге, более высокие прибыли. Подсчитайте наценку — и вы получите стоимость торговой марки.

Паркинсон, Петерсон и члены их команды применили этот подход к корпорациям в целом. Стоимость нематериальных активов сводится к способности компании обогнать среднего конкурента с примерно такими же материальными фондами. Покажем действие этого метода на примере фирмы *Merck&Co.* (Подобная математика под силу даже мне, дорогой читатель, так что не бойтесь.)

1. Подсчитайте средний «грязный» (до удержа-

ния налогов) доход за три года. Для *Merck* это приблизительно 3,694 миллиарда.

2. Выпишите из бухгалтерского баланса цифры, отражающие среднюю стоимость основных фондов за три года — 12,953 миллиарда.

3. Разделите доход на стоимость основных фондов — получится прибыль, равная 29% (недурное занятие — выпускать таблетки!).

4. Найдите данные за те же три года, характеризующие среднюю прибыль по отрасли. Для фармацевтических компаний этот показатель — 10%.

5. Подсчитайте «лишнюю прибыль». Умножьте среднюю прибыль по отрасли (10%) на среднюю годовую стоимость основных фондов (12,953 миллиарда), и вы узнаете, какую прибыль средняя компания по изготовлению лекарств могла бы получать от такого объема материальных основных фондов. Теперь отнимите эту величину от «грязного» дохода данной компании, рассчитанного в пункте 1. Для *Merck* остаток составляет 2,39 миллиарда. Вот на какую сумму годовой доход от фондов этой компании превышает средний по отрасли.

6. Рассчитайтесь с дядей Сэмом (уплатите налоги). Подсчитайте среднюю (из расчета трех лет) величину налога. Вычтите результат из «лишней» прибыли. Это и будет премия, ставшая возможной благодаря использованию нематериальных фондов. Для *Merck* (при средней ставке налога 31%) она равняется 1,65 миллиарда.

7. Подсчитайте чистую текущую стоимость нематериальных фондов. Для этого разделите величину премии на априорно выраженный процент, выражающий цену капитала для компании, — скажем, 15%. Для *Merck* получится 11 миллиардов долларов.

Вот она, расчетная стоимость нематериальных активов (РСНА) *Merck*, не отраженная в балансе. Это не рыночная стоимость — та гораздо выше (отчасти потому, что отражает, во что покупателю обошлось бы создавать компанию с нуля). *NCI* определяет РНСА как «величину, характеризующую способность компании пользоваться нематериальными фондами так, чтобы опережать конкурентов». Знать эту величину — в интересах администрации.

Подобно дельфийскому оракулу, РСНА даст настолько же точный ответ, насколько точно сформулирован вопрос. Конечно же, эта величина — ценное дополнение к тому, чем располагает компания. Ее достоинство в том, что она позволяет государственным органам сравнивать между собой однотипные компании на базе проверенных финансовых показателей, которые можно узнать через государственную информационно-справочную службу. Но она может быть использована и частными компаниями для сравнения между собой отделений и предприятий внутри корпорации при условии их принадлежности к одной и той же отрасли.

Кроме того, небольшая или уменьшающаяся РСНА может служить сигналом того, что вы чрезмерно увлеклись кирпичами и известкой и вкладываете недостаточно средств в исследования и создание торговой марки. И наоборот, растущая величина РСНА помогает раньше рыночных структур и бюджетных комиссий осознать тот факт, что корпорацию или подразделение в будущем ждут высокие прибыли.

МЕРЫ ЧЕЛОВЕЧЕСКОГО КАПИТАЛА

НОВИЗНА

Как было показано в части II, «продукт» человеческого капитала — новизна, а структурного — производительность. Существует несколько способов «подсчитать новизну». Самый простой — вывести процент продаж новых изделий или услуг от общего объема продаж; *3M* давно и успешно применяет этот метод, стараясь, чтобы не менее четверти проданных товаров приходилось на продукцию, разработанную не более четырех лет назад.

Усложненный вариант: добавьте разницу между себестоимостью и продажной ценой. Дело в том, что при оценке новизны можно и схитрить. Выкрасьте вещь в голубой цвет, назовите новинкой — и готово. Но покупатель — а он не дурак — не станет доплачивать за косметические или ничтожные переделки. Новинка должна чем-то принципиально отличаться от «старой» продукции, и вы обязаны пойти на соответствующие расходы. Зато потом вас ждет награда. Более того, в некоторых отраслях (информационная технология — яркий пример) перемены вершатся такими темпами, что речь идет уже не о большом количестве новинок, а о большом количестве новинок столь высокого качества, что вам удается заранее компенсировать неизбежное снижение цен. В таком случае сравните между собой разницу между себестоимостью и продажной ценой новой и «старой» продукции. Первая должна быть существенно больше.

ОТНОШЕНИЕ СОТРУДНИКОВ К РАБОТЕ

Речь идет не просто о «хорошем самочувствии» сотрудников. Результаты социологических исследований неуклонно демонстрируют связь между высокими моральными принципами и превосходными финансовыми результатами. Не нужно далеко ходить, чтобы понять, что люди, живущие с ощущением, что они постоянно учатся чему-то новому, нужны и приносят пользу, работают лучше, чем часто слоняющиеся без дела и не уверенные в своем вкладе в успех компании; они также лучше обращаются с поставщиками, клиентами и друг с другом.

Хочу предостеречь. Исследование отношения сотрудников к работе зачастую сводится к несвязной, анекдотической информации о том, что у людей на уме, — это может быть интересно, но, чтобы такая информация стала показателем человеческого капитала, нужны более формализованные данные. Например: оцените по десятибалльной шкале вашу удовлетворенность работой. Сравните этот показатель с таким же прошлогодним — стал ли он выше? ниже? остался прежним? Понимаете ли вы, какую пользу ваша работа приносит клиентам? (Никакой; небольшую; так себе; довольно большую; очень большую — нужное подчеркнуть.) И тому подобное.

СТАЖ, ТЕКУЧЕСТЬ КАДРОВ, ОПЫТ, ОБУЧЕНИЕ

Другой подход к оценке человеческого капитала состоит в индексации вашего «инвентаря» опытных сотрудников. Это довольно сложно. Как молодость, так и зрелость имеют свои преимущества, а дискриминация по возрастному признаку незаконна и аморальна. В шестой главе мы говорили о том, что человеческий капитал сосредоточен в специалистах экстракласса, труд которых увеличивает стоимость с точки зрения клиентов. Я рассказывал о «картах компетентности», применяемых в канадском коммерческом банке *Imperial* для приведения умений и навыков сотрудников в соответствие с ожиданиями клиентов. Но одних только выводов о несоответствии профессиональных качеств сотрудников ожиданиям клиентов недостаточно: нужны планы ликвидации «белых пятен» — реальные планы, подкрепленные соответствующими ресурсами.

Шведская компания *Celemi International,* консультирующая по вопросам человеческих ресурсов и обучения и оказывающая другие управленческие услуги, включила в свой отчет за 1995 год интересные показатели, по которым можно судить о профессиональном мастерстве сотрудников. Вот некоторые пункты:

1. Средний стаж работы по специальности.

2. Обновляемость корпуса экспертов (к которым в данном случае отнесены участники проектов, работающие непосредственно с заказчиками; из руководства сюда входят только те, кто активно работает с клиентами).

3. Среднее число лет, проработанных экспертами в компании.

4. Величина добавленной стоимости из расчета на одного специалиста и одного служащего.

5. Процент заказчиков-«вдохновителей». Этот пункт мне особенно импонирует, несмотря на его расплывчатость. Под «вдохновителями» подразумеваются те заказчики, которые дают *Celemi* сверхсложные задания, так что сотрудникам есть чему поучиться.

6. Процент «новобранцев» (служащих со стажем менее двух лет).

ДРУГИЕ МЕРЫ ЧЕЛОВЕЧЕСКОГО КАПИТАЛА

Ответив на нижеследующие вопросы, вы не получите количественной оценки человеческого капитала, зато пожнете щедрый урожай качественных характеристик.

— Какие качества ваших сотрудников клиенты ценят больше всего?

— Какие умения и способности больше всего ценят ваши сотрудники? Чем вы объясняете разницу между тем, что ценят клиенты и сотрудники?

— Какие новые технологии или навыки способны свести на нет ценность вашего корпоративного знания?

— На какие участки вашей организации особенно стремятся менеджеры с высоким потенциалом? Где им меньше всего хочется работать? Чем они объясняют такое предпочтение?

— Какой процент рабочего времени всех сотрудников уходит на деятельность, не представляющую ценности для клиентов?

— Если у конкурентов появляются вакансии, пытаются ли они переманить ваших сотрудников?

— Почему люди уходят от вас, когда им предлагают должности в других организациях?

— Насколько высоко котируется ваша организация в сравнении с соперниками среди специалистов по найму («охотников за головами»)?

БАНК ЗНАНИЙ

Каждая компания создает свой банк знаний: научные разработки, профессиональные навыки, списки клиентов, «разведданные» о конкурентах и тому подобное. Алан Бенджамин, бывший директор *SEMA Group,* одной из ведущих европейских компаний по техобслуживанию компьютеров, утверждает: «В вашу компанию вкладывают средства или просятся к вам на работу не ради зданий, а ради знаний. Банк знаний — вот что их притягивает». На сколько же он «тянет»?

Уйдя «на заслуженный отдых», шестидесятитрехлетний Бенджамин разработал оригинальный способ подсчета стоимости банка знаний и обнародовал его, отвечая на вопросы социологической службы «Завтрашняя компания». Эта группа, созданная на деньги британских промышленников при «Королевском обществе поощрения искусств, промышленного производства и коммерции», занимается исследованиями источников рыночного преимущества. Бенджамин взял финансовый отчет одной реально существующей компании и переделал так, чтобы показать, как он будет выглядеть, если поставить во главу угла знания и деньги — неплохой критерий в век информации! Фиктивная организация получила название *Brilliant PLC*. Вот выписка из учетного регистра «Деньги» компании *Brilliant* (имеются в виду английские фунты):

Продажи за 12 месяцев	2.788.011
Минус издержки: арендная плата, сырье, материалы	–506.386
Минус капитальные затраты	–98.000
Минус зарплата	–1.594.602
Излишек денежных средств на конец года	589.023

В «нормальной» бухгалтерии «капитальные затраты» проходили бы не по этому счету, а попали бы в активы в бухгалтерском балансе. В статье «доходы» была бы учтена только амортизация и капитальные затраты предшествующих лет. Бенджамин поставил все с ног на голову, чтобы подсчитать «настоящую» прибыль компании *Brilliant*, обусловленную «банком знаний». С его точки зрения затраты капитала относятся к расходам, а не к инвестициям. Вот довод Бенджамина: «В мире людей капитальные затраты всего лишь обеспечивают людей помещением и оборудованием и дают им в руки нечто, с чем можно работать». Истинно долгосрочные капиталовложения носят интеллектуальный характер!

С другой стороны, Бенджамин отнес часть зарплаты на капиталовложения, представляющие «настоящую ценность». Для этого он подсчитал, сколько рабочего времени уходит на выполнение заданий текущего года, а сколько — на то, что даст плоды в будущем (обучение, планирование, научные исследования, развитие бизнеса и т.д.). Таким образом, вся зарплата клерка относится к «расходам», а половина зарплаты работников отдела маркетинга — к долгосрочным инвестициям. В соответствии с этим подходом общая сумма зарплат была разбита на «перспективную» и «расходную» части, соответственно 871.979 и 722.623 фунтов стерлингов. В «плюс» пошли и затраты на ИР (исследования и развитие).

В итоге:

Продажи за 12 месяцев	2.788.011
Минус издержки	–506.386
Минус капитальные затраты	–98.000
Минус расходная часть зарплаты	–722.623
Итого:	1.461.002
Плюс добавленная стоимость (происходящая от ИР)	40.097
Излишек на конец года	1.501.099

Этот излишек состоит из 589.023 фунтов стерлингов в денежном выражении (см. выше) и 912.076 — цена капитализированного банка знаний компании с учетом ИР.

Главный аргумент этой книги — в утверждении, что интеллектуальный капитал в век информации превышает финансовый капитал.

МЕРЫ СТРУКТУРНОГО КАПИТАЛА

Чтобы охарактеризовать структурные интеллектуальные фонды, понадобятся два вида данных: накопленные запасы корпоративных знаний и организационная эффективность компании, показывающая, в какой степени ее организационные системы стимулируют, а не тормозят работу сотрудников.

ОЦЕНКА ЗАПАСОВ ЗНАНИЙ

Структурный капитал принимает самые разные формы; ни одна компания не похожа на другую. Бухгалтеры и юристы разработали многочисленные методики с целью «навесить ценник» на патенты, описания производственных процессов, торговые марки и авторские права, так что мы не станем в это углубляться. Труднее — подсчитать стоимость интеллектуальных фондов, принимающих менее определенные формы. Магистр делового администрирования Уэстон Энсон, который ныне руководит фирмой *Trademark&Licensing Associates, Inc.* в Ла Холья, Калифорния, а до этого какое-то время проработал в фирме *Procter&Gamble* и помог Римской католической церкви оценить фонды Ватиканской библиотеки, разработал методику определения и оценки нематериальных структурных ценностей; ее можно применять не только к хорошо знакомым, но и к некоторым экзотическим активам.

Чтобы их обнаружить, Энсон подразделяет нематериальные фонды на три группы:

1) технические (производственные секреты, формулы, результаты испытаний и т.п.);

2) рыночные (авторские права, товарное имя и товарный знак, гарантии, реклама, дизайн упаковки, регистрация торговой марки и т.п.);

3) знания и навыки (базы данных, учебные пособия, стандарты качества, процессы управления, системы безопасности, производственные лицензии, невыполненные партнерами пункты договоров, системы информации и т.д.).

Потом он применяет три главных теста, призванных установить, обладает ли фонд рыночной стоимостью. Делает ли он вашу продукцию — товары или услуги — отличной от продукции других фирм? Имеет ли он ценность для других организаций? Готов ли кто-либо доплатить за него? Чтобы ответить на эти вопросы, придется задуматься над уникальностью нематериального фонда, тем, насколько широко он применяется, приносит ли прибыль, каков его легальный статус, срок службы и так далее.

Как оценить этих фонды? Простейший способ — подсчитать их стоимость, но, как мы уже имели возможность убедиться, стоимость создания интеллектуального капитала не всегда совпадает с его ценностью. Но бизнес так богат на примеры и факты, что всегда находится какой-нибудь способ сравнить между собой даже самые аморфные нематериальные активы. Случаи, легенды, опубликованная и передающаяся из уст в уста информация — да вы сами найдете. Скажем, в производстве стекла — за сколько можно продать ту или иную технологию, какова стоимость лицензирования? В случае невыполненного пункта договора — судились ли стороны или имели место ссылки на аналогичные сделки?

Следующий шаг — оценить возможности вашего фонда по сравнению с аналогами. Энсон пользуется таблицей, которую называет *Valmatrix.* В таблице отражены двадцать факторов, таких как «грязная» прибыль, широта линии продуктов, ее потенциальное увеличение, барьеры при выходе на рынок, потенциал лицензирования; для более специфических источников придется составить другой список. Каждый фактор оценивается по пятибалльной шкале. Максимальное число очков — 100. У Энсона однажды получилось 91 — и это при уникальных обстоятельствах, на одном из латиноамериканских рынков.

ОБОРОТ КАПИТАЛА

Одна из важнейших характеристик структурного капитала — то, что благодаря ему появляется возможность замены товарно-материальных запасов информацией. Чтобы отследить этот процесс, подсчитаем оборачиваемость рабочего капитала — число циклов за год. Этот показатель, введенный Джорджем Сталком из Бостонской консультационной группы и выражающий оперативную эффективность компании, несложно рассчитать. Во-первых, запишем свой работающий капитал: стоимость товарно-материальных запасов плюс ожидаемые денежные поступления минус ожидаемые выплаты. Чтобы избежать случайностей (сезонных колебаний и т.п.), подсчитываем эту величину в конце каждого квартала и выводим среднюю. Потом делим ее на годовой объем продаж. Чем выше полученная величина, тем меньше у вас «неработающих», «связанных» денег.

БРЕМЯ БЮРОКРАТИИ

Иногда требуется определить, не стоят ли ваши организационные системы между вашими сотрудниками и клиентами. Вот три надежных критерия:

Предложение внесено — предложение принято. Если сотрудники за год внесли 1000 рацпредложений, а компания внедрила только 279, вы душите инициативу ваших сотрудников.

От замысла до рынка. Сколько времени у вас уходит на разработку и изготовление новой продукции?

Тест «не слишком ли много начальников?» Каково соотношение между приходом и расходами — торговыми, общими, управленческими?

СТОИМОСТЬ КОНТОРСКОЙ РАБОТЫ

Мы уже усвоили: цену диктует рынок. Но бывает работа, не выступающая в роли товара, хотя ее выполнение стоит денег: например, скрытые от глаз покупателя или клиента службы информации, занимающиеся оформлением заказов, выпиской накладных, подбором и систематизацией цифровых данных для внутриучрежденческой отчетности. Недостаток объективных критериев для определения ценности таких операций чуть не свел с ума Томаса Хаусела, который в свое время отвечал за реорганизацию компании *Pacific Bell,* а ныне преподает в Южно-Калифорнийском университете. Вот его признание: «Любая реорганизация должна повышать ценность, не урезая стоимости, тем более не сокращая себестоимость за счет ценности. Но в тех случаях, когда процесс не имеет результата, который можно продать, у нас нет ни малейшей возможности узнать, удалось ли нам повысить ценность и можем ли мы рассчитывать на более высокую прибыль в будущем».

Во время совместной работы с признанным авторитетом в области высшей математики, обладателем трех математических премий Московского университета Валерием Каневским Хаусел нашел изысканное и оригинальное решение проблемы. Осторожно: выводы весьма спорны! Однако *Hewlett-Packard,* которая, подобно многим другим информационно-технологическим компаниям, продает услуги по реорганизации, воспользовалась методикой Хаусела — Каневского, назвав ее «ревизией бизнес-процессов». Эта методика — призма, глядя сквозь которую можно узнать, насколько эффективно компания создает из информации нечто ценное; ее можно использовать для оценки и усовершенствования управления незримыми и неосязаемыми интеллектуальными фондами, которые никогда не увидят яркий свет рынка.

Основная посылка Хаусела — Каневского состоит в том, что добавленная стоимость эквивалентна изменениям. На производство поступает сырье; производственный процесс преобразует его, и на свет рождается нечто новое, имеющее более высокую ценность. Нет изменений — нет добавленной стоимости. Если информации стало больше или если она изменилась, значит, создана добавленная стоимость. Результаты могут быть довольно точны, если подсчитать количество битов или байтов.

Чтобы убедиться, что увеличен действительно объем информации, а не количество слов, Каневский воспользовался идеями выдающегося русского математика Андрея Колмогорова (1903—1987 гг.). Суть метода сводится к упрощению математических формул — в частности, сокращению повторяющихся элементов. Простейший пример: вместо 2x2x2 следует писать 2^3. Если этого не сделать, говорит Каневский, можно принять количественное изменение за качественное и поощрить халтурную работу.

МЕРЫ ПОТРЕБИТЕЛЬСКОГО КАПИТАЛА

УДОВЛЕТВОРЕННОСТЬ КЛИЕНТА

Только не надо выводить рейтинги по пятибалльной шкале. Эти средства больше подходят для оценки сотрудников, чем для фиксации удовлетворенности клиента. (В самом деле, что с того, что администратор гостиницы безукоризненно вежлив, если мой номер оказался не убран?)

Единственный способ правильно измерить удовлетворенность покупателя или клиента — связать эту удовлетворенность с улучшением финансовых показателей компании. Довольный клиент выражает свое отношение по крайней мере одним из трех способов. Это:

1) приверженность клиентов к вашей компании;

2) подъем бизнеса (рост вашей доли в бумажнике клиента);

3) невосприимчивость к посулам конкурентов (ценовая толерантность).

ВЫГОДА ОТ СОТРУДНИЧЕСТВА

Потребительский капитал в равной степени принадлежит и вам, и клиентам. Существует ряд финансовых и нефинансовых способов убедиться в факте его создания.

— Сведения о качестве, открытая и легкодоступная информация об экономии, полученной обеими сторонами от совместных процессов (таких как инспекция, обмен компьютерными данными, совместное использование запасов), помогают определить ценность тесных отношений между вами и вашими заказчиками или поставщиками.

— Небесполезно проанализировать финансовое положение клиента: его экономическую мощь, динамизм и степень вашего участия в его бизнесе. Если вы — главный поставщик могущественного заказчика, считайте себя обладателем исключительно ценного капитала.

ЦЕНА ВЕРНОСТИ КЛИЕНТА

Потребители — главное богатство компании. В душе вы это знаете — и, значит, держите в руках ответы на некоторые простые вопросы. Какова стоимость вашей базы данных о клиентах? На сколько «тянет» новый клиент? И во что обходится удержать «старого»?

Несмотря на то, что верность клиентов бесплотна, ее можно оценить при помощи несложных математических вычислений. Правда, придется побегать, доставая кое-какие необходимые данные. (Прекрасная работа для будущих магистров делового администрирования — студентов, которых вы собираетесь взять на работу в будущем году). Если это поможет удержать потребителей, ваши старания окупятся с лихвой. Вот расчеты главы *Bain&Co.* Фредерика Рейхельда и экономиста школы бизнеса при Мичиганском университете Клэйса Форнелла.

1. Изберите период времени, на который хотите сделать прогноз. Это будет зависеть от цикличности вашего бизнеса и системы планирования. Например, агент по страхованию жизни отслеживает десятилетия в жизни своих клиентов, а производитель одноразовых пеленок смотрит на два-три года вперед.

2. Подсчитайте прибыль, которую вам обычно приносят ваши потребители в год. Проанализи-

руйте несколько примеров деловых отношений как со «старыми» клиентами, так и с новичками, чтобы определить годичный объем сделок и стоимость обслуживания. Убедитесь в том, что вы учли *все* доходы и убытки от этого обслуживания.

Расходная часть. В первый год не забудьте учесть расходы на приобретение клиента: рекламу, комиссионные, часть торговых издержек, на которые вы пошли, чтобы заполучить клиента, конторскую работу по заведению нового лицевого счета. Стоимость поддержания отношений в последующие годы будет гораздо ниже, но ее все-таки полезно проверить. Если окажется, что она практически равна нулю, это само по себе говорит о многом.

Приходная часть. Постарайтесь раздобыть точные, а не средние цифры, характеризующие поведение долгосрочных клиентов: прибыль за первый, второй год и так далее. Постоянные покупатели склонны делать более крупные покупки и платить больше, чем новички (которых удается привлечь сниженными ценами). Они реже становятся безнадежными должниками и всегда готовы к дополнительным сделкам (к примеру: купить заодно со скотчем еще и постеры; наряду с чековым счетом открыть сберегательный).

Если вы все учли, у вас должна получиться такая диаграмма, как на рис 5.

3. Затем составьте диаграмму «ожидаемая продолжительность жизни с клиентом», чтобы выяснить, насколько ваша база данных о клиентах подвержена «эрозии» в течение года. Опять-таки точные цифры предпочтительнее средних вроде «средние потери — 10% в год». Потребители, с которыми вас связывают длительные деловые отношения, не так часто покидают вас, как «новички».

4. Зная величину прибыли на одного потребителя в год и то, какой процент прибыли в среднем дают ваши основные фонды (а потребительский

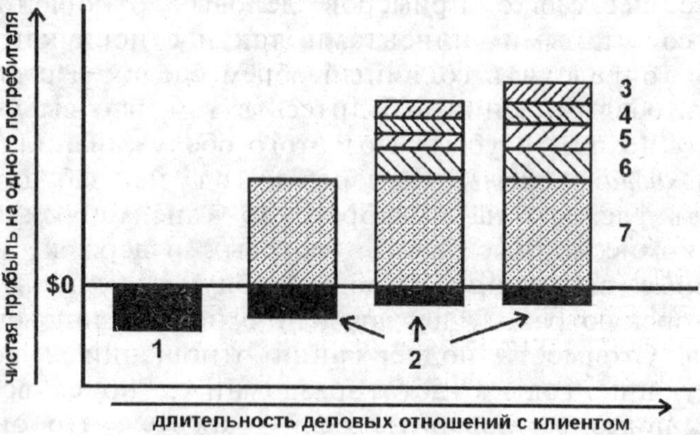

Рис. 5. 1 — стоимость приобретения, 2 — стоимость удержания, 3 — обращения, 4 — дополнительные покупки, 5 — рост наценки, 6 — рост продаж, 7 — основные продажи.

капитал — такой же источник прибыли, как все остальные), с учетом «коэффициента выбывания» рассчитайте «стоимость» потребителя на каждый год и на те несколько лет, на которые делается прогноз.

Бесценная информация! Можете воспользоваться ею, решая, сколько потратить на привлечение новых потребителей, и — если вы проанализируете потребителей по сегментам — какие из них заслуживают особенных усилий, а какие — нет. Более того, вы можете применить экономические рычаги в виде удовлетворения потребителей. Возможно, вы слишком много вкладываете в привлечение новых потребителей и недостаточно — в поддержание деловых отношений со «старыми». Повторные сделки — высшее проявление потребительского капитала — безусловно, заслуживают больших вложений, чем те, что вы делаете. Чтобы в этом убедиться, вернитесь к проделанным вычислениям и подсчитайте, насколько больше будут «стоить» ваши потребители, если вам удастся увеличить «продолжительность деловых отношений» на 5%. Рейхельд с коллегами произвели соответствующие расчеты для нескольких отраслей. В области рекламы пятипроцентное увеличение показателя «удержания» дает рост стоимости потребительского капитала на 95%. В области обслуживания кредитных карточек — 75%. Даже в такой молодой, быстро развивающейся отрасли, как разработка компьютерных программ, пятипроцентное сокращение «потерянных клиентов» увеличивает стоимость потребительского капитала на 35%. Таким образом, удержание потребителей — наилучшая стратегия. Как выразился Рейхельд, «ведро гораздо легче наполнить, если оно не течет».

НАВИГАТОР ИНТЕЛЛЕКТУАЛЬНОГО КАПИТАЛА

Никакие отдельные измерения полностью не отражают фонды компании и потоки интеллектуального капитала. Точно так же как система финансового учета опирается на несколько основополагающих показателей, система оценки интеллектуального капитала должна отражать разные стороны деятельности компании. Что является главным показателем для одной компании, может быть сущим пустяком для другой. Скажем, в моем бизнесе — издании журнала — ключевым критерием оценки служит число постоянных подписчиков, количество писем с откликами и просьбами повторить публикацию. А для производителей суповых концентратов *Campbell's Soup* — верность торговой марке, доля рыночных продаж, площади в супермаркетах, занимаемые их продукцией.

Вместе с тем из-за огромного количества нефинансовых показателей можно перепутать то, что действительно важно, с тем, что неважно. Вот три принципа, которые помогут сделать правильный выбор объекта оценки.

Не усложняйте. Ищите не более трех измеряемых параметров для каждого вида интеллектуального капитала — человеческого, структурного и потребительского — плюс одна величина, характеризующая картину в целом.

Измеряйте то, что имеет важное стратегическое значение. Если ваша компания продает товары испытанного образца, какой смысл следить за новыми патентами?

Измеряйте те виды деятельности, которые производят интеллектуальное богатство. Если вам хочется оценить профилактику заболеваний и системы безопасности — ради Бога, только не забывайте, что это не имеет никакого отношения к созданию интеллектуального капитала.

Мои редакторы в *Fortune* не очень-то жалуют радарные схемы, а мне они нравятся, и я рад удобному случаю продемонстрировать их возможности. Благодаря радарным схемам можно получить всестороннее представление о предмете на основании разных, неоднородных данных. Для начала начертим круг, похожий на экран радара. Из центра исходит столько радиусов, сколько параметров вы хотите отразить. На этой схеме я провел их десять, но вы можете взять сколько угодно. Путем нанесения черточек превратим эти линии в шкалы. Они могут быть самыми разными. Одна, например, отражает соотношения, другая — проценты, третья — абсолютные величины. Отрезки между черточками не обязаны быть одинаковыми. Ноль обычно помещается в центре, но и это не обязательно. Для показателя «текучесть сотрудников-интеллектуалов» малые величины «лучше» больших, так что при желании можете обозначить ноль в точке пересечения радиуса с окружностью.

Нижеприведенная схема — это навигатор интеллектуального капитала воображаемой компании. В ней используется один общий показатель (соотношение между рыночной и учетной стоимостью интеллектуального капитала) и по три — для человеческого, структурного и потребительского капитала. Я наношу на оси отметки. Будь это настоящая компания, я бы организовал шкалу таким образом, чтобы высшее достижение по тому или иному параметру располагалось в точке пересения радиуса с окружностью.

Отметьте на осях искомые показатели. Соедините их точками. Получился неправильный многоугольник, который может иметь примерно такой вид:

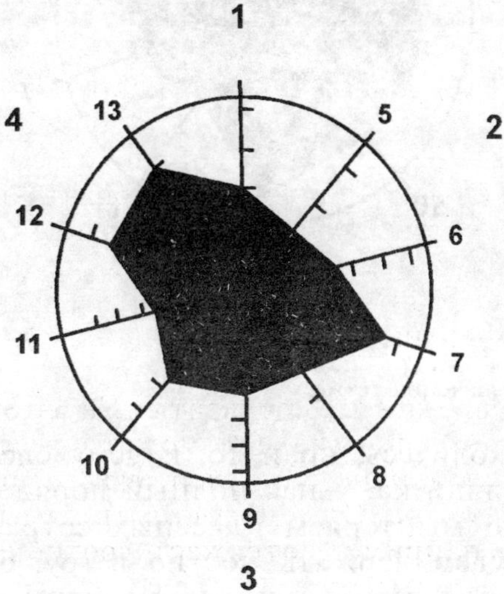

Рис. 6. 1 — соотношение между рыночной и учетной стоимостью, 2 — меры человеческого капитала, 3 — меры структурного капитала, 4 — меры потребительского капитала, 5 — обновляемость интеллектуальных кадров, 6 — доля новой продукции в общем объеме продаж, 7 — отношение сотрудников к компании, 8 — расчетная стоимость замены базы данных, 9 — оборот рабочего капитала, 10 — отношение объема продаж к торговым, общим и управленческим расходам, 11 — удовлетворенность клиентов, 12 — верность торговой марке, 13 — процент удержания клиентов.

Внутри многоугольника — то, что вы имеете. Вне его — то, что хотели бы иметь.

Радарная схема содержит массу информации, но ее главная ценность — в том, что она дает полную картину. Навигатор показывает не только то,

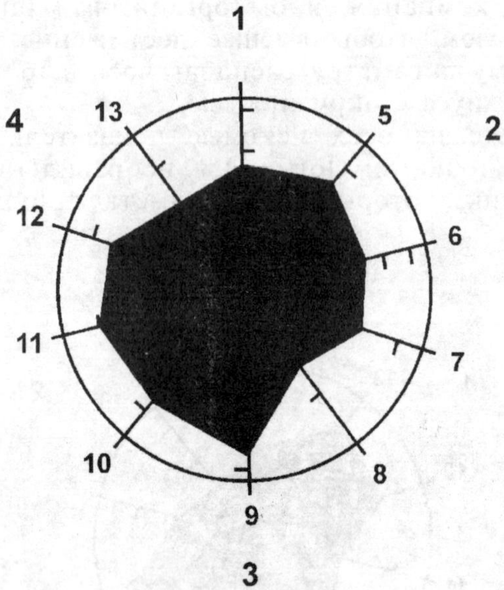

Рис. 7. Обозначения те же.

где вы находитесь, но и то, к чему следует стремиться: «Гляди-ка, у нас полный порядок с заказчиками, но мы теряем классных сотрудников, и если не будем держать нос по ветру, быть беде!» Имея сравнительные данные по конкурирующим компаниям или по отрасли, вы получаете возможность сравнить себя с другими и оценить свои относительные достоинства и недостатки. Или сравнить свои схемы разных лет и достоверно узнать, прогрессируете вы или регрессируете, а также насколько вы продвинулись к цели. Схема выявляет аномалии, требующие немедленного исследования.

Приведем для сравнения другую радарную схему (рисунок 7). Данная схема демонстрирует высокую степень удовлетворенности клиентов и приверженность их торговой марке, но средний процент «удержания» постоянных клиентов свидетельствует о том, что на вашем рынке творится что-то странное.

СОДЕРЖАНИЕ

Научно-популярное издание

СТЮАРТ Томас

БОГАТСТВО ОТ УМА

Редактор *А. С. Бржозовский*
Ответственный за выпуск *Т. А. Стрельченя*
Технический редактор *А. П. Дедюля*
Корректор *Е. М. Алейникова*

Подписано в печать с готовых диапозитивов 11.03.98 г.
Формат 84х108 $^1/_{32}$. Объем 11,0 печ. л. Печать офсетная.
Бумага офсетная. Тираж 10 000 экз. Заказ № 326.

ООО «ПАРАДОКС»
Лицензия ЛВ № 121. Рег. № 10227 от 31.12.96 г.
220050 Минск, ул. К. Маркса, 21, офис 25.
Тел./факс 227-36-57; тел. 227-67-73
Для писем: 220123 Минск, а/я 172.

Отпечатано с диапозитивов заказчика
в типографии издательства «Белорусский Дом печати»
220013 Минск, пр. Ф. Скорины, 79.

ЛОТОДОКС

Для того чтобы выиграть приз, Вам достаточно прислать ответы на три наших несложных вопроса.

1. Разместите рисунки в хронологической последовательности, учитывая, что в каждом из более поздних рисунков добавлено по нескольку новых элементов.

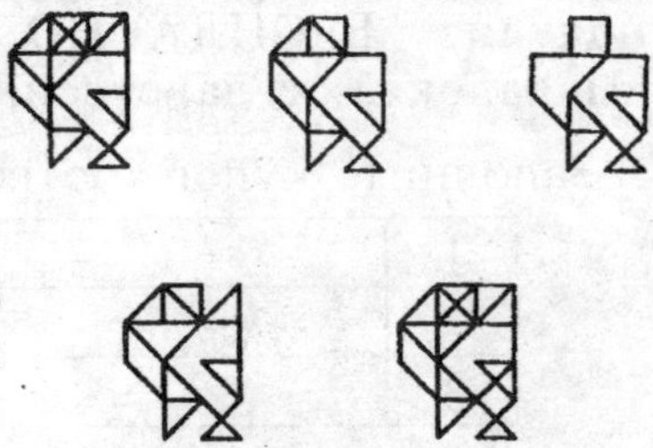

2. Сколько блоков необходимо для того, чтобы достроить лестницу?

3. В одном из минских вузов лет десять назад работал преподаватель высшей математики, который часто задавал «нерадивым» студентам на последнем экзамене вопрос: «Сколько будет: два плюс два, разделить на два?»

Несмотря на простоту задания, он всегда ставил ответ студента на задачу в зачетную ведомость.

А что бы вы ответили на месте «нерадивых мучеников науки»?

Для победителей, которые первыми пришлют правильные ответы, установлены призы:

БИБЛИОТЕЧКА КНИГ СЕРИИ «ПРЕЗЕНТ»,
БИБЛИОТЕЧКА КНИГ СЕРИИ «ПОЛЕ ЧУДЕС»,
НЕОБЫЧНЫЙ СУВЕНИР.

Каждый из первых ста наших читателей, приславших правильные ответы на «Лотодокс», получит БЕСПЛАТНО очередную книгу от «Парадокса» с дарственной надписью фирмы.

Заполните купон с ответами на задания.

1	
2	
3	

Сообщите данные о себе:

Почтовый индекс, адрес______________________
____

Фамилия, имя, отчество______________________
____

Какие книги от «Парадокса» Вы хотели бы приобрести?

Серия **«Поле чудес: бизнес»**: «Думай и богатей», «Язык жестов», «Тайна успеха», «Аксиомы бизнеса», «Семь навыков лидера», «Алхимия прибыли», «Миллион за улыбку», «Маэстро переговоров», «Прихоти удачи», «Карьера менеджера», «Виртуоз торговли», «Уцелеть среди акул», «Секрет Карнеги».

Серия **«Поле чудес: здоровье»**: «Витамины-целители», «Зрение без очков», «Мистер Долгожитель», «Симптомы».

Заполнив эту страничку, вырежьте ее и вышлите в редакцию.

Презент от «Парадокса» ждет Вас!

Пишите: **220050 Минск,**
ул. К.Маркса 21, оф. 25
Звоните: **(017) 229-25-15, 227-36-57 (тел./факс)**

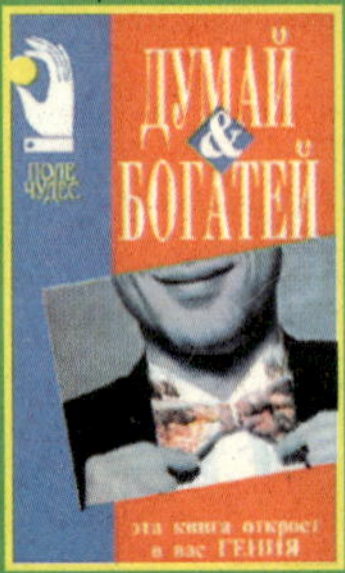

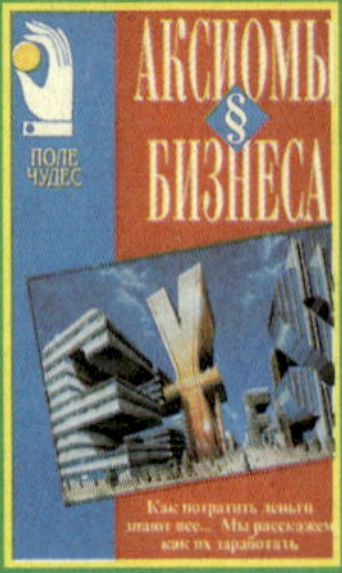

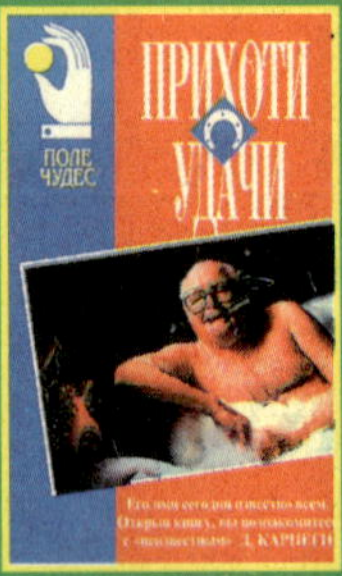

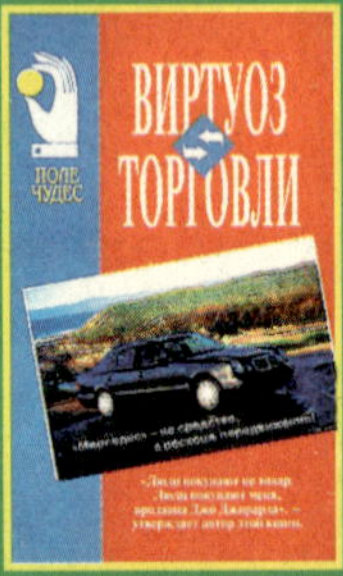

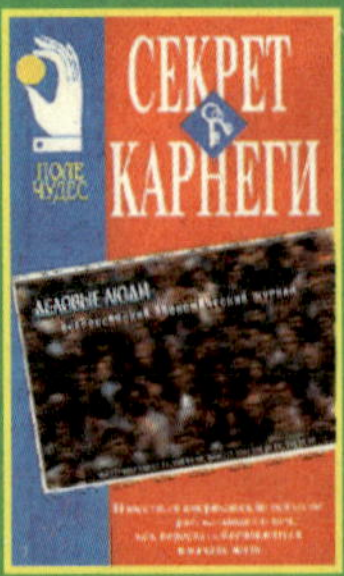

ЕСЛИ ВЫ
ПОЖАЛЕЕТЕ
О ПОКУПКЕ,
«ПАРАДОКС»
ВЕРНЕТ ВАМ
ДЕНЬГИ!

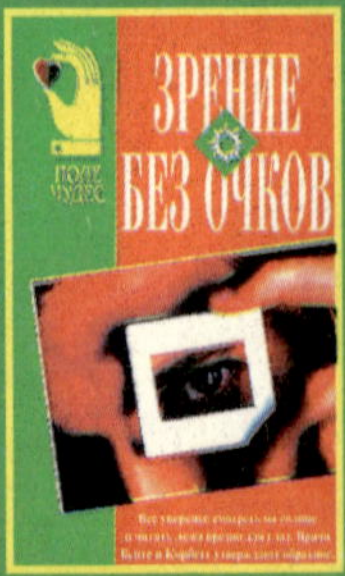

PARADOX®